LE SILENCE DE DELPHES

PRINCIPAUX OUVRAGES DU MÊME AUTEUR

POÉSIE

Désordres, Gallimard, 1965.
Inconnu passager, Gallimard, 1978.
Asymétries, La Différence, 1985 ; nouvelle éd. 1986.
Feuilles d'ombre d'Harmodios de Cyrène, apories, La Différence, 1987.
Odes profanes, La Différence, 1989.
Poèmes du fond de l'œil, Gallimard, 1989.
Œuvre poétique, vol.1 (Œuvres complètes I), La Différence,1991.
Un jour à Durban, La Différence, 1992.
Poèmes d'Italie, La Différence, 1998.
À l'ombre du feu, La Différence, 2001.

ROMANS, RÉCITS ET NOUVELLES

La Balle au bond, roman, Denoël, 1961 *(épuisé).*
Un jeune homme de Venise, roman, Denoël, 1966 ; « Folio », 1983.
Vide ta bière dans ta tombe, récit, Balland, 1980 ; La Différence, « Minos », 2002.
L'Été jaune, roman, Balland, 1981 ; 2e éd. revue, La Différence, 1992.
Disparition d'Orphée, nouvelle, La Différence, 1987.
On dit que les gens sont tristes, nouvelles, Gallimard, 1992.
Œuvre romanesque (Œuvres complètes II), La Différence,1994.
Sous le signe de Mars, récit, La Différence, 2002.

ESSAIS

La Rage de lire, Denoël, 1978 *(épuisé).*
Le Caire, essai, Champ Vallon, 1985 *(épuisé).*
Le Livre des quatre Corbeaux, essai *(Poe, Baudelaire, Mallarmé, Pessoa),* ill. de Júlio Pomar, La Différence,1985 ; 2e éd. revue et augmentée, 1998.
Le Fleuve et l'écho, essai (suite à *Érostratus,* de Fernando Pessoa), La Différence, 1987 ; 2e éd. 1991.
Fagniez, peintures, dessins, essai, La Différence, 1988 *(épuisé).*
Miotte, peintures, gouaches, essai, La Différence,1989.
Corneille, monographie, La Différence, 1992 *(épuisé).*
François Imhoff, monographie, La Différence, 1993.
Pomar, « Fables et portraits », essai, Ramsay, 1994.
Atacama. Essai sur la guerre du Pacifique 1879-1883, La Différence, 2000.

CLAUDE MICHEL CLUNY

LE SILENCE DE DELPHES

journal littéraire
1948-1962

L'INVENTION DU TEMPS

tome I

2e édition

LITTÉRATURE

ÉDITIONS DE LA DIFFÉRENCE

AVANT-PROPOS

Ce journal est né de notes venues sous la main, d'abord sans ordre, sans intention de durée ni de choix. Les premières retrouvées datent de ma dix-huitième année. Elles se sont interrompues souvent sans motif, parfois le temps de plusieurs années. Puis le réflexe de prendre des repères, consigner par habitude ce qui se passait, ce que j'étais amené à penser, le réflexe des « croquis », etc., firent que cet exercice s'imposa peu à peu à la manière d'une discipline. Notes d'humeur, réflexions, choses vues ou entendues souvent prises sur de petits papiers volants, puis, plus régulièrement, sur des feuilles, voire de minuscules carnets : je devins alors conscient d'une pratique parallèle à mon apprentissage littéraire.

Il s'agit donc d'un journal en désordre. J'y ai retrouvé des ébauches de poèmes, des aphorismes, des réflexions sur l'art, des notes de travail, de voyage, des réactions aux événements... En le recopiant, il m'a paru convenable de masquer quelques noms de personnes, connues ou inconnues, lorsque le respect de leur anonymat le commandait. Par respect cette fois du lecteur d'inutiles redites furent élaguées, des phrases boiteuses remises sur pied, des allusions précisées, des références données lorsque cela semblait utile. Un certain nombre de pages furent détruites, parfois bien antérieurement à la décision de mise au net en vue de la publication.

Le titre général de ce qu'aujourd'hui je dois considérer, à mes risques et périls, comme appartenant à mon œuvre littéraire, me fut donné, l'hiver 2001, par les derniers mots d'un récit autobiographique, *Sous le signe de Mars*, limité aux années de guerre et à leurs lendemains immédiats. Ces années 1939-1948 sont à la fois la mémoire d'une initiation amère et belle et comme une amorale préface à mon journal, dont je ne pouvais imaginer, lorsque j'accumulais un fouillis de petits papiers, qu'il deviendrait pour moi, presque jour après jour, une « invention du temps ».

Il est vraisemblable, en bonne logique, que je ne serai pas en mesure de conclure. Encore que nous vivions une époque où les volontés dernières ne sont écrites que pour se voir bafouées, un vœu demeure permis à la seule condition de pouvoir l'anticiper : j'aimerais que soient inscrits, après les derniers mots de ma main, ceux-ci qu'on prête à Caius Albucius Silus à l'approche de sa mort voulue :

J'entre ici dans un silence que je n'achèverai pas.

Paris, mars 2002.

1948-1949

– « On nous apprend à vivre quand la vie est passée », constate Montaigne (I, XXVI). Parfois, je recopie ainsi des phrases ou des vers, sur des papiers qui marquent les pages dans mes livres, et puis les perds.

– Combien de temps nous reste-t-il pour cet amour ? S'est-il confié ? Il y a au moins quelqu'un qui ne fait semblant de rien, mais dont je suis sûr qu'il sait.

– Binet, prof de français, grec, latin. Ridicule, en rase-pet noir, béret élimé, col dur. Une caricature ! Figure blafarde, grasse et molle, mal rasée. Il ouvre la bouche, il nous parle de Racine. Il nous parle d'Andromaque, des Grecs, du *fatum* ; le petit homme ridicule n'est plus là, et moi je suis en Grèce, les vers tragiques si beaux, si simples ont eu raison de tout ce qui n'était pas eux, et tout à coup la putain de cloche sonne la fin de l'heure et casse tout. « Il est fortiche, on se serait cru au ciné ! » marmonne un copain. En tout cas les cancres n'ont pas pipé mot. Le professeur Binet, tout sacristain pelé qu'il paraît, a diffusé une espèce de magie.

– Je lui disais à *lui* (il était sur son vélo, me tenait par l'épaule, nous redescendions vers le centre-ville) : dans deux ans où serons-nous, tous ? Il dit : « Pourquoi penser à ça maintenant ? On n'en sait rien ; maintenant, c'est maintenant, c'est tout ! »

– Un faux journal lu avec un grand plaisir, *Le Livre de raison d'un roi fou*, par André Fraigneau. Il s'agit de Louis II de Bavière. Chez mes grands-parents, j'avais lu dans un numéro des *Œuvres libres*, il y a quelques années, un article, ou un vague récit intitulé *Le Roi vierge*, peut-être de Henri Béraud. Avec Fraigneau au moins on peut rêver, il a de belles scènes. Mais qu'y a-t-il de vrai ?

– Il paraît que Rommel a laissé un journal de guerre, je serais curieux de le lire.

– Entre les cours de dessin, Stéphane Armand feuillette *Arts* avec nous. Le dos cassé, on dit par un accident d'avion militaire, sous son éternelle pèlerine noire, allant à pas saccadés, le mégot à la lèvre, canne au poing... Très sympathique ; il nous enseigne le dessin, sans illusions, mais quand on a la chance de le trouver libre, il éveille la curiosité, tout désabusé qu'il doit être. Il jette quelques jalons dans mes découvertes, des crayons et portraits des Clouet aux lavis de Poussin, et il y a du mérite tant j'ai conscience d'être boulimique et désordonné. En lettres c'est pareil grâce à Robert Fradet.

Je dévore les romans de Gustave Aymard, qui appartiennent à mon oncle, et relis les récits de Danrit, dont *Le Péril jaune*, suivant tout cela du coin de l'œil sur mes cartes. L'auteur – c'était un officier –, met en scène l'invasion de l'Europe par un nouveau Gengis Khan. L'action est bien menée, mais ce qui m'intéresse, c'est la manière dont les Grandes Puissances se font battre : les unes après les autres. Les Russes écrasés dans l'Est, les Allemands alors se préparent à vaincre, sûrs de leur puissance, de leur discipline : le Kaiser, comme le Tsar, succombe sous la marée mongole très bien armée… Les Barbares sont sur la Seine. Je ne dévoile rien audelà. Mais l'imagination de Danrit n'avait rien d'extravagant : ce qui compte, ce sont les lois qui lient les peuples à leur destin.

– *Souvenirs d'égotisme* ; où est le poisson ? on ne voit que les arêtes. Je rends le petit livre, déçu. « Tenez votre journal », me répète Fradet. Ce n'est pas aussi simple que ça en a l'air, du moins quand on n'aime pas parler de soi. Il y a les choses dont on ne veut pas parler ; celles dont on ne sait pas comment les expliquer ; celles qui n'ont d'intérêt que pour celui qui écrit...

– J'avais demandé à mon père de me rapporter le *Max Jacob* des « Poètes d'aujourd'hui » ; en me donnant le livre (le papier est rudement moche), il me dit que ça lui a paru pas très sérieux (mon père ne lit pas).

– L'homme qui nous a tenus en espoir pendant quatre ans, c'est Churchill ; l'homme qui a sauvé l'Europe en 40, c'est Churchill. On me dira tout ce qu'on voudra, c'est à l'Angleterre que je dois de pouvoir être ce que je suis. Cela, jamais je ne l'oublierai.

– J'écris des petits récits caustiques. Mais je crois que ce n'est que pour me prouver que je puis en écrire. Plus facile que de « tenir un journal », parce qu'on ne peut pas inventer ce qui ne vous arrive pas. Le mieux, c'est de prendre des notes sur telle ou telle chose, comme je fais en lisant. Il faut dire que ces papiers, quand ils ne se sont pas perdus et que je les relis, je les déchire. Sans intérêt. Max Jacob : épatant !

– Des moments comme un verre d'eau fraîche quand on a soif.

– À l'Orangerie, « Gauguin, Exposition du centenaire », avec Félina, la sœur d'un ami de collège. Je ne comprenais pas bien son admiration (elle copiait au fusain ces femmes aux jambes lourdes, ces formes au canon si étranger à mon goût). Elle admire aussi Rouault, ce qui me paraît plus logique puisqu'elle veut être maître-verrier. Donc, nous allons ensemble à cette exposition Gauguin. Ensuite, saouls de beauté, nous revenons à pied le long des quais vers le Châtelet. Je ne vois rien, je suis ailleurs et marche comme en rêve. Un autre monde. Des pays avec de telles couleurs, est-ce possible ? L'impression d'être arraché à soi-même. Une sensuelle, une sereine ivresse de couleurs ! Le noir et blanc des reproductions ne traduit rien mais trahit à peu près tout.

– Si je devais donner une couleur à ces dernières années, une couleur dominante comme un peintre pour une fresque, j'inventerais la couleur de l'été, bleu-or.

– Toujours la couleur, mais dans les poésies de Federico García Lorca comme sa « Romance somnambule » ! Depuis mon arrivée en seconde, au lendemain de la guerre, je vis avec des merveilles... Ce que je vois, ce que je lis... Il y a les heures pour Gustave Aymard, et celles pour *Les Grands Courants de l'histoire*, de Pirenne, et les longues soirées d'été pour Mozart et pour Satie dans le jardin d'« Orphée ».

– Nous arpentons les rues, Goldschmidt et moi, en dissertant sans fin de Kafka et de Nietzsche, ou de Lautréamont, de la tragédie classique... Nous ne sommes pas dans les mêmes cours. Curieux garçon, dégingandé, solitaire, timide et volubile. Aussi affamé de lecture que moi. Il va, seul le plus souvent, à grands pas, semblable à ces personnages de Jules Verne un peu hors du monde, et qu'habite une sorte de foi dans les mathématiques ou l'ornithologie. Il dit vouloir écrire un essai sur Lautréamont. Sans doute le seul élève fervent de littérature du collège, parmi ceux que je connais. Je ne sais s'il est lié à d'autres par les mêmes conversations : le groupe auquel je me suis fidélisé a changé, il est scindé entre anciens et nouveaux, c'est-à-dire les garçons et les filles connus après l'été 46.

– Lecture du *Journal* de Gide. Il a commencé de le tenir près de soixante ans plus tôt. Déjà, il pensait faire une « œuvre ». J'espère bien n'être plus là dans soixante ans pour m'interroger sur ce que j'aurai fait ou pas. Il en appelle – un rien d'ironie, d'autodérision ? un soupçon de provocation ? – à Rastignac : ce n'est tout de même pas un modèle. L'arrivisme conduit souvent nulle part, en tout cas, pas là où j'ai le désir d'aller.

– Les essais de Valéry : des sortes de théorèmes qui triomphent de l'objection avant même qu'elle soit posée. L'intelligence souveraine. Comme celle, tout autre, des *Provinciales*. Voilà comment l'esprit dispense le bonheur. Et les *Méditations* de Descartes.

– *1949, été.* – Les Andelys ; camping à trois. Le pays natal de Poussin. Pensait-il à ces ruines parmi les ruines de Rome ? Comment trouve-t-on le pays où l'on est heureux ? À Rome, en tout cas, le roi lui foutait la paix !

– Qu'est-ce qui fait que tout marche, chez La Bruyère ? Même l'exagération ! La distraction (c'est « Charlot », Laurel et Hardy !), les oiseaux… Ce qui nous fait rire, le plus souvent, est terrible. Puisque c'est l'erreur, l'échec, le malheur des autres. Parfois, on n'a pas le temps de rire, en dix lignes le désastre a passé, d'un coup de faux.

– Jazz (disques) chez des copains de collège. J'ai un peu de mal à m'y faire. Mon bagage « musical » est nul. Il faut souvent que je m'oblige à écouter, mais au contraire jamais à voir.

– Aviron sur l'Oise, des après-midi entiers. Il y a une nouvelle piscine près du terrain d'aviation.

– Je devrais noter des choses sérieuses, mais il y a un côté scolaire qui m'ennuie à penser que je devrais penser à noter ci ou ça. La preuve, j'ai déchiré plein de paperasses pleines d'inepties. Lu de Jules Renard *Histoires naturelles* et *Poil de carotte*, tout Xénophon, les poésies choisies de Supervielle.

Dilmen Otelcilik A.Ş.

1. Murat Caddesi No: 20
Çekirge - BURSA
Çekirge V.D.297 004 7588

T.C. MALİYE BAKANLIĞI
İL KODU 16

ADİSYON

Saat: ....

Seri **A** Sıra

№ 011020

LOBY

Oda No : 410	Kişi	Garson No :	
Tarih 3/5/03		Masa No :	
Cinsi	Miktarı	Fiyatı	Tutarı
Fal?	1		25.000.000
Yekün			25.000.000
İndirim %			
TOPLAM			25.000.000

Adı Soyadı: .... İmza ....

Basım Yeri : **ÖZEGE** Matbaacılık San. ve Tic. Ltd. Şti.Bursa Gıda Toptancıları Çarşısı I. Blok No:15 BURSA
Tel: 4415355 Fax:4412787 Çekirge V.D.: 6840033822 Anlaşma Tarihi : 13.12.2001 (194) Basım Yılı : 2002

– La sœur d'un ami va réconforter une dame âgée à l'hôpital. Un vieil homme s'agite sans cesse et se plaint dans un lit voisin. L'infirmière, excédée, retape les oreillers, le morigène, puis, avant de s'éloigner : « Soyez donc un peu sage, voyons, sinon vous ne mourrez pas tranquille ! »

– Je fais des gouaches et des lavis en plus de l'aquarelle. Ce qui est passionnant, c'est de construire l'espace dans un cadre imposé par le format. Comme si on faisait apparaître l'architecture des choses, du paysage. Faut-il écrire, ou peindre ? Personne n'a vraiment été un grand peintre *et* un grand écrivain. Faut-il choisir, ou bien est-on désigné par celui qu'on est, par celui qu'on *peut* devenir ? « Maintenant » prépare demain. Le bonheur ne garantit pas le bonheur.

1950-1954

– Au fond, Bérard n'est pas un peintre : ce qui nous ravit, dans cette rétrospective du Musée d'Art moderne, ce sont les dessins, les costumes, tout ce qui a trait au théâtre. L'an dernier, à Marigny, ce qu'il avait fait pour *Les Fourberies*, cette farce délicieuse, m'avait ravi. Mais ses toiles, on a l'impression qu'il ne peut pas les finir. Il y a un peu plus d'un an qu'il est mort, brusquement.

– Goldschmidt : « Écrire, il faut écrire ! Tu dois écrire ! » Moi : « Écrire et peindre en même temps ? Pas facile ; pas facile non plus de choisir ! »

Qu'allons-nous devenir, tous ? La vie paraît ouverte, mais on est trop seul, ou pas assez.

– Fradet me donne à lire des poésies de Paul Morand et un récit de voyage, *La Route des Indes*. J'ai aussi aimé *Rien que la Terre*, acheté d'occasion. Les poèmes tout en éclats, scintillants et déchirants sans un mot en trop : « Mort d'un juif », et le poème à Proust : « le visage et la voix mangés par l'usage de la nuit... », Jacob, mon vieux libraire, m'assure qu'on ne trouve plus ces livres, et que Morand n'est pas « en odeur de sainteté actuellement ». N'empêche, c'est épatant, et il faudrait que je trouve un autre mot pour le dire. Perdre l'habitude des mots faciles qui tombent sous la main ou de la bouche : écrire bouche fermée.

– Acheté, sur les quais, *Margot*, une pièce d'Édouard Bourdet, c'est la brochure publiée par « La Petite Illustration ». Printemps et Fresnay dans les rôles de Marguerite de Valois et de Henri d'Anjou. Une suite de sketches cruels. C'est Bérard qui avait dessiné décors et costumes. Ce genre de théâtre qui met tout à plat, au fond, est-ce très différent de *Caligula* ? Ou des pièces de Sartre ? Différent de Claudel et de Montherlant, c'est sûr.

Bizarre effet de la langue moderne que Bourdet leur fait parler, qui efface le temps de l'histoire – comme dans *La Machine infernale* –, mais surtout, lorsqu'on sait que ces princes et leurs amis arrivaient au pouvoir si jeunes dans un monde devenu fou, dévasté pour des querelles d'Églises, des superstitions sanglantes liées au pouvoir ! Il y a une mélancolie vraie dans cette pièce, qui est celle des bonheurs impossibles et c'est aussi la mélancolie de Caligula, très jeune, très seul, mais la différence c'est que lui n'est pas *naturellement* roi.

– Paysages au lavis, petites gouaches très construites mais que j'essaie d'apurer de l'inutile.

– Préparer un voyage, c'est se donner la liberté d'esprit de l'aventure. Ou bien on part au hasard, et l'enchantement vous prend au cœur. Nous avions envie, avec La Valette, de visiter les châteaux de la Loire. Mais l'occasion fit que, des Halles, nous partîmes pour le Midi à bord d'un camion. Il nous débarqua au centre d'Orange. Le théâtre nous laissa bouche bée. Puis nous allâmes en Avignon, à Nîmes, Cannes, au hasard du stop, avant de revenir sur nos pas, près de Saint-Rémy, dans les Alpilles.

(À l'auberge de jeunesse de Nîmes, le groupe de jeunes Allemands, en survêtement noir… L'un d'eux très beau, timide. Comme un coup reçu à l'improviste. « Qu'est-ce qu'il y a ? Tu n'as pas l'air bien », me dit L. V. J'avais cru qu'un miracle… Aurai-je jamais le désir d'oublier ? Mais ces garçons, soudain, en survêtement noir ! Alors que tous dormaient, je me suis levé, je suis sorti, j'ai revécu sous les indifférentes étoiles et le parfum des pins l'après-midi de juin qui changea peut-être ma vie, ou qui en décida[1] …)

Là, au pied du Lion d'Arles, solide butte rocheuse qui domine une source, nous avons découvert un vallon paradisiaque. C'était le soir, les cyprès immenses barraient le ciel vert, et les oliviers d'argent bruissaient à peine dans la paix simple. Je me rappelle avoir murmuré, descendant le sentier vers cette magie, comme pour en appeler aux dieux anciens, un vers d'Éluard, « Je fis un feu pour vivre ici... » Le feu, La Valette s'en occupait déjà dans l'âtre du vieux mas délabré, le mas de Cinq-Sous, qui était maintenant une auberge de jeunesse. Un enchantement que j'étais certain de ne pas oublier. La Lune d'argent dans la nuit verte, c'était comme un poème de Lorca.

---

1. Ce paragraphe, écarté dans un premier temps parce qu'incompréhensible, a été rétabli après rédaction du récit intitulé *Sous le signe de Mars* (La Différence, 2002). De même pour l'allusion de la page suivante.

Nous sommes demeurés là, dans une conque de bonheur simple, bientôt choyés par les Paul, métayers de la Verdière, le mas voisin ; nous avons découvert les Baux, en remontant le val d'Enfer. Je sentais les odeurs, les couleurs me pénétrer. Le parfum sec, entêtant du thym, des lavandes, même des feuilles et pédoncules de tomates, si pénétrant. Nous nous sommes fait des cuisines agrestes, légères, embaumant l'ail, l'huile d'olive, les sarments sous les grillades. Je n'ai pas eu le talent de dire ce pur bonheur de vivre, je le vivais, simplement, avec un compagnon à peine plus jeune, pétri d'humour, net, parfait.

[J'y suis retourné, et la magie n'était pas éteinte. Au Festival d'Avignon, cette fois-là, Gérard Philipe jouait don Rodrigue. Fiévreux, fragile comme une lame d'épée. Pourquoi noter tout cela ? Maintenant que j'ai détruit tous les (mauvais) poèmes écrits sur des bouts de papier, je me demande toujours comment on devient écrivain, et si je le serai jamais. Tous ces souvenirs ont l'air copiés dans un prospectus de tourisme.

J'écrivis quand même sous les grands cyprès grésillants de cigales un de mes plus anciens poèmes épargnés, intitulé « Olivier », en 1952, dans une sorte de paix païenne : je veux dire comme si j'étais seul au monde, au bord de l'antique Égée. Paulhan l'aimait bien, je le lui ai dédié quand *Désordres* a paru.]

– Au printemps 51, j'avais découvert au « bahut », où j'avais mes entrées, un jeune Juif tendre et sensuel, M. C., très intrigué par ce qu'il y avait au sexe des autres garçons qui manquait au sien. Je lui prêtais parfois un peu d'argent, qu'il rendait au jour dit. L'année suivante, je le cherchai ; il n'était plus là. Un interne me dit en souriant qu'il s'était fait virer, avec deux ou trois autres, pour « une histoire de dortoir ». Je savais qu'il se faisait visiter sous ses draps par un gamin plus jeune et déluré ; on avait dû les surprendre. Désormais, je ne connais plus personne ici ; c'est comme rentrer de la guerre, et que tous ceux que l'on a connus sont morts, ou sont partis, ou sont mariés.

– André ***, assez hâbleur quant à lui, avait été pris, et un peu abîmé par la police française, puis par la Gestapo qui l'avait utilisé comme cobaye (était-ce à Tarbes, à Bordeaux ?) ; évadé, il était passé chez mes parents, alors à Marseille, couvert d'abcès, de furoncles, fiévreux, et ils lui avaient trouvé une cache pour deux nuits. Il avait refusé de rester ces deux nuits chez eux, « à cause des enfants » (ma sœur et moi). Sa femme, née en Algérie, catholique très pratiquante comme sa mère, ne fut jamais inquiétée. Elle le trompa sans vergogne avec « un homme qui était bien placé » (?) à peine fut-il parti.

Lui, nous l'avons vu revenir en 45 avec un képi de capitaine, une voiture (une Citroën « 11 légère »), des cantines bourrées de cigarettes, de café, après des aventures rocambolesques. C'est le côté Pieds-Nickelés de la guerre. Or, il était responsable de la mort de plusieurs collégiens, qu'il avait entraînés dans une espèce de « conspiration » qui, improvisée, devint tragique. Les garçons furent fusillés par les Allemands. [Leur imprudence valait la mienne, mais moi, c'est la honte qui me serait échue, évidemment. Et pourtant, j'aurais pu aussi me comporter comme eux[1] .]

---

1. Cf. *Sous le signe de Mars*.

– De brèves histoires d'humour noir ; loué une machine à écrire.

– Relu Jules Verne. Ce qui reste du roman conventionnel n'est pas intéressant (*Un drame en Livonie, L'Épave du Cynthia,* par exemple). Mais quand le rêve, scientifique, technique, ou le goût de l'aventure interviennent, alors on entre dans un autre monde, ou un autre temps. Il y a là un extraordinaire goût du jeu, farfelu comme dans *Le Testament d'un excentrique*, ou *Kéraban le Têtu*, ou encore *La Chasse au météore*. Et, naturellement, *Le Tour du monde.* Ses livres, en un sens, sont des paris sur l'intelligence, la science, et la volonté de puissance, tantôt drôle, tantôt démoniaque : *Le Docteur Ox*, *Les Cinq Cents Millions de la Begum, La Maison à vapeur, Face au drapeau* (quel titre flambard), *Robur...* Un haut goût pour les solitaires, les extravagants, les patriotes (ils peuvent cumuler !), les petits groupes. Quasiment pas de femmes, cette plaie du roman d'aventures !

– Le chien-chien d'une femme laide et hargneuse est toujours laid et hargneux.

– Je fais, dans ma chambre, une place à part aux livres d'histoire. Il y a là l'*Histoire de France* de Bainville et celle de Reinach, et Jacques Pirenne ; et les études de Pierre Champion sur *La Jeunesse de Henri III*, ainsi qu'une vieille *Histoire de l'Antiquité grecque et romaine*, elle sans grand intérêt d'ailleurs, trouvés dans une librairie de la place Ducale, à Charleville. Comme je rentrais chez mon parrain avec ce butin, il me dit en haussant les épaules : « Je t'aurais offert tout ce que tu veux, mais je ne vais pas te donner de l'argent pour ces bêtises. » Je ne lui ai pas demandé ce qu'il considérait comme des choses sérieuses. Peut-être de l'argent pour le bordel ? Ces livres sont pourtant, avec la « transparente de Croncels », une pomme acidulée, savoureuse et croquante qui pousse en espaliers – mon parrain en possédait dans son jardin –, mon meilleur souvenir des Ardennes avec les mûres magnifiques cueillies en promenade. Pour le peu de temps que j'y ai passé, ce n'est pas si mal.

– Aperçu samedi midi, comme elle courait vers la gare, Hélène ***, la délurée. Si les ragots disent vrai, elle aurait dessalé une bonne escouade de garçons dans les surprises-parties, ou dans son minuscule logement proche du Jardin de la Ville, le dimanche après-midi. Parfois rien ne se passait, d'autres fois tout était au menu. Le plus souvent, on écoutait des disques en attendant son tour, ça masquait les bruits éloquents et faisait convenable (enfin...). Je n'ai jamais compris pourquoi il y avait des jours sans. Rien ne lui faisait peur. Les deux fils Balland y sont passés, ensemble (à ce que raconta le plus jeune, Hervé, qui a l'air d'un caniche). Elle riait beaucoup et nous pompait à nous en faire mourir. Gentille, le feu aux fesses. Les dents d'une locomotive américaine, oui, ce qui provoquait des plaisanteries qu'on imagine.

– Déchirés, les dessins de ma prime adolescence (j'en faisais des quantités pendant la guerre sur chaque papier qui me tombait sous la main, par exemple des prospectus publicitaires : on disait alors des « réclames »). Scènes de batailles qui alignaient cavaliers, archers, cohortes s'étripant comme sur la tapisserie de Bayeux... Ce n'étaient pas toujours des combats « modernes » ; même les bateaux et les forteresses pouvaient dater des temps jadis. Ou bien je dessinais des villes hérissées de gratte-ciel, ou des plans de villes, des cartes de pays imaginaires, puis je faisais des plans savants pour les envahir et les bombarder. Et soudain le ciel rugissait, et la maison tremblait, les avions anglais piquant au-dessus du toit pour prendre le pont du chemin de fer en enfilade, un kilomètre plus loin. Dès le fracas éteint, je courais voir s'ils avaient fait mouche. Ils le cassèrent en trois morceaux, comme un jouet, après quelques ratages. Les grands bombardiers américains n'y étaient jamais parvenus, mais avaient une fois pulvérisé tout le quartier. Ce jour-là – c'était en plein jour –, l'immeuble était si secoué par l'effet du bombardement, l'escalier tremblait tellement que nous ne parvenions pas à descendre – de toute manière, ça ne servait à rien. Quand je suis allé voir les résultats, je n'ai même pas pu approcher du pont ; ce n'était, après la place de la gare, que des masses de débris et des excavations béantes, avec comme une énorme houppe de poussière posée sur les décombres. Mon père, qui pêchait avec un ami près du pont (évidemment), mit plus d'une heure et demie à rentrer en faisant détour sur détour, tant le chaos était étendu ; il avait perdu une cuiller – un petit ustensile de pêcheur –, et était furieux. Il nous avoua que le sol semblait se dérober ou vouloir lui sauter à la figure sous l'effet des explosions.

– J'aimerais, je voudrais tout effacer de ma vie comme un personnage qui traverserait le temps et que rien ni personne ne retiendrait... Pour renverser l'ordre des choses, peut-être, tant je ressens que tout m'échappe ? Déjà, l'adolescence est ma terre d'exil. Je disais cela au frère aîné (et marié) d'un ami, qui se moqua de moi, ce qui m'a rendu furieux et m'a quand même appris une chose, c'est qu'il vaut mieux parler de soi le moins possible.

– Une amie de mes parents vient prendre le thé. Souvenirs de l'Occupation. La dame est catholique sans plus. Vous savez, dit-elle à ma mère, que l'avocat*** a eu de sérieux ennuis à la Libération. Sa femme faisait partie du groupe des dames des bonnes œuvres, qui se réunissaient à l'archevêché chaque semaine. Un jour, c'était je crois au printemps de 1944, une d'entre elles, que je connais bien, dit aux autres : « Savez-vous, mesdames, quel bruit court à notre propos ? Eh bien, c'est que nous faisons de la résistance. » Les unes s'effraient, les autres sourient. L'épouse de l'avocat suggère alors : « Et si, justement, nous préparions des brassards pour les résistants ? Ils en auront besoin, quand les Américains arriveront ! – Quels résistants ? » demande une innocente. Un silence patriotique et polaire s'installe ; puis la maîtresse de maison, sèchement : « Croyez-vous que des noms puissent être criés sur les toits ? Vous êtes inconsciente, ma chère. » Et voilà, conclut la dame amie de ma mère, pourquoi les brassards étaient prêts, et pourquoi l'avocat collabo n'a pas été fusillé, et entre nous c'est bien dommage.

– Quelques-uns d'entre nous assistent par curiosité aux réunions électorales (un ou deux de nos professeurs se présentent, et des « notables » plus ou moins compromis pendant la guerre). Chahuts, quolibets, injures, voire menaces d'empoignade. Quel beau spectacle : la France restera encore et toujours Clochemerle ! Et ces héroïques « résistants » dont tout le monde sait ce qu'il faut penser parce qu'on connaît très bien ce qu'ils ont fait, et surtout pas fait !

– Les gens sont étonnants. Chez les Darling, par exemple, tous deux retraités des chemins de fer (ils ne disent pas « la SNCF »), on se prête un ticket de métro, on ne s'en fait pas cadeau. Un jour, le père au fils : « Je t'ai rendu ton ticket de métro, tu le trouveras sur la cheminée de ta chambre… » (Je raconte ces histoires chez moi, où elles font bien rire.) Blanche, l'épouse, file souvent avec sa sœur en Italie – « J'adore Turin ! » –, faire des achats de chaussettes, « bien plus belles et meilleur marché qu'ici ». Gaston ne suit pas. Elle me dit sans gêne aucune, la fois que je lui demande si son mari est du voyage : « Oh, Gaston n'a pas les moyens, sa retraite n'est pas comparable à la mienne. » Par exemple, il n'a droit qu'à des côtelettes de second choix. Je le sais, m'étant trouvé là un jour que Gaston revenait d'avoir fait les courses. Il jette sur la table, vers sa femme, un paquet de la boucherie : « Tiens, voilà tes côtelettes ! » Il en avait un autre dans son cabas, les bas morceaux de la retraite. Se tournant vers moi : « Elle croit que parce qu'elle les paie plus cher elles sont meilleures, c'est idiot ; tous les commerçants sont des voleurs, ils font des fortunes avec nos sous. » Gaston est militant communiste. À la sortie du collège, quand nous avions sous le bras des bandes dessinées, *Mickey* ou *Robinson*, par exemple – le magazine dans lequel on retrouvait chaque semaine Mandrake, le magicien en habit de soirée, même au milieu des savanes, et ce couple d'adolescents charmants, Raoul et Gaston, dont les exploits faisaient rêver, il nous interpellait à tue-tête... Gaston-du-Parti ne faisait pas rêver, lui, surtout pas au Grand Soir. Casquette sur les oreilles, moustache, bleu de travail, godillots – dépouilles impeccables d'une carrière de lampiste, peut-être –, il agitait *L'Huma* d'une main, son pain dans l'autre, et s'en prenait à ces « torchons de la propagande américaine ». Je l'aperçus, la semaine passée, las de tirer le Char du Peuple sur les pavés de Pontoise, ville bourgeoise et sommeilleuse.

Blanche, quant à elle, s'enchante toujours de relire le *Jocelyn* de Lamartine, sommet, à ses yeux pâles et froids, de la littérature. Laquelle a souvent ce qu'elle mérite.

– Dans une discussion, même entre amis, vient le moment d'avoir raison, et la mauvaise foi pointe son nez – comme certains trichent aux cartes pour gagner. Quel plaisir, alors ?

– Je ne sais pas vraiment ce que je *ferai*, mais au moins je sais ce dont je ne veux pas. Et les amis d'enfance, ou d'adolescence, que deviendront-ils ? Seront-ils acteur, écrivain ou ingénieur, comme ils le disent ? J'ai déjà déchiré tant de papiers (dessins, poèmes), qui sait si je n'échouerai pas à être peintre ou poète ? Je sais que le Soleil a commencé de s'élever et de changer en mélancolie ces années passées et que des dieux sont là qui attendent, plus cruels sans doute au bonheur.

– Nous serons jetés d'Indochine, quoi qu'on fasse. Maintenant, une rébellion sanglante en Algérie. La guerre finie, c'est encore la guerre.

– Qui disait de Mme de Staël « Elle a terriblement l'air d'un homme » ? Ou Sand, amazone à la pipe et au cigare… Le joli brin de Musset, lui, pas tant que ça.

– Au réveil, peut-être ai-je rêvé de lui, j'ai le goût d'herbe amère de sa bouche dans ma bouche – et tout ce temps passé, ce bonheur perdu. Le temps ne l'a pas tué, il le faisait impossible.

– Je vois bien la vie que je ne veux pas subir ; les accommodements d'accord, mais pas l'abandon de ce qui m'importe.

– Les romans ne racontaient pas les éveils, les expériences sexuelles, ou bien il fallait lire Boccace ou Pétrone. Par exemple, je pense aux enfants du boulanger, le frère et la sœur, qui avaient quelques années de plus que moi : personne ne raconterait ça ! Le frère est extraordinairement velu derrière comme devant.

– Robert Fradet, qui était un professeur épatant, drôle, nous donnant le goût et des classiques et des modernes comme si, la veille, il avait dîné avec Corneille et Montherlant et nous rapportait leur conversation, me dit : « Allez donc voir Robert Kanters, il vous donnera des conseils. Vous verrez bien ! Vous êtes assez grand pour vous défendre. » (?) J'envoie une pincée de papiers, de petits textes acides, et dix jours plus tard je suis reçu dans un entresol du début de la rue de Grenelle, pratiquement sans meubles, par un gros homme, court et blafard, que je suspecte d'être nu sous une robe de chambre pas moins luisante que son visage. Assis derrière une table jonchée de papiers et de livres, avec devant lui une machine à écrire, il porte ce qu'il veut lire à dix centimètres de ses yeux noisette, globuleux et rougis. Entre alors, sortant d'une autre pièce, un garçon qui s'approche pour prendre congé, un livre à la main : « Je peux emporter celui-là ? – Bah, ce n'est pas un mauvais choix », dit Kanters. Il passe une main sous le pull noir du garçon : « Et tu es tout nu là-dessous ! » Je vois ce que F. voulait dire, en effet. *Exit* l'éphèbe. Kanters alors me parle de mes petits papiers, qu'il aurait montrés à Agnès Capri car elle cherche, pour son cabaret de la rue Molière, des textes caustiques et poétiques. Il parle d'une voix de gorge et se rengorge toujours en parlant mais, dès qu'il ne se surveille pas, dérape dans l'acidité. Il me propose un whisky que je décline, et se ressert, dans un verre pas très net. Il sirote en déambulant. La déambulation en accord avec la voix : bonhomme gras ventripotent, qui se dandine dans de petites babouches. Puis, touchant au fond de son verre : « Je ne peux pas grand-chose pour vos poèmes, mais vous savez écrire, et vous devriez faire un roman. Ce qui compte c'est le roman. Passez me voir chez Denoël, je vous ferai un contrat. »

– Mme B., dont les deux filles fréquentèrent le même collège que moi, femme délicieuse, intelligente, me dit : prêtez-moi de bons livres, je sais qu'ils seront intéressants si vous les aimez. Je lui prête plusieurs titres, dont le Fraigneau sur Louis II. C'est celui qu'elle a préféré. Son mari ne dit jamais rien ; il paraît, salue, s'en va. Il ressemble étonnamment à l'empereur Hiro-Hito et, naturellement, c'est sous ce nom que j'en parle en son absence. Mme B. en rit et je suppose qu'elle et ses filles ont craché le secret, car, lorsque je le rencontre, une étincelle amusée s'allume derrière ses lunettes.

– Adrien Gagneur, conservateur de la bibliothèque (où j'ai pu lire tant de livres ! Les classiques, les historiens du XIXe, les pages de Proust choisies par R. Fernandez, un éblouissement !). Bossu plus que voûté, chevrotant, barbichette blanche, toujours de noir vêtu ; une silhouette crayonnée par Daumier. Mais, toujours seul, grave, attentif, il attire le respect ; on croirait qu'il s'est trompé d'époque, qu'il a connu le père Goriot, Grandet…

– Un été suffit à donner le premier coup de hache. Un jour de rentrée d'automne, en 52, j'avais rencontré, sur le pont de l'Oise, celui qui avait été le jeune « S ». Nous avons un peu parlé, sans dire ce que aurions sans doute aimé entendre de la bouche de l'autre. Brusquement, il me prit la main et murmura : « Je n'ai même pas un souvenir de toi... » Nous nous sommes embrassés, comme deux fous, en pleine lumière, comme si nous étions seuls au monde. Mais comment recommencer ce que, nous non plus, nous n'avions pas su, pas pu sauver ? Nous ne nous sommes jamais plus revus.

1955

– Orly, un baraquement. L'avion ventru attend, à vingt mètres ; un Bréguet-deux-ponts d'Air France. Le pont inférieur me rappelle les cages des avions américains basés à Cormeille. Sièges qui ressemblent à des chaises de jardin en toile et ferraille. Une poignée d'Arabes en burnous, terrorisés... La vallée du Rhône nous secoue comme un cocktail. Pose à Marignane. Ensuite, un ciel d'huile jusqu'à Tunis. Rivage plat aux déchirures jaune sale, à peine le temps d'un clin d'œil sur la bosse du cap Bon. Pas de quoi se prendre pour Énée ! L'appareil pataud plane sur des étendues boueuses pour attraper la piste. La police, la douane, puis je grimpe dans un DC 3 pour le sud. Au sol, les ombres s'allongent, et après les vergers et les olivaies voici du sable, le papier carbone bleu violacé à peine froissé du golfe, et Djerba. C'est, tout à coup, déjà la nuit.

– Les ruines romaines de Libye peintes sur la mer. Comment le monde antique a-t-il pu disparaître ! L'humanité est imbécile. Et sans même voir ces débris splendides, il n'y a plus que ces gens, inertes, immobiles partout, assis, accroupis, debout dans leur vêtement de laine ocre ou brun, ou blanc. Un pays qui rêve en plein jour ? Mais de quoi, à quoi ? Les arcades de Tripoli, comme dans les peintures de Giorgio De Chirico. On croirait que ce pays vit ailleurs, on n'aperçoit que des ombres sortant des murs.

– Une vision fantastique de beauté, les ruines de Leptis Magna devant la mer violette.

– Djerba, l'île aux palmes, l'île des Lotophages ? Un bain de sensualité. Filles faciles (je ne parle pas évidemment des Tunisiennes !), ce qui évite de perdre du temps. Un lycéen français, qui me montre ses dessins ; il vient un soir pour une fête au Club. Un jeune serveur arabe charmant.

– Elle nous dit, parlant de son amant maltais : « Quand il fait l'amour, il embaume la fraise ; c'est comme s'il m'écrasait des fraises entre les cuisses ! » Le jardinet d'amour… Et pas en friche.

– Route au sud – cailloux, nids-de-poule, poussière – jusqu'à Tatahouine : la nuit au club des officiers, accueil on ne peut plus cordial. Ils sont peu nombreux, ce qui permet de nous héberger, et ils sont ravis de bavarder, de danser grâce au phono de l'intendant avec les filles qui nous accompagnent ; piscine, ciel d'une inimaginable pureté. Au cœur de la nuit on sèche à peine sorti de l'eau. On dort où l'on veut, avec qui on veut. Une merveille de jeune aspirant me fait des yeux très doux. « Aspirant, quel grade inspirant ! lui dis-je, quand on est vous. » Il a vingt-deux ans. Une belle nuit en plus des Mille et Une.

– El Djem, vieille meule romaine immobile sans plus de grain à moudre. Mais la beauté pure, c'est Kairouan ! Tout à coup, au milieu des terres plates, la porte de l'Islam. Les mosquées sont simples et sereines comme peut l'être l'art roman.

– Sidi Bou Saïd ou le paysage frappé de perfection ; pause au Café des nattes ; Gide y avait ses habitudes. Une gentillesse naturelle partout, encore qu'à Monastir, comme je me promenais le long des remparts avec une amie du Club, nous nous soyons fait apostropher sans aménité par des jeunes gens cherchant une querelle. C'est, paraît-il, la ville la plus politisée[1]. Deux Tunisiens en costume traditionnel se sont interposés, puis nous ont recommandé de ne pas nous éloigner du centre-ville.

– *Paris, sans date.* – Maurice Van Moppès ; il va et vient dans son appartement de la rue de Beaune encombré d'énormes bouquets de mimosas : « Je les ai reçus de Nice ce matin par avion, cela me console d'être à Paris ! Les mimosas et vous, chers amis », ajoute-t-il en grasseyant. Velu poivre et sel, l'œil charbonneux. Je pense à Charlus. Il y a là quatre personnes, plus un jeune homme brun qui fait le beau, ce qu'il est presque. Van Moppès montre des dessins. Ils sont mous, vulgaires, laborieusement « amusants » – c'est l'épithète qu'il emploie. Il était à Londres, à la cour gaulliste, ce qui le protège encore, mais pas de la médiocrité. Sa sœur est une bonne traductrice d'anglais.

---

1. Habib Bourguiba, originaire de Monastir, venait d'être libéré de prison et négociait l'indépendance, qui serait obtenue l'année suivante.

– Il y a dix ans, l'Allemagne s'effondrait, on découvrait l'horreur des camps d'extermination. Articles, témoignages et manifestations un peu partout. Je n'ai pas souvenir qu'on ait jamais parlé de ces camps, le temps de l'Occupation, chez moi ou chez des amis de mes parents. Aujourd'hui, ils me disent : Nous n'étions pas informés de ce que devenaient les Juifs arrêtés, ou qui disparaissaient. Nous pensions qu'ils étaient envoyés dans les camps de travail, comme nos prisonniers de guerre, qui devaient revenir, selon Pétain, et qui ne rentraient jamais. Mon père avait pourtant dit – à son retour de Marseille, en 1942 – que « nous avions eu la honte des camps d'Espagnols réfugiés, et maintenant ce sont les Juifs ». Parce que les lois de Vichy l'avaient indigné. Mais les gens en parlaient peu. Les résistants, eux, étaient fusillés *pour l'exemple* au su et vu de tout le monde. Pourtant, mes parents se rappellent qu'au moment de la débâcle mais bien avant l'arrivée des Allemands, au moins quatre immeubles, dont trois abritaient un commerce tenu par des Juifs, furent incendiés : un cordonnier, rue de la Roche ; un tailleur, rue Thiers ; un magasin d'articles de sport, dont le propriétaire était bien connu de mon père, Parc-aux-Charrettes. On ne sut jamais par qui... La vieille Mme W., pendant l'Occupation, portait, au-dessus de l'étoile jaune, une bande de tissu sur laquelle on pouvait lire : « Un fils mort pour la France. » Un courage que les Allemands pouvaient apprécier quand ce n'étaient pas des *SS*. Après la guerre, les maisons rebâties, les magasins rouvrirent, tenus, parfois, par les mêmes familles. On entendait alors : « On les croyait ruinés. Les voilà plus riches que nous. »

Une autre affaire, atroce. Rue Lemercier, un veuf habite avec son fils une maison cossue. Le veuf est pétainiste. Le fils, dix-huit ans, dégoûté, déclare au père qu'il va gagner Londres. Il a trouvé une filière *via* l'Espagne avec de faux papiers. « C'est ton choix, dit le père, je ne te retiens pas. Adieu donc ! » Juste avant la frontière, il est arrêté par la *Gestapo*. Le père l'avait dénoncé. Le garçon fut-il déporté ? Torturé sur place jusqu'à la mort ? Personne ne l'a jamais revu.

– Parlé de ces années de guerre chez les C***. La mère de mon ami Maurice, qui travaillait à la sous-préfecture, nous dit : « Mes pauvres enfants, si on savait tout ce qui s'est passé, on aurait tué autant de Français que de Boches à la Libération ! » Je pense aux acclamations pour Pétain, à la veille encore du débarquement ; et quatre siècles plus tôt, on aurait pu devenir anglais si, tout d'un coup, les Français ne s'étaient retournés vers Charles VII. C'est ça, l'Histoire. Avant 40, le courage paraissait détestable ; après, il devint héroïque, quoique rare.

– 14 juillet 1955. – Le Figaro littéraire publie une conférence prononcée à Rio par Bernanos à l'adresse de la jeunesse. Il la veut mettre en garde contre ces pactes de « sécurité », ces engagements hypocrites qu'on lui propose nuit et jour, sans relâche, sous tous les masques. N'ayez pas à craindre du lendemain, dit-il, « le lendemain c'est vous ! Gardez, ou retrouvez si déjà vous l'avez perdu, le goût du bonheur, et vivez pour le bonheur ! » Cette conférence est le dernier appel d'un vieux lutteur. Le bonheur ? Les peuples en ont-ils jamais pris le chemin ? Et cette jeunesse, dont je fais encore partie, ne sera-t-elle pas condamnée demain à

lancer à ceux qui la suivent dans l'ordre du temps le même appel, la même confession d'une faillite ?... Et les hommes valent-ils la peine qu'on se dresse pour eux ou contre eux comme à la tête d'un cheval fou ? Je ne crois pas qu'on fasse un jour le bonheur des gens malgré eux. La civilisation, finalement, c'est l'exaltation de ce qui aurait pu être ou de ce qu'on espère. Il n'y a que l'art qui ait raison, et donne raison d'être.

Ce qui manque à Rancé pour être absolument sublime, c'est de ne pas croire en Dieu. Mais il n'a peut-être été sublime que dans la prose de Chateaubriand.

– Mis l'été à profit pour lire le volume VI de Pirenne, qui est paru, et s'étend de 1904 à 1939[1]. Il dit clairement en peu de lignes ce que fut la prise de pouvoir par Staline, dictateur absolu. En somme, un nouveau Gengis Khan régnant au nom de la démocratie *(sic)* prolétarienne. Quand il est mort, il doit y avoir deux ans maintenant, le monde croyait perdre un noble libérateur. Mais depuis dix ans, on a pu voir que l'URSS pratiquait partout où elle le pouvait une terreur et une politique analogues à celles des nazis. Certains sont indignés quand on avance cette comparaison ; et si Staline n'avait eu le même ennemi que nous, il serait devenu le nôtre. C'est pourtant clair aujourd'hui !

– La Révolution : décapiter les élites – ne jamais oublier ça. De toute façon, la bourgeoisie qui a ramassé la mise des mains du Corse, qui l'avait ravie à de la canaille, ouvre ensuite la porte pour le triomphe de la philippardise.

---

1. *Les Grands Courants de l'histoire universelle*, Éd. de La Baconnière ; il s'agit donc de l'été 1955.

– Dans une lettre citée par Raymond Queneau, Flaubert déclarait que son livre, *Bouvard et Pécuchet*, devait se présenter de telle manière que le lecteur ne sût pas si on se fichait de lui ou non. En vérité, les deux bonshommes ne nous amusent pas et, si comique il y a, il est laborieusement insidieux. On croirait que les deux compères, que rien ne rebute ni n'effraie dans leur apprentissage du « savoir », prennent à contre-pied la formule qu'aura Picabia : « Pour que vous trouviez quelque chose de bien, il faut que vous l'ayez vue mille fois, tas d'idiots ! » Les deux formes de la bêtise, comme deux locomotives lancées l'une vers l'autre sur la même voie.

– Valéry : l'incessant exercice de l'intelligence. Il se laisse moins envahir par le quotidien, par les désordres alentour que Gide, et pourtant c'est aussi avec lui-même qu'il dialogue.

PROVERBES MÉROVINGIENS

– Bats le moine tant qu'il est chaud,
Ton paradis est sur son dos.

– Petite pluie abat grand vent,
Le bref mange le grand.

– À dame fenêtrière
Faut un grand lit,
Si le vit vaut la chatière.

– Jeter le vase après la cognée.

– Quand le hareng marche à grands pas
L'argent va comme le vent.

– Temps de guerre,
La tripe n'est pas chère.

*

– Maintenant, je le sais, je dois tout séparer, tout verrouiller.

1956

– Vulgaire, à l'occasion, pouvait être un signe distinctif. Maintenant la vulgarité est partout. Exemple : la Chambre des députés.

– Guy Mollet président du Conseil ; la France n'en finit pas de retourner à son vomi.

– J'aimerais – ô Vathek ! – m'élever au-dessus des forêts, des villes, de la mer et voir tous les horizons, et me retrouver ce soir à la Jamaïque, où nous ferions ferrer nos chevaux avec de l'or ; à Venise autrefois ; aux Indes, dans les odeurs d'épices : mais aimerais-je ces sombres démons peut-être délicieux dans leur pagne immaculé ? À dire vrai, j'en rêve depuis les années de guerre, et que je lisais des sortes de bandes dessinées dont l'action se situait aux Indes et, naturellement, étaient farcies de propagande antibritannique ; si j'étais imperméable à tout ce qui se montrait hostile à ma chère Angleterre, les illustrations me fascinaient, et je me demande, avec le recul du temps, si ces dessins voluptueux, exaltant la grâce de jeunes Hindous, car c'était encore le nom que l'on donnait aux peuples de l'Empire des Indes, vêtus d'un turban et d'une sorte de pagne, ne trahissaient pas les goûts de leur auteur…

– Le désespoir, en général, n'est pas beau à voir.

– Il suffit d'une petite ville à l'air endormi pour nourrir sans fin romans et maximes.

– Ma mère me dit hier : « Je me dis quelquefois que je n'aimerais pas être les gens que vous regardez. »

– *23 mars.* – La fenêtre ouverte sur la nuit, le lent fleuve du vent dans lequel se baigner sans même le désir d'être ailleurs. La lampe, le livre dont les pages frémissent quand le vent s'approche de branche en branche comme s'il marchait vers la lumière. La merveilleuse fatigue d'avoir aimé, et puis cet autre bonheur d'être seul avec soi, quelle satiété sereine ! J'aimerais mourir en me défaisant comme neige au soleil, avec un même bonheur conscient.

– *5 mai. – Vie de Henri Brulard* : « Suivant moi l'hypocrisie était impossible en mathématiques. » Voilà qui en dit plus long sur un caractère d'adolescent que bien des pages.

– De tous les arts la musique est celui qui nous propose la communion la plus libre, puisque, selon les registres émotionnels, elle nous abandonne la traduction aussi intime que l'on veut de son discours.

Mais on se demande comment de la musique (enfin, il y en a de la bonne et de la... moins bonne) a jamais pu sortir de cette longue perche de Gustave Samazeuilh, longue comme perche à houblon, les yeux globuleux, la lèvre humide, pendante de mépris (la méchanceté d'un chancre, selon les connaisseurs). Il arrive, on croit qu'il sort de la tombe, lent, martien, râpant le parquet de ses pieds, et s'incruste, s'enkyste jusqu'à l'obtention de ce qu'il veut. Il a d'ailleurs de jolis surnoms : « L'Insistance publique » ou « Trompe-la-mort »[1].

– À un ami musicien qui ne compose pas, parce que son travail de chef de service, sa mère, ses palabres avec trop de ces gens en mal de confidences lui prennent trop de temps, et nous dit : « Plus tard, je composerai plus tard », j'ai répondu : « Prends garde, plus tard est souvent synonyme de jamais ! » Je le sais, moi qui ai tant de mal à me tenir à ma table…

– Lu *Les Indépendants dans la peinture ancienne*, de Georges Isarlo, qui vient de paraître. Pourquoi rejette-t-il Bellini (Giovanni, car il est celui des trois qui traite le corps avec une poésie sensuelle évidente, mais rare, c'est vrai) ? L'*Allégorie* des Offices devrait doublement le séduire, par son « chiffrage » devenu mystérieux, et par la beauté du jeune Sébastien… Isarlo doit être assez tordu, et son côté antiquaire du bizarre passe souvent un peu trop au large de l'art. Pages intéressantes sur le Caravage et sur Giorgione. Et puis, même si la méthode ne s'impose pas par la rigueur, le catalogue d'œuvres peu connues qu'il propose excite la curiosité, suggère des rapprochements.

– *18 mai.* – J'ai relu sans joie d'auteur (!) la plupart des pages qui précédaient – ah, la vertueuse résolution d'écrire chaque jour une page ! –, après avoir

1. Né en 1871, Gustave Samazeuilh mourra en 1967.

déchiré une brassée d'autres. Ce matin, je voudrais conjurer le sort, et noter le plaisir que me donne une peinture de Raphaël que je vois pour la première fois reproduite en couleur. Non que ce soit une œuvre maîtresse, mais elle est fort drôle. Il s'agit de saint Georges terrassant, sous un pied de danseuse, un dragon verdâtre (vert de rage ?). Dans l'effort, le héros lève une croupe gracieuse de demoiselle, ce qui lui confère je ne sais quoi d'aérien, en harmonie, il est vrai, avec sa fonction... Le pauvre monstre se dégonfle sous l'assaut, tandis que des êtres bizarres, marabouts, pélicans maléfiques ?, épient le combat, se tenant la tête dans les épaules, sur une ou deux pattes grêles. Esprits de quoi ? de notaires apostoliques ? de greffiers des fables ?

Le dragon de Raphaël – il serait au Louvre mais je ne me rappelle pas l'y avoir vu – ne saurait être pris très au sérieux. Le bestiaire des XIIIe, XIVe siècles, en possède de plus décoratifs, plus chamarrés, et plus impressionnants, très à leur aise sur des tapis somptueux. On en voit un superbe dans *Sainte Barbe et saint Luc*, quoique la reproduction soit en noir et blanc, de Stefan Lochner, au musée de Cologne. Plaisantes créatures que ces dragons !

– *Juillet.* – Avons embarqué à Marseille, des amis et moi, pour la Corse. Il fait si beau que j'abandonne ma cabine pour passer la nuit sur le pont, dans une chaise longue. Bastia. L'or des pierres. Et trois vieilles femmes séchant comme des aubergines sur les marches de l'église.

– L'ébauche d'un bateau sur son berceau : naissance de l'harmonie.

– J'embarque, seul, à Bastia pour Livourne : enfin l'Italie !

– *26 août, Arezzo.* – Ce n'est pas « le rêve de Constantin » qui nous intéresse, c'est celui du peintre. L'art s'est libéré des lois qui ne sont pas les siennes. Notre passion va au génie des peintres, pas au monde qu'ils sont censés avoir eu (?) sous les yeux. Diderot juge Greuze par le sentiment, il ne l'apprécie que pour son *rendu* – le mot dans sa justesse est affreux – de l'anecdote.

– *7 septembre, Fiesole.* – Une telle harmonie partout (sauf les hurlements de la radio dans les rues, les klaxons, les Vespas...), qu'on s'attend à voir les anges peigner leurs ailes entre les cyprès. Et combien de jeunes Toscans pourraient sortir de l'atelier de Cellini, ou de son lit !

Benozzo Gozzoli peignait le cortège des Rois mages à la lumière des bougies, comme Van Gogh peindra les étoiles. Mais comment La Tour travaillait-il ?

– *Sans date.* – Parti de Florence la mort et la beauté dans l'âme. Milan, Musée de la Brera d'abord. La cathédrale, énorme vaisseau échoué sous une forêt d'agrès, de haubans gothiques ! Sur le toit, les Italiens, qui ne perdent jamais l'occasion de faire de l'argent, ne vendent pas des cierges mais du Coca-Cola ; c'est la buvette du ciel ?

Je repars pour Orly en Vickers Viscount. Nous avons un peu d'avance sur l'horaire et le commandant de bord nous offre un tour du massif du Mont-Blanc spectaculaire.

– Reprocher à La Fontaine de ne pas se soucier de l'histoire naturelle est aussi sot que de dire que Buffon parle des animaux mais ne sait pas les faire parler.

– Devise de l'adultère consenti : jamais deux sans toi.

– Évangélisation des Amériques : la chair de droit canon.

– *24 octobre*. – Rien de plus cocardier que les pays qui perdent. La France en donne un exemple sinistre avec le détournement de l'avion marocain à bord duquel se trouvaient des chefs rebelles algériens. Triomphalisme un peu myope. Pas de quoi se vanter d'une piraterie qui ne résoudra rien. Le cynisme ne va bien qu'aux puissants, mais ce régime est en passe de crever et ses chauffards ne le savent pas, qui veulent rouler plus vite que leur ombre. D'ailleurs, le gouvernement ne peut même pas se vanter de son audace, car il est déjà reconnu que Mollet, lui le premier, fut mis devant le fait accompli. La manigance serait le fait de Lacoste et Lejeune. On voit comme le pays est dirigé.

– Un gouvernement qui n'a pas les moyens de sa politique ne donne pas longtemps le change. Mais peut-on imposer une politique à ce pays sans autre pouvoir que celui des factions ? Tous ces bas politiciens sont indignes.

– À Budapest, les envahisseurs ont, eux, les moyens de leur politique. Soyons lucide : si les « démocraties » populaires tentaient ensemble de secouer le joug soviétique, la paix ne tiendrait qu'à un fil.

Mais tant que ces pays se feront matraquer en ordre dispersé, la paix sera préservée. Staline n'a pas bougé pour la Grèce et a laissé battre ses partisans ; nous n'allons pas nous battre pour un Dantzig sur Danube. C'est triste, mais sage.

– J'ai décidé, en conscience, et tant qu'une loi ne fera pas que l'on prenne en compte les bulletins blancs, de ne plus aller voter. De ne plus faire seulement semblant de prendre ces tristes eunuques au sérieux.

– *30 octobre*. – Comme je relisais pour les mettre en ordre des notes de travail, j'ai constaté que celles dont l'écriture était bâclée, ou relâchée, avec des lettres mal dessinées, des lignes vagues, eh bien elles étaient sans intérêt, je les ai quasiment toutes mises au panier. Comme si la pensée floue entraînait l'avachissement de l'écriture. Pourquoi non ? N'est-ce pas logique ?

– *Novembre*. – Voilà donc à quoi sert le tout nouveau Pacte de Varsovie : à mettre sous la botte ses propres « alliés », puisque l'antiphrase est de rigueur. Les Russes ont tué la « révolution bourgeoise », et la Hongrie respire, ou expire. Qui donc en conscience peut admettre de telles sinistres hontes !

Ce n'est pas la seule belle affaire de l'année. L'opération de Suez (bravo, Mollet !), ce n'est pas mal non plus. Je ne comprends pas que les Anglais, à l'ordinaire plus malins, aient tiré les marrons du feu pour Israël. Une belle niaiserie qui dégage une sacrée odeur de roussi.

Et puis, avoir cautionné l'installation, par la violence, le terrorisme, d'un État à caractère racial et théocratique (au nom de la Bible !) au cœur du Moyen-

Orient n'a pas fini de créer des problèmes. On peut en prendre le pari. Les religions sont la peste, et celle-là va réveiller l'autre, l'islamique. Le monde n'a pas guéri de la folie née dans les années trente. Si les politiques avaient une meilleure connaissance de l'histoire, peut-être feraient-ils moins de gâchis.

– *Décembre.* – Au bon beurre de la littérature, Jean Dutourd s'est fait une rente de « situation » : celle d'un homme d'esprit bon enfant. Mais à le voir et l'entendre, avec son allure mousquetaire-au-couvent, son élégance à l'anglaise, son gilet tendu de satisfaction moqueuse qui ne s'en laisse imposer par aucun, on se demande s'il ne ferraille pas au nom de l'homme qui a de l'esprit contre ceux qui n'en n'auront jamais. Personne qui le dise mais, rue Sébastien-Bottin, il n'est pas bien aimé. La complicité ne joue, peut-être, qu'avec Paulhan.

– Le « Nouveau roman » ou le retour de *L'Astrée* en terrain sec.

– Que furent Cassandre, Hélène, que fut Marie dans la vie de Ronsard ? Le peu qui suffit, sans doute, pour qu'un miracle ait eu lieu, et que nous les admirions encore, telles des figures délicates, inaccessibles, comme on voit, paraît-il, des mouches prisonnières dans des grains d'ambre. Que furent-elles ? sinon les radieux prétextes dont le poète déguisa quelques jolis pages…

– *10 décembre.* – Les philosophies, pas plus que les religions, n'ont jamais rien prouvé. Mais elles sont supérieures en ce qu'elles font appel à l'intelligence, ou du moins à un exercice de l'esprit pur, alors que les églises se fondent sur la crainte et la crédulité. Aussi les spéculations mercantiles et politiques des prêtres se sont-elles montrées bien plus efficaces que les démonstrations arides et peu concluantes des philosophes.

La raison ne produit pas l'entraînement des instincts. Il faut aux foules des énervements et des peurs aussi bien que des illusions. D'ailleurs, on n'a pas enseigné *Le Capital*, pas plus qu'on ne l'aurait fait de la *Critique de la raison pure* dans les églises ni les meetings. Les moyens d'entraîner ne se confondent pas avec ceux qu'il faut développer pour convaincre. Les foules (savent-elles qui est Marx ?) ne sont jamais que des moyens dans les mains des agitateurs. Mais il y a des philosophies moins néfastes que d'autres. Personne ne fut jamais crucifié au nom d'Épictète. Une foule reste toujours un troupeau, et les bas instincts les plus sûrs des aiguillons.

– Les communistes français sont-ils de mauvaise foi lorsqu'ils justifient l'écrasement de la Hongrie ? Les dirigeants, sans aucun doute. Ils tiennent leur rôle de prébendaires, de grands prêtres ou de porte-voix ; les braves gens, comme on dit, sont comme des cathos devant les horreurs de l'Inquisition, *ils ont la mauvaise foi* : là est toute la différence. Toutes ces idéologies sont également néfastes, effrayantes. Qu'elles puissent se réclamer de leurs « martyrs » fait partie d'un jeu supérieurement pipé. On ne dit pas assez que les communistes français ne sont entrés en résistance qu'*après* l'attaque de l'URSS par la *Wehrmacht* ; auparavant, ils prônaient la crosse en l'air, l'entente des Kamarades. Les communistes d'Angleterre aussi, qui ne voulurent se battre que lorsque l'Ogre fut assailli par son complice de la veille.

– *25 décembre.* – Curieux Noël avec, en cadeau, la guerre civile que nous préparent nos politiciens ?

– *26 décembre.* – C'est en Allemagne, à la bibliothèque du mess – pour laquelle j'avais fait une maquette de décoration –, que j'ai découvert *Les Vagues*, dans l'édition Stock. Le papier bouffait sous les doigts, un peu pelucheux, duveteux, et l'odeur d'encre et de papier (un alfa, peut-être), comme quand on ouvre une porte sur une pièce où tout vous attend pour le simple bonheur d'être là, et le livre ouvert semblait dire « entre ici et oublie tout ». Je n'avais jamais encore entendu parler de Virginia Woolf, pas davantage de cette dame au nom bizarre qui avait traduit *Les Vagues*, Marguerite Yourcenar. Je me mis à lire par cet après-midi de liberté. Et je reçus le même éblouissement que lorsque j'avais, des années plus tôt, découvert les pages « choisies » de Proust. Pas d'intrigue, de mouvement dramatique, c'est-à-dire d'action. Seulement la vie, les sensations, le temps suspendu de phrase en phrase ; et je me trouvai d'un coup capturé par les mots, par le flux et le reflux des mots... Physiquement, et intellectuellement capturé. J'entrai dans la littérature dont j'avais besoin pour me retrouver face à moi-même, pour reprendre pied dans l'essentiel en chassant de l'heure ces murs de casernes et ces sinistres forêts de sapins.

– *29 décembre.* – On se repose d'un travail par un autre. Il en est de même avec nos amis.

– *Plus tard.* – Faut-il noter tous ses souvenirs (amours, rages), comme la beauté d'un paysage, la saveur d'un plat réussi, le titre d'un livre ou d'un disque ? Faut-il parler de soi (Pascal, je sais...) ; faut-il effacer tout et censurer jusqu'à la mémoire de ce qu'on a vécu... Au fond, la seule vraie frontière est celle qui sépare l'imagination du vécu. Mais moins on se livre, plus on enrichit ses livres. Vrai, ou pas ? Mes romans, si j'en écris, seront-ils moins bons si je reconnais aimer le canard à l'orange et les garçons ? Le débat ne tient peut-être qu'à la manière dont on *invente* sa vérité. Ce qui signifie, en clair, et dès lors comment ne pas me l'avouer, que je ne consigne plus ces notes sans penser qu'elles pourront être lues par d'autres. Encore faut-il respecter une sorte d'hygiène, donc éviter les jérémiades et ne pas écrire pour se faire plaisir.

Ce que tu viens d'écrire, ici et à l'instant précédent, devrait t'alerter sur ce que tu fais, sur la nature de ce que tu écris, comme ça vient, entre deux portes ou deux dragues : tu viens de t'avouer que ces notes pourraient bien être publiées un jour. À ta place, je crierais « à la garde ! » *Scripta manent*…

1957

– *8 janvier.* – Je relève, dans la préface du *Norge* des « Poètes d'aujourd'hui » : « La pensée et le désir font de grands bruits en se cognant dans le vide »... M. Rovini est un Fenouillard. On me dit qu'il est aussi un petit être ravagé de tics et de complexes. La collection pâtit de la médiocrité de ses présentateurs ; fallait-il la prose boursouflée de Michel Manoll pour rendre hommage à Reverdy, poète ennemi de tout pathos ? Et Roger Lannes, qui croit sur Cocteau écrire attique en écrivant pincé : le style *sciatique*, oui.

– *18 janvier.* – Ce matin, Montherlant. Rougeaud (le froid ?), virant à la violine d'évêque ; masse brute, costume mal coupé, genre sous-directeur de banque en province. Il doit s'en foutre, je pense. Une absence de grandeur dans l'allure, ou une absence d'allure dans la grandeur ? Encore faut-il savoir qu'il est Henry de Montherlant. Direct, rugueux et carré, tassé. L'air prêt à foncer, tête baissée, sur des barrières dont il croit qu'elles sont encore debout, à la manière d'un rhinocéros irascible. Le peu qu'il voit du monde lui suffit pour le mépriser, le rejeter de son front terreux, large et buté. Il commence une phrase qui se gonfle, enfle ses ailes, puis se retourne comme une crêpe au-dessus de la poêle et retombe avec le choc d'une gifle, concluant qu'il n'y a plus « que la bassesse et l'argent partout ». Il a les traits tirés, les yeux fatigués. « Je ne supporte plus la lumière trop vive », me dira-t-il. Un côté « vieux marcheur » impénitent ? Robert Fradet, notre merveilleux et si piquant professeur de lettres, à qui je dois mes premières lectures de Montherlant – *Service inutile,* les poèmes introuvables... –, m'avait dit : « Ce n'est pas un grand penseur, mais un écrivain de premier plan ; vous aimez l'histoire, il vous intéressera, mais les romans, ou ce qu'il appelle des romans, ça vous rasera. » Juste.

Piloté Montherlant dans le labyrinthe radiophonique : il veut entendre des voix – « Ne croyez pas que je veuille épouser Jeanne d'Arc », précise-t-il, sarcastique. Puis : « N'est-ce pas curieux que ce pays, quand il tombe, a la chance, presque toujours, de trouver un homme pour lui piquer les reins... un homme ? Évidemment, Jeanne d'Arc... Tenez (il décrit une courbe avec son bras droit, comme pour embrasser l'histoire), Blanche de Castille, Louise de Savoie, etc., ce ne sont plus des femmes, elles sont devenues des hommes d'État ! » Nous pénétrons dans la cabine d'écoute. « C'est pour ma prochaine pièce. Parce que le texte, au théâtre, veut des voix qui soient en accord avec lui. Évidemment, quand il n'y a pas de texte, vous comprenez à quelle espèce de théâtre je pense, ça n'a pas d'importance, pas plus d'intérêt que le reste, les voix. »

– 19 janvier. – À la fin du siècle de Louis XIV, la poésie s'éteint en France pour cent ans. Elle était partout : chez Racine et au cabinet des Fées, dans les

Fables et les *Oraisons funèbres* ; elle va disparaître. Elle va céder la place aux Cacouacs, aux idées, à l'esprit. Et les idées vont décapiter le dernier poète classique, qui est aussi le premier des temps nouveaux, Chénier.

– La poésie n'est-elle pas en avant de l'imagination ?

– *Sans date.* – Bombard, après avoir vécu sur les eaux, serait devenu, dit-on, le naufrageur des femmes du monde.

– Publier ses lettres d'amour, c'est accueillir dans ses draps des gens qu'on ne connaît pas.

– S'ils avaient imaginé un vrai Dieu, ils ne lui eussent pas attribué le ridicule du péché originel.

– Au Louvre ; entassement. Les mouches sont autour de la *Mona Lisa. Le Radeau de La Méduse* : construction aussi audacieuse qu'archi-classique. D'ailleurs, c'est toujours comme ça qu'on étonne. Les épaules de Delacroix (comment Géricault connaissait-il la beauté des épaules de Delacroix ?) ; le jeune homme nu au premier plan : une splendeur ! (Quel est le peintre italien qui peignit le cadavre de son fils pour préserver le souvenir de sa perfection ?) Il méritait un embarquement pour Cythère...

– *13 mars.* – Rue Montpensier. L'entresol. Madeleine (sans bougonner...) me fait entrer, à droite, dans l'étroite chambre rouge, et il arrive aussitôt, me fait asseoir sur le lit et va et vient dans l'espace exigu, diable en sortie de bain éponge blanche. Il vole tout de suite d'une idée à l'autre, agile et fripé dans sa peau pourtant tirée sur les os, qui lui fait des sourires secs, difficiles, les lèvres minces, cosses d'hiver sur les dents mal plantées, c'est vrai. Il se gratte le dos, les omoplates avec une longue main d'ivoire, on croirait une pipe à opium tenue par l'embout. Ou soudain, il la manie comme une baguette, fée, ou chef d'orchestre, rameutant les acteurs, les témoins d'autrefois. La conversation, presque le monologue, reprend comme si nous nous étions quittés à la porte de Thèbes, il n'y a guère qu'un peu de mémoire de cela.

Bronzé par la neige, les cheveux en paille de fer usée, peignoir blanc, remuant sans cesse dans la minuscule pièce rouge encombrée de rien dont la fenêtre basse donne sur le jardin sans fleurs du Palais-Royal, il joue, pour moi seul, moi après tant d'autres, la représentation de sa légende, de sa mémoire, d'une époque dont les derniers reflets s'éteignent les uns après les autres, nous laissant dans la grisaille. Et pour moi seul, qu'il ne connaît pas, il raconte son *Antigone*, ce « raccourci de tragédie », monté sans moyens, sans argent, « notre seule richesse était de croire en ce que nous faisions, c'est d'ailleurs la seule richesse que l'on aura jamais », et jusqu'au dernier jour, la dernière heure, le décor qu'on attend, le plateau béant sur les machineries, et puis arrive enfin Picasso, « avec une immense toile froissée, barbouillée en violet, qu'il fait suspendre aux cintres : le trait blanc d'une colonne, la lumière jouant sur les cassures de la toile, voilà les plis de la mer, la Grèce, tout était là, fait avec rien, c'était le génie des artistes pauvres que nous étions tous... »

J'entendais Valentine Hugo (je l'entendais en l'écoutant, lui), quand elle susurrait, caressant les grandes feuilles de ses caoutchoucs en pot, « Jean est un séducteur à tout prix ; il ment, il ment toujours ». « Fait-il mentir même sa légende ? » lui avais-je demandé. Elle eut l'air mécontent d'une reine du Pays des Merveilles : « Vous voyez, vous êtes déjà séduit ! » Valentine, grise et stricte, c'était Port-Royal après le Palais-Royal. Le décor avait changé, pas les acteurs.

Cocteau, qui s'est figé un instant devant la fenêtre, reprend son monologue : « Aujourd'hui le monde est un gâchis. C'est affreux d'avoir votre âge. Entre vingt-cinq et trente ans, c'est le moment le plus difficile. Moi, désormais, j'ai décollé, c'est fini. Je me fiche de tout. »

Il s'agite, sec et précis comme un insecte ; ses cheveux lui font une couronne de paille de fer grise, et la peau de son visage paraît si tendue sur les os qu'on pourrait le croire évidé, momifié vif, d'une indestructible fragilité. Je l'imagine ayant vécu au temps des Lumières, seul vrai poète entre ces esprits merveilleux pour qui le merveilleux était un théâtre d'idées : Saint-Évremond, Fontenelle, Diderot, Voltaire… Mais c'est Rousseau qu'il aime à défendre, « invisible » comme il se dit l'être lui aussi sous les masques qu'on lui prête.

À propos de littérature, et de Radiguet, il me dit avoir donné « au Rocher » un manuscrit au secret jusqu'alors – de qui ? de lui, de Radiguet ? – et enchaîne, oubliant (volontairement ?) sa chimère anonyme, volubile, agitant sa baguette d'ivoire : « On perd les nuances, la bêtise nous poursuit partout, par les journaux, la radio, c'est terrible, on est sans armes contre ça, cette bêtise sans fin... » Il se met à singer les émissions populaires (« populacières ») : « Monsieur, votre femme est laide, vous ne l'aimez pas, elle vous trompe ? Bravo ! Venez nous dire tout ça au micro, on vous applaudit et encore bravo ! » Un instant en suspens, il reprend : « Je ne suis pas patriote ; je pense que vous ne l'êtes pas non plus. En France, les artistes sont des métèques, ils font la France contre les Français. Je suis heureux que vous aimiez Satie. Il était très malheureux, il le serait dix fois plus aujourd'hui. Dites à vos amis, ceux qui ont votre âge, que la jeunesse doit refuser de se laisser embrigader, sous quelque prétexte que ce soit, illusion, mot d'ordre, que sais-je ! Le premier devoir de la jeunesse est de se garder libre, les yeux ouverts. J'ai gaspillé une part de la mienne dans les salons, parce qu'à l'époque un artiste croyait qu'il fallait être vu, comme aujourd'hui il croit qu'il faut être affilié, signer des manifestes, etc. Ne croyez qu'en vous-même... Même si les dieux nous donnent toujours tort ! »

De Satie, Valentine m'assurait qu'il y avait chez lui une pudeur intangible : « C'est exact. Il était un homme très pauvre, mais habillé d'une pudeur sans tache ; un être abandonné, et je le répète, très malheureux, qu'il faut respecter. Mais il n'aurait pas supporté qu'on s'en aperçoive. Il cachait tout derrière son humour, son aspect singulier. Personne n'est jamais allé chez lui de son vivant, du moins personne du monde parisien qu'il fréquentait. Comme il cachait sa double misère, sa solitude et sa pauvreté, on a dit des absurdités malveillantes, évidemment. »

La force de cacher son malheur, de le garder pour soi, voilà, à coup sûr, de quoi se faire mépriser du méprisable.

– *4 juin.* – Chez *Lipp*, quelqu'un daube sur un essayiste dont le nom ne m'est pas resté, qui veut que La Fontaine soit marxiste avant la lettre.

Les suiveurs de systèmes ont besoin de s'enter sur un arbre généalogique ; comme les usurpateurs... Et, semblables aux suppôts de religions, ce qu'ils ne peuvent baptiser au nom de leur Église, ils le détruisent.

– À Bordeaux pour l'exposition « Goya et le fantastique », qui est très intéressante. À la différence des peintres du Moyen-Âge et de la Renaissance, dont les œuvres sont tellement codées qu'on n'y déchiffre plus que les allégories évidentes, Goya traduit sans détour fantastique et politique, en tant que visions du réel et du rêve, ce dont il nourrit son œuvre. Ce qui étonne pourtant c'est que la famille royale ne lui ait jamais fait grief de ses terribles portraits : les aurait-il flattés ?

– *Sans date.* – Daniel-Lesur, l'insinuant susurrant ; « droit comme un S », disent ses ennemis, qui ne manquent pas, car le personnage est ambitieux. Il fait l'impression, dans le groupe « Jeune France », entre Messiaen et Jolivet, d'un cheveu sur la soupe. Pas plus que les peintres, les musiciens ne s'aiment entre eux. L'un des plus craints de ses collègues, avec Samazeuilh, c'est Aubert[1], le vieux beau à la blanche crinière – « Méchant comme la gale », dit Tony Aubin[2] –, l'auteur de peu de choses, en tout cas du ballet *Cinématographe*, qui, au téléphone, s'annonce ainsi : « Bonjour. Louis Z'Aubert à l'appareil. »

1. Louis Aubert (1877-1968), compositeur français.
2. Tony Aubin (1907-1981), chef d'orchestre et compositeur français.

– Carton encore empli de dessins, de gouaches, de lavis. Ce que j'appelais des « portraits d'arbres ». Je dessinais beaucoup avec des crayons à la cire, ce qui ne supportait pas les repentirs. Il y des paysages qui me plaisent encore, parce qu'ils sont construits, rythmés ; un « paysage » ce n'est pas une étendue informe, il a des lignes de force, des plans, un volume de lumière.

– *27 juillet*. – Mort de Sacha Guitry. Il n'aura pas évité le plus commun des maux.

– *Septembre*. – Grues, cathédrales de ferraille pour la communion des navires, à quai comme on est à genoux.

– Magnifique survol dans un hydravion d'Aquila Airways, un quadrimoteur Short Sunderland (questionné le copilote). Trois niveaux de cabines différents ; très confortable. S'il était équipé de couchettes, ce serait enivrant d'aller dans cet appareil jusqu'en Extrême-Orient... La route des Indes ! Colombo, Singapour, quand vous verrai-je ? Les rêves de mon adolescence, il me faudra bien les vivre !

Ciel presque dépourvu de nuages ; après l'arrachée de l'étang de Berre l'appareil vire en longeant sur bâbord les massifs de Provence, puis s'engage franchement sur la mer et vole vers la Grèce. Dans je ne sais quelle encyclopédie, ou histoire de l'aviation, j'avais lu la brève aventure de l'appareil géant italien de Caproni, « triple triplan » qui pouvait embarquer une centaine de passagers, et qui (il y avait une illustration digne des inventions du premier vaisseau aérien de Robur le Conquérant) déployait une incroyable architecture de jardin d'hiver, avec des ailes, des cages, des haubans et huit moteurs ! Lors du vol inaugural l'hydravion s'éleva en rugissant du lac Majeur, je crois, mais, à peine en l'air, patatras, retomba en désastre dans les eaux du lac[1].

Voilà Bonifacio, étroite mâchoire ouverte gobant les barques ; le Vésuve, poudrière fumant paresseusement ; l'Italie coupée par le travers, et l'Adriatique sans ride. Un Orient commence ici, près du royaume d'Ulysse. Amerrissage à Corfou dans des gerbes d'eau, et le ronronnement des quatre moteurs s'éteint. Les collines dans la lumière dorée d'une fin d'après-midi. « Village » du Club Méditerranée ; sympathique, peu de monde, surtout des jeunes, qui ne sont pas là uniquement pour les plaisirs de l'été, mais pour la Grèce.

– Des hauteurs au nord de l'île on voit la côte d'Albanie, cette espèce de Tibet inaccessible gouverné par des fous.

– L'avion, un DC 3 Dakota, se pose à Argyrokastro, juste une piste asphaltée, après le survol du golfe fatal à Antoine et Cléopâtre. Route pour Delphes. Nous frôlons Missolonghi, tombeau du fiévreux Byron.

– Même s'il est imparfait, l'esprit sait reconstruire, au moins pour l'essentiel, un rapport au monde, avec ce qu'il y a d'ambigu dans tout équilibre – ou ce qu'on croit être équilibre. Au déjeuner, nous parlions de ce que Spillios (notre guide) nomme les moments de grâce de l'Histoire, et ils sont rares. J'ai parlé de l'im-

1. C'était le 4 mars 1921. Le *Caproni 60* arrêta là sa carrière.

mense travail de Pirenne, et du peu de sérénité que l'on voit affleurer, puis disparaître, dans le cours des millénaires. L'enchaînement des désastres à quoi nous sommes si acharnés depuis toujours. « On ne peut cultiver le pessimisme », dit notre ami grec. Peut-être, mais ce que l'homme cultive et propage, c'est l'instinct de détruire.

– Errance dans un passé détruit, les ruines presque rases de Delphes au pied des Phédriades ; puis j'ai pu m'écarter discrètement de notre petit groupe ; un profond silence montait de la vallée d'olivaies, du golfe violet, froissant les feuillages argentés sans que j'entende rien, ni les cigales, ni les échos, le silence était en moi, étale comme le désespoir, étincelant comme la beauté. Il y avait autre chose dans ce silence immense, une sorte d'accord obscur qui ne trouvait pas à s'exprimer. Une harmonie entre tout cela qui était détruit et moi, ou plutôt ce que je tentais d'être. Brutalement, je me suis senti démuni, dépouillé, réduit à l'os, un tesson parmi les pierres, un déchet de fer dans la blessure du monde ; et le silence sidéral et tendre qui déferlait autour de moi. Qui déferlait en moi. Où trouver les mots pour naître ?

– Mycènes. Citernes de l'horreur admirable. S'il y avait des arbres, on y verrait aussi un décor pour cet autre couple infernal, les Macbeth... Le masque d'or que j'attends de rencontrer au musée d'Athènes, qui n'est donc *pas* celui d'Agamemnon, serait-il celui du Dr Freud ? Mais Schliemann, embrassant sur la bouche la fragile et sublime illusion d'or, arrachait au sommeil un demi-millénaire d'histoire antique. Sa romantique méprise réveille le savoir assoupi et, par-dessus tout, excite la curiosité pour ce qui a pu être vrai au-delà des légendes et derrière les mythes. Un mythe est un film que les générations ne cessent de rebobiner pour inventer à nouveau l'inconnaissable.

Le ciel bleu violent, les nuages blancs pleins d'éclat. Là, le généralissime vainqueur trempe dans son bain, ensuite, comme il se doit, il sera massé aux huiles parfumées, essuyé, rafraîchi... Des pas pressés sur le pavement, le filet jeté, les piques à pointe de bronze, sa voix qui hurle, les glaives qui frappent, l'eau rouge qui gicle, puis tout s'apaise. Les Atrides sont entrés dans la mémoire du monde, non par la force des choses (des faits), mais par la puissance du verbe que les poètes leur ont fourré dans la gorge.

Assis au-dessus de la plaine poudrée de lumière, près de là où il est dit que se trouvait la piscine des assassins, quelque chose dans ma certitude s'écaille. Je dis à Spillios, le guide : « C'est Homère qui parle de Mycènes, n'est-ce pas ? Le meurtre ?

– Bien sûr, dans l'*Odyssée* !

– Mais dans l'*Agamemnon* d'Eschyle, la scène se passe au palais d'Argos, non ?

– Ah oui, Eschyle fait tuer le roi dans son propre palais. C'est plus tragique encore, une double trahison : celle de Clytemnestre, et la trahison des siens, ses serviteurs. La trahison du lieu, peut-être ? Mais il y avait peut-être une raison politique de la part d'Eschyle, je ne sais pas. »

Je prends quelques photos avec un filtre orange, car la lumière aussi est une tueuse, qui noie les contrastes et les lointains. Alors, Argos ou Mycènes ?

– Ce qu'on croit le Tombeau (le Trésor ?) des Atrides : un obus vide creusé dans un tertre.

– Le divin naît de la vie, et c'est l'art qui le rend intelligible.

– Épidaure. Descendre en soi, et en même temps s'élever vers la lumière. Par quelle imbécillité a-t-on pu renier tout cela !

– La « mesure grecque » ? Mais c'est l'équilibre des contraires, des miracles éphémères.

– Intégrer la mort à la vie : initiation – passage vers le rien.

– Ce peuple, qui par la mer a vaincu les Perses, craignait plus la mer que les Perses.

– Napoléon aussi croyait régenter la mer par des décrets impériaux, comme Xerxès roi des Perses.

– La sagesse grecque ne fut jamais politique : tyrannies, démocraties bavardes et stupides, guerres suicidaires entre cités…

– Connaître ses faiblesses mène au juste calcul de ses ruses.

– Le meilleur des civilisations est peut-être la trompeuse mémoire qu'elles nous laissent. Ce en quoi elles sont femmes.

– La pensée grecque, nourrie d'apports universels, allait conquérir ce que les armes n'auraient pu conserver. Pirenne, je crois, soutient à peu près cela. Ce fut peut-être, tout bien pesé, l'échec d'Alexandre que d'avoir voulu tout fonder sur les armes. Mais il n'eut pas le temps de changer le bronze en art. Sa légende naquit de l'éphémère.

– Décidément, il faut voyager seul.

– J'écrivais des pastiches, en seconde ou en première, de *Maldoror*, de Cocteau. Je me rappelle une *Antigone* bouffonne, la petite demi-sœur de son père interrogeant Tirésias :

« Que va-t-il nous arriver, Tirésias ?

– Tu ne vois pas que ça crève les yeux ? Réveille-toi.

– Dis-le-moi, Titi, je te donnerai un panier d'oranges. »

Ce qui amusait Fradet, notre prof de lettres.

– Je peine à lire *Le Colosse de Maroussi*, d'Henry Miller ; c'est tout de même assez pâteux. Reprenons plutôt Sophocle.

– À Olympie, une harmonie totale ; sublime statue d'Apollon dont je trouve par bonheur une photographie à la librairie du musée. Le jeune prof d'histoire de l'art, prénommé Spillios, qui nous guide de site en site, nous dit : « S'il n'y avait qu'une photo à acheter ici, c'est celle-là. La plus belle statue d'Olympie ! » Debout, le Dieu tend le bras droit à l'horizontale dans le plan du fronton disparu. Mais la ligne d'ombre a envahi ce qui était encore un futur.

Sous la prudence des propos, notre guide, brillant et passionné, laisse percer sa méfiance de la classe politique, et nous dit à demi-mot les blessures de l'après-guerre, c'est-à-dire de la guerre civile.

– *5 octobre*. – La Grèce au petit matin, quand le caïque glisse, commence de glisser sur la mer, entre les îles ; Yannis, le mousse, nous apporte du café « turc », du pain plat, des olives, de la *fêta* (pouâcre !), et des oranges. Yannis a les yeux d'un faon. Tout est délicieux dans ce matin du monde, mais pourquoi le monde a-t-il changé ? L'Épire, toute chauve d'arbres. Des îles noires endormies sur l'épaule de la mer. Puis, le Soleil les peint en rose, en ocre ; minuscules maisons blanches. Nous faisons escale à Parga, un petit port plein de charme. On nous accueille comme des amis enfin de retour.

– *Sans date*. – C'est par cette route, je crois – alors ornières et caillasses –, que Chateaubriand entra dans Athènes, voyageur pressé avant Morand ; il passa très vite, plus amoureux de sa gloire que de celle de Périclès ; il fit une phrase magnifique sur le vent et la gloire, mais je ne l'ai pas en mémoire.

L'Acropole : ici triomphèrent, passagères, l'harmonie, l'intelligence et la beauté. Un défi à la nature humaine ; perdu, évidemment.

– Charme louche d'Athènes, comme un beau sourire sur des dents de loup. De jeunes garçons, offerts du fond des yeux, avec un mélange de pudeur et d'insouciance. Avec T., nous nous demandons si c'est pour elle ou pour moi. Les evzones sont ridicules, ils seraient beaucoup plus attrayants en chlamyde. Quasiment personne sur l'Acropole au lever du jour. Là, oui, j'aurais pu croire que la vie était sacrée ; là étaient les vrais dieux – ceux de Delphes et ceux d'Olympie. Là était la beauté et nous l'avons détruite. Je vois, comme l'autre jour à Delphes, dans le *lamento* du silence minéral (une suffocation de désespoir, d'agonie du futur), l'aurore sur les ruines de ce à quoi nous n'atteindrons plus, parce que nous avons perdu dans la vulgaire multitude ce qu'est la foi dans la beauté.

– L'art des Cyclades avait inventé notre art moderne.

– Dionysos serait-il enfant ou frère d'Osiris ? L'immortalité de l'âme – et le crocodile... –, dit Hérodote, nous vient d'Égypte. En tout cas, Dionysos a sa place en chacun d'entre nous. Notre instinctif petit dieu lare, en quelque sorte ? L'immortalité, pourtant, cette calamité, n'appartient qu'aux dieux. On comprend qu'ils fassent des sottises pour s'en distraire ! Les hommes – par infortune... – pourront peut-être l'acquérir. Cette plaie ne nous vient pas d'Égypte, mais de Judée.

Ce qui est admirable, c'est d'avoir donné aux dieux le visage, le corps et le cœur des hommes. Les dieux, ici, naquirent de la beauté et du désir, non de la peur. Les amours d'Apollon sont, comme les nôtres, belles et tragiques. Le vrai et le beau (Platon) demeurent indissociables : échec aux gnostiques. Ce qui n'exclut jamais qu'ils puissent être terribles : le terrible est aussi un aspect de la vie. Le christianisme, qui l'asservira à son propre discours, en fera la représentation du châtiment. Il faut attendre Goya pour que le terrible réapparaisse dépouillé de cette affabulation stupidement moralisatrice. Il n'y a guère que la pureté romane, parfois, dans sa clarté et son équilibre, qui fasse écho à l'harmonie grecque – mais elle en a exclut la vie.

– Les dieux étaient de plain-pied dans la vie de la cité. On assure que, à la première représentation de l'*Orestie*, la foule s'enfuit épouvantée à l'apparition des Erynnies. Comme, plus tard, un mouvement de panique saisit les premiers spectateurs du train des frères Lumière entrant, sur l'écran, en gare de La Ciotat. Nos dieux sont des machines infernales, la religion un catalogue d'interdits et de châtiments. Gide raconte un déjeuner avec Claudel, peut-être à Cuverville, et la hargne de l'épais poète catho pour toute idée de bonheur terrestre. Génie dévoyé dans la catholâtrie.

– La lumière est si belle, si nette, que je pourrais voir frémir la sensualité sous la peau d'un marbre. Pourquoi avons-nous tout détruit ?

T., hier soir, exaspérée, me dit : « Je ne te comprends pas, les voyages te rendent sinistre ! – Tu ne peux effectivement pas comprendre, dis-je. Je viens de voir ma jeunesse mourir ou, si tu préfères, toute espérance. »

Elle me regarde comme on doit regarder un fou encore à demi raisonnable (c'est-à-dire pas encore vraiment dangereux).

– Je parlais hier sur la plage, à l'ombre des pins, avec un couple, chacun jeune, attrayant, chacun me plaisant bien. À un moment, pour prendre du feu, le beau garçon craque une allumette, le bout soufré lui saute au visage et le brûle vilainement à la lisière inférieure d'un œil, qui produit aussitôt avec la douleur une sorte de purulence. Je fus submergé par le sentiment incontrôlable que sa beauté était abîmée, qu'il n'était plus désirable, objet rare qu'on rejette parce qu'il est ébréché !

Je pense à ma réaction assez sotte depuis hier. Au vrai, elle indique peut-être la limite du désir : si j'avais aimé ce garçon, son accident – il se révèle sans gravité maintenant – n'aurait rien changé à mes sentiments, alors qu'il a suffi à dérouter une simple inclination (sans chance aucune de se voir partager). En ce sens la passion efface les imperfections. Poursuivons : on dit qu'une tare, une infirmité excitent le désir chez certains, par la recherche du rare, du bizarre… Étrange nature humaine. Quelles sont les normes ? Il n'y en a pas, si chacun est, par bonheur, différent. Un Européen sensé épouserait-il une femme-girafe ?

– *Fin septembre.* – Tempête dans le détroit d'Otrante, c'est magnifique. Monté sur le pont après un dîner plutôt frugal pour admirer les mouvements de la mer et les éclats, avant la nuit, de l'orage, j'assiste à une scène burlesque. Deux gourdes s'étaient installées sur le pont, à tribord, dans leur sac de couchage, leurs valises comme oreillers... Las ! Deux paquets de mer les trempent coup sur coup comme des soupes, ce qui déjà est drôle ; elles en rient un peu jaune, mais qu'en est-il des valises ? On ouvre les carcasses de carton bouilli, tout y flotte et s'y détrempe, tandis que s'élèvent cris et jérémiades. Les farces de Poséidon !

– *Sans date.* – Les poésies de Laforgue que m'offre mon ami La Valette ; brisées, cassées dans leur rythme, quintes de rire, musique douce-amère ou râles qu'éructe un poitrinaire. Et plus encore hachées et mâchées avec la bile, les poésies de Corbière.

– Rien de plus malaisé que d'obtenir de nos amis qu'ils nous fichent la paix. Dès qu'on prend un peu le large par amour du silence, ils se croient trahis.

– Orage beau comme une crise de rage de théâtre ; pluie grise comme un rhume de cerveau.

– Une odeur de terre, d'arbres mouillés, dans le soleil, et j'en éprouve un mouvement de bonheur.

– De petites doses de courage bout à bout ; ainsi pour se noyer irait-on pas à pas à la rencontre de la mer.

– Lisez les pensées des autres et il vous en viendra.

– La moitié de nos pensées nous vient par des comparaisons.

– Paul Hazard écrit dans *La Crise de la conscience européenne* que ce qui faisait craindre les *libertins,* c'était leur manque de sens métaphysique. Le XVIIe siècle est traversé, animé, par une soudaine conjonction de forces sceptiques, par un élan sensualiste et néopaïen dont l'Église ne pouvait qu'être horrifiée. Car cela pouvait déboucher sur trop de quiétude et de bon sens, de plaisir à vivre et à penser. De liberté d'esprit. La peur, ce tout-puissant moteur politique...

– La mort, si elle est douce, quelle récompense !

– La mort arrive souvent de manière fantasque. Pendant la guerre, une voisine, Mlle Doucet, toujours paisible et souriante sous ses bandeaux blancs, s'en va un après-midi faire une course « dans le haut de la ville », près de la cathédrale : elle s'y fait tuer par une petite bombe allemande lors d'un raid (des bombes tombées partout sauf là où il en fallait). La vieille demoiselle était, disait-on, demeurée fidèle à un fiancé mort au front en 1914. Fidèle d'une guerre à l'autre, en quelque sorte.

– On s'enflamme, on prend position, on s'informe (?), on va s'engager... Soudain, la lucidité : et le feu de paille s'éteint. Vous avez jeté votre gourme politique.

– *18 octobre*. – Vernissage « Pro Arte ». Cocteau, accompagné discrètement de Francine Weisveiler. Il me parle à nouveau de Satie. « Avez-vous encore un portrait de lui ? – Oui, celui sans visage, vous savez : la main et les besicles. Les autres m'ont été volés par Maurice Sachs qui les a vendus. Mais si vous avez besoin d'un dessin, dites-le-moi et je vous en ferai un dimanche à la campagne. » J'aurais dû le prendre au mot, mais pour quoi faire ?

– Hegel, dans ses cours d'esthétique, propose un rapport peu fondé lorsqu'il avance que « l'art [en Grèce] faisait partie de la religion elle-même et de la vie [...], aussi n'était-ce pas un simple ornement, mais un besoin vivant, impérieux » ; soit. Mais il ajoute : « de même que la peinture, pour les Vénitiens, au temps de leur splendeur ». Il y a un rapport de l'art grec au divin qui n'existe pas à Venise, où l'art « religieux » devient laïque, comme à peu près partout en Europe, une peinture n'étant plus nécessairement l'illustration d'un dogme, ou parfois celle d'un triomphe, mais avant tout l'expression d'un peintre[1]. Et à Venise la République a pris le pas sur l'Église.

1. Des années après avoir écrit ces lignes, j'apprendrai que les textes dont on a fait le *Traité d'esthétique* ne sont pas un livre de Hegel, mais des agencements posthumes douteux.

– Du saint Jean à Bacchus, il ne s'en faut, sous la main de Vinci, que de l'équivoque d'un sourire. Pour la plupart des peintres les saints, dont plus personne n'a cure dès la Renaissance, s'effacent devant les vrais modèles pris dans l'atelier, la rue, le lit.

– Attaques ineptes de Gautier, Treich (Léon pour la postérité), Kemp (qui, étant sourd, ne peut être que critique dramatique – la musique l'a échappé belle) contre Barrault, à propos d'*Histoire de Vasco*, de Schéhadé. Schéhadé n'est pas un génie, mais les trois autres sont des crétins.

– Est-ce qu'on ne commence pas d'écrire, de peindre, etc., parce qu'une excitation a joué, qui incite à imiter, à refaire pour soi (à sa manière) ? Ou bien, on éprouve le désir de fixer un moment, une impression, un visage... Que veut-on en définitive : prolonger, posséder une sorte de double, éviter une perte ?

– Mon ami Christian Bernard me dit : « J'aime bien te regarder écrire, on croirait que tu dessines. »

– La rue étroite et sombre, le 36 ; le bel escalier de pierre. Madeleine m'ouvre, et me fait passer dans la petite chambre rouge habituelle, presque lieu rituel, si exiguë qu'on y peut mettre un lit à une place et pas grand-chose d'autre. Cocteau est debout devant la fenêtre basse – l'entresol – et une haute petite table, presque un guéridon peint de noir, où se trouve du courrier déjà dépouillé.

« Une chambre du palais de Minos, dis-je. Les pièces étaient minuscules, mais on a l'impression que c'était une civilisation ouverte, solaire, une civilisation du bonheur. Pourquoi détruisons-nous ce que nous réussissons ?

– Pour inventer le tragique, peut-être. »

Nous parlons un peu de la Grèce, de la tragédie : « Il n'y a que Montherlant, Claudel et moi qui avons réinventé la tragédie, et nous avons été vilipendés. » Il me fait asseoir, s'assied à l'autre bout du divan, se relève (il ne tient pas en place). De sa fameuse chevelure indisciplinée ne subsistent que des désordres vieil-argent.

« Je vis, me dit-il, de plus en plus souvent à la campagne ou au cap [Saint-Jean-Cap-Ferrat], Paris me fatigue. Mais j'ai vécu intensément ici, surtout pendant la guerre. Nous ne pouvions pour ainsi dire pas bouger. Le Palais-Royal était une sorte de radeau, voyez-vous ? Il existait une fraternité entre les gens, pour combattre le quotidien, devenu presque irréel, un mauvais songe... » Il brasse des papiers, des lettres, qui embarrassent la table étroite.

« Où étiez-vous pendant la guerre ? » me demande-t-il. Et, sans attendre de réponse : « Vous étiez un enfant... Pour beaucoup, il suffisait d'espérer la fin de l'orage sans se faire trop mouiller (il a, alors, un sourire sardonique, tiré sur le masque comme un coup de couteau). Le courage, c'était parfois, simplement, de ne pas faire le mariol, de ne pas signer ci ou ça, ou au contraire de faire comme si, comme si rien n'avait changé dans l'ordre du monde, de ne pas se résigner, mais de travailler. Bien peu sont partis : était-ce plus noble que de rester ?

– Avez-vous jamais imaginé la victoire de l'Allemagne ?

– L'histoire en marche est aussi aveugle, ou aveuglante, que la justice. L'Angleterre était si seule, n'est-ce pas ? Nous étions soumis à de tels désordres que toute ligne droite s'effaçait… Je crois que l'échec des Allemands devant Moscou et Leningrad, avant même qu'ils commencent à battre en retraite, nous a rouvert les yeux sur une autre réalité possible. Ce qui était ignoble, ce n'était pas les Allemands qu'on pouvait rencontrer, parce que, évidemment, on avait la chance de voir de rares grands écrivains, ou grands artistes, et des officiers corrects, ici ; non, c'était le milieu français proche des nazis. Des gens comme Laubreaux, Henriot, Paquis... Ignobles. C'était incroyable. En 1914, la France entière était debout, nous vivions dans une tradition, donc avec une mythologie de la guerre, si vous voulez. Mais en juin 40, pour la première fois dans l'histoire que nous connaissons, une des grandes nations du monde se voyait mise à genoux d'une manière foudroyante, et cette grande nation c'était la France ! Après la guerre, il y a quelques années, Morihien m'a rendu mes notes sur l'Occupation, une caisse de cahiers ! Je n'ai pas eu la volonté de relire tout ça.

– Êtes-vous très intéressé par l'histoire ?

– Par des figures, oui ; mais les mécanismes m'échappent, je n'y suis pas assez attentif sans doute. Vous savez ce qu'en disait Valéry… Et puis, ce sont les poètes qui font l'histoire grâce à des œuvres plus éternelles : Homère, Eschyle, Shakespeare… Ce sont eux, pendant que l'histoire que nous subissons accumule les fautes et ouvre les portes à l'épouvante, ce sont eux qui nous tiennent la main, vous comprenez ? Vous revenez de Grèce, où est l'histoire ? Dans les statues et les tragédies, non ? Ce que vous me disiez à propos de Delphes le démontre : l'histoire n'en finit pas de mourir.

– Mais si l'Aurige est là, en effet, la course est finie.

– Elle recommence pour chacun d'entre nous. Écrivez, puisque vous ne pourrez pas faire autrement. »

Je me lève, lui avouant que j'avais détruit plusieurs de mes poèmes parce qu'ils reflétaient par trop *Vocabulaire.*

« *Vocabulaire* c'est moi après le *Discours* et *Le Cap...* Je n'aurais pas dû publier mes deux premiers recueils *(Le Prince frivole, La Danse de Sophocle)*, ils étaient ridicules et ne recopiaient que du ridicule. Il faut prendre garde à ses modèles, à tout ce qui séduit. Ce qui nous fait du bien c'est ce qui nous résiste. Vous avez eu raison de tailler des branches greffées, nous donnons déjà trop d'occasions aux imbéciles de nous taper dessus ! Et puis, vous savez, les Français comparent, et ils croient comprendre. »

– Le malheur ne s'invente pas ; le bonheur, parfois.

– Il ne faut pas écrire de poèmes d'amour, mais attendre que l'amour habite la poésie.

– *1er novembre.* – L'hiver, temps vétuste.

– Effacer les traces du métier.

– *3 novembre.* – J'ai la chance, me dit-on parfois, de ne pas m'ennuyer avec moi. Bien sûr ; je me fais des réserves de surprises.

– *Sans date.* – Il n'est pas rare de trouver chez soi ce qu'on reproche le plus à autrui. Occasion supplémentaire de rigueur.

– Imaginer être publié abîme le bonheur d'écrire.

– Maupassant : application quasi clinique dans l'écriture des *Contes*.

– Ces moments de dégoût qui me font même importune une main dans la mienne.

– Ce que je crains, c'est d'attraper des habitudes.

– *Le Sabbat* m'avait intéressé – un ami de collège me l'avait prêté. Je viens de lire *La Chasse à courre*. Si j'avais aujourd'hui à qualifier Maurice Sachs, je dirais : ce n'était qu'un bubon, et il est mort de ce dont il était porteur, la peste brune.

– *27 novembre.* – Article on ne peut plus vachard *(Arts)*, non signé : « Les grandes manœuvres du Femina ». Quelques flèches attrapées, encore vibrantes dans la cible :

Avant-hier lundi, « sept siècles somnolant sur neuf fauteuils » ont couronné le roman d'un nommé Christian Mégret, intitulé *Le Carrefour des solitudes*, à la grande fureur de la duchesse de La Rochefoucauld, fière d'avoir voté « contre l'érotisme ». Son clan avait perdu la partie. Julliard avait battu Gallimard, à moins que ce ne soit Grasset ? Une médiocrité en avait, si l'on comprend bien, supplanté une autre, en l'occurrence Mme Claire Sainte-Soline. L'hebdomadaire a la dent dure, et un goût prononcé pour la provocation. Pourtant, quand on aura lu un tel article, comment, lecteur, pourra-t-on garder assez de naïveté pour aller chez son libraire acheter un livre couronné d'un prix littéraire ?

Portrait de ces Dames : « Le clan des vainqueurs gazouille et prend des mines. Les vaincues ont le regard vide. Mme Judith Cladel (quatre-vingt-six ans) trempe des mouillettes dans son café. Mme Agnès de La Gorce a l'air accablé d'une chèvre qui se serait grisée à la bière de ménage. La comtesse de Pange la rudoie : "Ma pauvre amie, une fois de plus vous n'avez rien compris. Pourquoi avez-vous voté blanc ?" Mme de La Gorce roule des yeux hagards : "Mais, mais... – Il n'y a pas de 'mais, mais'", poursuit la comtesse [...], belle-sœur de Louis et Maurice de Broglie. »

Il faudrait tout citer. La férocité ne faiblit pas. Mme Simone, qui a « fait » le prix, « bat des paupières et dit d'une voix douce : "nous sommes toutes unies par des liens d'estime et d'amitié réciproques". Quand elle n'est pas assurée de faire couronner son candidat, elle menace de faire "sauter le prix" et de fonder un "Nouveau Femina"... » C'est bien ce qui dénote, à défaut de largeur d'esprit (d'équipe ?), une indéniable force de (mauvais) caractère. L'article n'est pas signé : un recalé, peut-être ? Mais qui a de la patte, ou en tout cas de la griffe.

– *Sans date.* – Échec, à chaque occasion renouvelé, d'un plan de travail. Le poids de la nuit me paraîtra-t-il jamais trop lourd ? Mais non (enfin, pas encore) ; je remue au plus léger souffle, et la petite flamme idiote se reprend à grésiller dans son peu d'huile.

– A à B : Vous ne devriez pas porter ces chaussettes, elles vous vieillissent.

– Pris dans la lettre d'un quidam – Verger ? –, à propos de La Fontaine : « Car vous savez, madame, qu'il s'ennuie partout... » Il devait faire semblant.

– Cologne noyée dans la brume, trouée de néons crus et d'espaces morts, cicatrices de la guerre. La gare, le pont noir comme un immense piège à ours (j'arrive de Mannheim), la cathédrale, tout paraît fantomatique, vaisseau à la dérive au bord du monde connu, brûlant de ses derniers feux... « Des centaines d'avions ont bombardé Cologne cette nuit... » J'entends encore, dans les brouillages intermittents, les informations de Radio Londres.

Quel contraste avec les villes de Bavière et de Bade-Wurtemberg que je connais !

Déjà, en 1951, mais je ne connaissais pas la Rhénanie, la prospérité du sud étonnait. L'Allemagne se relevait, on l'aidait par tous les moyens à se redresser, et dans le même temps, pour ce qu'on en savait, et ça n'a pas changé je crois, l'Angleterre était près de couler bas, et tout le monde s'en foutait. Souvent, les vaincus sont les vainqueurs. Il n'empêche, le destin de l'Angleterre est injuste. Cette nation nous a sauvés, nous, qui lui avons lâché la main dans les désastres.

– Il y a au musée Walraf Richartz de Cologne un buste de Rousseau par Houdon. Traqué par le ciseau, un visage aux abois, que l'on sent se réfugier tragiquement dans la méchanceté ou, qui sait ? dans ce qu'on appelle paranoïa.

– Après un nouveau week-end de bonheur mitigé à Francfort avec T., je retourne à Cologne pour changer d'avion. Brouillard à couper aux hélices. La flamme bleue des réchauffeurs fait une jolie couronne aux moteurs ; même sous les lumières de l'aérogare, je ne puis distinguer, de ma place, près d'un hublot, l'extrémité de l'aile. Le Constellation de la Lufthansa décolle dans une nuit blanche de mauvaise ouate. Excellent dîner qui s'ouvre sur champagne et caviar. En dépit du temps, le vol est ponctuel. Service impeccable.

– *20 décembre.* – Hier, selon la presse, une enquête auprès des observateurs étrangers de la politique française fait apparaître que la plupart d'entre eux donnent le régime pour moribond, et assurent qu'il crèvera l'an prochain. Bon débarras. Mais quoi ensuite ?

– Plutôt qu'aller à la messe, les gens feraient bien de lire Épicure comme Épictète. Mais on veut un théâtre pour s'y montrer, pas une réflexion morale seul avec soi.

– *21 décembre.* – « On aura compris que je n'allais pas en Italie pour connaître l'Italie, mais pour y être heureux » (Giono, *Voyage en Italie*). On ne voyage bien qu'avec l'intention d'être heureux. Il faut se dépouiller de ses vieux habits, de son écorce, se tremper nu dans d'autres fleuves.

Il se peut aussi que le voyage vous dépouille de toute espèce d'espoir dans les temps qui viennent.

– Tenir un journal ? J'essaie, mais comment éviter le côté mécanique et pensum ? Noter, puis trier ; ou alors le pensum en fin de compte est pour le lecteur, si lecteur il doit y avoir.

– Il ne faut pas médire de la charité, seule distraction des femmes du monde qui ne coûte pas beaucoup à leur mari.

– Préfaçant les *Œuvres complètes* de Charles Cros, Jacques Brenner qualifie ses poésies, qui ne sont pas toutes immortelles, par parenthèse, de « Fleurs du bien » ; c'est le bouquet.

– Maurois voit dans la sinueuse pensée de Proust un caractère d'origine juive. Je n'y avais guère prêté d'attention, mais – peut-être faudrait-il songer au style plein d'incidentes de Montaigne –, j'ai trouvé dans le *Journal* de Kafka des passages si proches, quant à l'écriture, quant à la tournure d'esprit, de la phrase de Proust que la remarque de Maurois s'est ravivée. À moins que Kafka soit surjudaïsé par Marthe Robert, traductrice du *Journal*.

– La vie, c'est pour les morts un souvenir comme les autres.

– Cassez les ailes du lyrisme, il ne s'en portera que mieux. Jetez-le dans l'escalier, vous retrouverez l'ange à cheval sur la rampe.

– L'amertume ne vaut rien si elle n'est féroce. Bile de Saint-Simon, élixir de méchanceté dont sans cesse il rajeunit son encre.

– Musique de Milhaud ; sa gentillesse moqueuse, qui parodie les orphéons de sous-préfecture ; petites délices colorées de sa *Création du monde* – un monde qui tient dans le creux de l'oreille, tout de même.

– Se tromper n'est une fatalité que pour les imbéciles.

– Vilar voit le théâtre en noir. Par économie ? À coups de trompettes et dans la nuit de Chaillot ont défilé Kleist, Molière, Shakespeare... Il y a de bien beaux moments, quand la lumière se rallume et que les acteurs ne nous tournent pas systématiquement le dos dès qu'ils ouvrent la bouche – et les représentations d'Avignon, dont plusieurs sont inoubliables.

– La plupart des gens ne font rien de leur vie ; ils sont une roue dans une ornière mais ne vont nulle part.

– « Quand on a aimé beaucoup, d'inspiration, on a besoin de la connaissance pour ce qu'elle vous offre de nouvelles raisons d'aimer » (Montherlant, *Il y a encore des paradis*). Prendre, à la vie, le plus de bonheur possible.

1958

– Le malheur : un sort trop commun pour briller en ville.

– « Tout écrivain qui accepte un prix est déshonoré », fulmine Léautaud. Corrigeons : le prix déshonorant est celui qui se contente d'être honorifique. Ou encore, celui qui vous serait décerné par des gens indignes. Mais écrire pour se faire couronner, c'est ça qui est indigne.

– Revenu de Francfort dans un DC 6 si mal chauffé qu'on nous propose des alcools après le petit déjeuner. Paradoxe, j'y ai écrit sans une rature un court poème en prose, « L'Été », inspiré par les toiles de Giorgio De Chirico.

– Quand en politique je lis « réconciliation », je traduis par « compromis ».

– L'intéressé, comme l'ambitieux, doit s'accommoder de bien des détours ; sinon l'impatience le perdra.

– Les convenances veulent que l'infortuné se tienne à sa place, c'est-à-dire ailleurs.

– Je retrouve un ancien numéro de *Arts*, avec cette phrase de Thibaudet citée en hommage à Claudel : « Le plus gros paquet de mer qu'on ait reçu à la figure depuis Hugo. » Une coquille ?

– Nous connaissons des autres rarement moins que leurs ennuis et guère plus que leur visage.

– Le moraliste devine ce qui se voile ; l'invente-t-il qu'il devient romancier.

– Mauriac se donne le plaisir gourmand de romancer des horreurs pendant deux cents pages, et de s'absoudre *in fine* d'une giclée d'eau bénite. Le meilleur reste ce qui ne saurait être pardonné, bien sûr.

– Nous changeons d'aspirations et de convictions comme le serpent change de peau, mais nous ne changeons pas notre nature.

– Personnages de roman d'autrefois : le photographe de la place du Grand-Martroy et sa sœur. Elle avait été violoniste et, la bouche tordue par une convulsion (« un mauvais coup d'archet dans les gencives », assurait l'un de nous, car nous étions des ricaneurs), et l'œil au pleur perpétuel, nous disait avoir fréquenté « le monde des artichtes ». C'est elle qui conduisait leur petite voiture à cul-de-poule, penchée comme sur un volant de machine à coudre ; le frère à barbiche, doux et vieillot, un rien sacristain, serrait sur ses genoux, de ses mains dûment gantées, une serviette de cuir plutôt râpée. Ils semblaient, lui surtout, sortir d'une feuille de Lautrec ou de Gavarni ; nous leur avons joué des tours pendables. Ce qui reste opaque, pour le regard moqueur de la jeunesse, c'est une misère cachée, matérielle ou morale, tissée de déceptions et de sacrifices, parce qu'inimaginable à qui n'a pas vécu.

– Ces fins de semaine, à Francfort, une fois par mois – sinon, c'est T. qui vient, elle a ses passages gratuits sur la Lufthansa –, me ruinent (même si elle m'a obtenu des prix dérisoires), et, surtout, je finis par penser que la moitié de mon plaisir est le voyage en avion...

– Non, je n'aime pas Baudelaire. À part une poignée de poèmes très beaux, comme « Recueillement » ou « La vie antérieure », quel fatras de morbidité, de voluptés si artificielles qu'on les devine mentales et bien peu vécues, un mélange d'idéal mystico-artiste et de gluante réalité, qui naturellement offusquèrent l'épais bourgeois et sa police des mœurs. À rebours de la réputation qu'on lui fait, il est le dernier des conformistes : des vers prosaïques, des thèmes éculés d'amours ancillaires ou de bordel, les remugles gras du temps et, il est vrai, une réelle détresse qui bat là-dedans, l'albatros tombé dans une poubelle. Et quelle affreuse époque !

Histoires vraies :

– À la fin des *Revenants* d'Ibsen, le héros s'écrie « le Soleil ! le Soleil ! » « Tout de même, murmure une spectatrice émue, c'est effrayant de devenir aveugle, si jeune ! »

– À la Comédie française, déploration de Phèdre : « Ah ! que ne suis-je assise à l'ombre des forêts... » Une dame un peu sourde se penche vers son mari : « Qu'est-ce qu'elle dit ? – Elle dit qu'elle est fatiguée, et qu'elle voudrait aller à la campagne. »

– Des amis, qui étaient allés voir *Le Rouge et le Noir*, de Claude Autant-Lara, avaient cueilli cette perle à la sortie : « On dit que le cinéma tue la lecture, eh bien, moi, ce film, justement, ça me donne envie de relire Balzac ! »

– *Sans date*. – Le lyrisme brisé – par pudeur ? –, d'autant plus déchirant, dans l'œuvre si belle de Bartók.

– Les femmes ont la réputation d'être fines, parce qu'elles voient bien les petites choses.

– La jeunesse ne pense pas à se protéger. C'est le temps des belles imprudences.

– *17 février*. – *Symphonie-cantate* de Mendelssohn. Un train-train symphonique auquel on accroche en fin de parcours un wagon de pleureuses et de protestataires.

– *20 février*. – « ... c'est peut-être la récompense d'avoir aimé les gens : les imaginer près de soi dans quelques moments privilégiés de sa vie... » (Virginia Woolf, *Mrs Dalloway*). Récompense, aussi, d'avoir consenti la souffrance ? Et qui fait que tout cela se transforme obscurément en don – Rilke a bien noté cette lente maturation de la vie dont se nourrit la poésie qui, sans cela, n'est rien qu'exercice formel.

– *Sans date*. – Horace, Virgile : tant de vers qui sont un moment de bonheur, et la poésie la célébration d'un moment de bonheur parmi « les vergers que mouillent les ruisseaux d'eau vive ». L'époque, pourtant, si elle avait une grandeur, était impitoyable aux vaincus.

– Combien de remarquables écrivains ne font-ils pas de mauvais romanciers ! Gobineau, par exemple, dont les nouvelles sont des chefs-d'œuvre, déploie dans *Les Pléiades* les lassants artifices d'une intelligence distinguée. Pas de vie, pas de mouvement, mais des phrases pour rien.

– Il y a ceux qui prennent le roman pour un hôtel-meublé. De la cave au grenier, tout y est : les idées dans le porte-parapluie, l'âme couleur du papier peint, le lit, ah, le lit qui gémit ! Ils ne sont pas nombreux à faire bref, comme Jules Renard. Ils se vautrent dans la longueur. Les « naturalistes » barbants.

– *16 mars*. – Première audition (concerts Lamoureux) de *Doubles* de Pierre Boulez. L'orchestre est scindé en trois parties, dont deux semblables. Le résultat est plutôt anodin.

– Tel jour, on croit avoir de l'esprit pour dix et on n'a rien à dire.

– *Sans date*. – On n'est jamais trop exigeant (d'abord envers soi) quand on connaît les fards dont use et abuse la médiocrité : le tape-à-l'œil, la facilité, la désinvolture, l'impudeur, le sentiment, et j'en passe...

– Connaître ses limites fortifie son talent.

– Équilibrer passion et détachement (« alterner », propose Montherlant).

– Comme nos poèmes reculent dits par une voix étrangère – le père découvrant, pour la première fois, son fils au bras d'une femme.

– Tout amour finit par brûler son bois, sans pourtant consumer tout à fait la sainte, la sorcière, ou le démon.

– L'amour se sauve par les illusions qu'il nourrit, et les souvenirs qu'il nous laisse espérer.

– L'esprit, c'est le champagne des lettres ; les mots montent à la tête sans s'y arrêter.

– La bêtise appelle la bêtise. Mais ça ne fait pas contre-feu ; ni que moins par moins donne plus.

– Avant-guerre, en 1939 pour être plus précis – une amie de mes parents conte l'histoire –, un divorcé s'éprend d'une jeune fille et la demande en mariage. La jeune personne partage l'amour de son prétendant et, du fait qu'elle veut le mariage à l'église, une dispense du pape est donc nécessaire. Un mois après son courrier, notre homme est avisé que la dispense est prête, qu'il lui en coûtera simplement vingt-cinq mille francs, avec, pour cette sainte escroquerie, la bénédiction du Ciel. Dans ce cas, déclare la jeune fille, nous nous marierons sans passer par l'église. Sa famille, un peu étonnée, mais surtout également choquée, s'est rangée à son côté. L'Église, qui est bien l'unique banque à avoir fait fortune en vendant du vent, est pour une fois tombée sur un bec. Comme quoi le bon sens peut faire un miracle.

– *Journal* de Samuel Pepys. Un choix bien établi. Savoureux mélange de cynisme et de naïveté, de grivoiserie, de concussion et de professionnalisme. Hormis cela, il a en fait jeté les bases de l'Amirauté.

– Rencontré à la *NRF* un nommé Lafaye, tout excité par son prix Paul-Valéry. Il a l'air d'un gardien de but d'équipe junior et me dit en jubilant, de ses « coéquipiers » de la collection : « Ils font une de ces gueules[1] ! »

– Respecte la perversité des jeunes filles sinon elles perdront leur innocence.

– On n'apprend pas à aimer, mais à imiter l'amour, puis à limiter ses élans. De l'amour fou ne naît que le raisonnable. Peut-être n'y a-t-il plus d'amour fou ?

– La beauté use le cœur ; mourir de beauté, ou l'extase païenne.

– Les concessions sont l'argent de poche des gouvernements.

– Maurice Van Moppès désirant voir mes dessins, je lui en apporte quelques-uns, des études d'arbres au

1. Son but marqué, il a remisé sa muse au vestiaire ; on n'a plus entendu parler de lui.

lavis, et des encres illustrant le théâtre de Ghelderode. L'ami avec qui je suis aimerait que Van Moppès nous ouvre ses cartons, ce à quoi il consent sans se faire prier : dessins de garçons, personnages divers, certains ayant appartenu à l'entourage de De Gaulle à Londres. Il tient une feuille à bout de bras : « Le reconnaissez-vous ? » On ne « le » reconnaît pas, pour la bonne raison que son nom même ne nous dit rien : « Raymond Aron ! Figurez-vous (mais si vous ne savez pas qui il est, ça ne vous semblera pas bizarre), figurez-vous qu'à l'époque Aron était monarchiste ! – Et maintenant ? » demande mon ami... Je sens que nous sommes regardés comme des Martiens. Néanmoins, Van Moppès me griffonne l'adresse d'un éditeur de livres de luxe du Faubourg-St-Honoré, Lefebvre : « Allez le voir, il cherche des idées et des talents. » Toujours grasseyant, ses mains velues s'attardant sur nos genoux, il nous dit préparer un choix de ses toiles pour une exposition, boulevard Haussmann, je crois. Il en fait voir quelques-unes, plus croûteuse l'une que l'autre.

… (Je ne crois pas l'avoir jamais revu, sinon à son exposition de croûtes ; il s'est fait assassiner dans un parc, à Antibes ou à Nice, ce que la presse a pudiquement annoncé comme une mort par arrêt cardiaque. Effectivement. Sauf que le cœur devait avoir peu de part à la chose.)…

– Quand on aime les garçons, on se fait très bien aux femmes ; on a même l'avantage de ne pas les croire absolument irremplaçables.

– La plupart de nos bonheurs s'épanouissent en mélancolie.

– Il faut éprouver assez de passion pour risquer le désespoir, et en garder assez pour le dépasser.

– Nos vices sont comme nos amis, il arrive qu'on leur en veuille.

– Plus que tout la beauté m'ôte, me rend, et de nouveau m'ôte le bonheur.

– Le plus grand nombre, c'est le laid.

– La politique du pire est celle qui fait toujours perdre le plus.

– Chez Robert Amadou, près, naturellement, de la tour Saint-Jacques – il n'a pas eu à chercher pour donner un titre à sa revue. Sa compagne enceinte jusqu'aux sourcils nous sert du vin blanc tiède. Il a sur la tête une calotte sainte-beuvienne, et ventripote dans une robe de chambre douteuse. Esprit vif, sautant d'un sujet à l'autre sans être jamais superficiel. Nous parlons des splendides gravures de Méryon. « Savez-vous qu'il est mort fou ? » me dit Amadou. Pourtant, un tel équilibre, une telle maîtrise des jeux d'ombre et de lumière… (Mais maîtrise-t-on les ténèbres ?) Je lui parle d'Hercule Seghers, de ses très belles gravures du Rijkmuseum et de ses étranges paysages. « N'est-ce pas merveilleux de savoir que nous aurons toujours à découvrir ? » dit-il en resserrant sa robe-houppelande grenat riche de luisances grasses.

– Ce que j'aime, dans un musée : pouvoir m'arrêter devant une toile, y revenir, tout mon saoul. La plupart des visiteurs courent la poste de salle en salle, comme s'ils allaient perdre de vue ce que, justement, ils n'ont pas su voir.

– Cette peinture que nous appelons métaphysique a tendance à s'exprimer par symboles inanimés. L'idée est suggérée par une méditation, d'autant plus fructueuse que le monde est rendu à l'immobilité, l'espace au désert. Cet état mystérieux des choses, c'est le moment suspendu, la négation du temps.

Comme Giorgio De Chirico, Jan Van Scorel appelle les statues à remplacer les hommes (dans un *Paysage* inachevé du Rijkmuseum d'Amsterdam). Dans un tout autre esprit, un admirable *Baptême du Christ* du même peintre encore trop méconnu au musée Franz Hals de Haarlem. La philosophie se glisse dans les failles de la foi…

– Un vieux libraire, nommé Jacob, me laissait consulter les livraisons de la *Bibliographie de la France* ; je lui commandais des livres, surtout de l'histoire, et il bavardait volontiers. Il était revenu d'Égypte vers 1946, avec sa famille, dans la désolation. Jamais il n'a pu oublier ce pays, dont il parlait les larmes aux yeux et, Français, sa femme également, ils se sentaient en France comme en exil. Il me parlait de Farouq, dont il avait été le précepteur : « Jeune, il était beau comme vous ne l'imagineriez pas, et fort intelligent. Mais pourri par son entourage, et d'une incoercible fainéantise. » Quand les colonels l'ont chassé, en 52, c'était un tas de viande immonde vautré sur des coussins. Je dois au vieux M. Jacob d'avoir lu Elian J. Finbert, les voyages de Tavernier en Perse, et les *Aventures de Hadji Baba* de James Morier. Comme je n'aimais pas particulièrement les romans, il me dit – mais des années plus tard, évidemment –, que son fils achetait tous les prix Goncourt, qu'il les rangeait sans les avoir lus, ni même coupés, dans une bibliothèque, et n'y touchait plus.

– La vie est si vaine qu'il faut s'en enivrer.

– L'habitude d'être aimé (ou désiré) n'est pas sans aveugler. Don Juan, reposoir des filles, serait victime de la moindre menteuse.

– Un menteur est une dupe facile pour un menteur. La confusion des langues a dû naître d'une menterie.

– André Breton, pape, inquisiteur : conforme en tous points à ce qu'il exècre.

– Du savoir obligé viennent les thèses ; de l'étroite érudition naissent les catalogues ; de la connaissance, le doute.

– Georges Charbonnier me dit hier (18 avril), avoir eu entre les mains les épreuves et l'original d'un volume d'Artaud à paraître, et qu'on a supprimé tout ce qui fait la force « héneaurme » de ces textes, notamment une « Adresse au pape ». La famille, une fois de plus.

– Il faut toujours revenir à l'œuvre : il n'y a de vérité que là.

– Paradoxes de l'art : pour qui aime les garçons, le Sébastien du Sodoma n'a rien de bien désirable.

– Les philosophes des Lumières eussent été horrifiés par la Révolution et ce qui s'ensuivit ; ils avaient, par idéalisme ? trop misé sur l'intelligence et l'esprit de tolérance. Ils pensaient que l'esprit dans ce qu'il a de plus noble peut gouverner les hommes. La bêtise, si elle n'était pas leur fort, les a rattrapés là. Nous n'avons fait aucun progrès. La métaphysique, en gants de caoutchouc, ne touche pas à la réalité ; et la « philosophie » dogmatique, en tablier de boucher, règne de Pékin à Moscou, Prague et Budapest. Pour, évidemment, le plus grand bonheur des peuples.

– Lautréamont a mis à l'envers les maximes et les pensées de La Rochefoucauld, Joubert, etc., pour intituler ce fatras provocateur *Poésies*. Le potache prenait la relève de l'écrivain visionnaire.

– La sexualité a presque toujours eu un rapport au sacré, ou au divin plus ou moins net, affirmé ou ambigu. Quelle revanche dès la Renaissance, quand les peintres et les sculpteurs baptisent leurs maîtresses et leurs amants du nom des saints ! La beauté de la vie se substituait au creux théâtre, la beauté païenne au dogme éculé. Mais l'emprise a été si forte et si longtemps impérieuse que Genet, par exemple, met en scène une espèce de liturgie du mal dont les mots viennent naturellement sous sa plume d'un héritage aussi reconnaissable que dévoyé, détourné, pour célébrer une communion des corps que l'Église abomine. Ses prêtres, eux, pas nécessairement.

– Dépêchons-nous d'être heureux, pour le bonheur de nous en souvenir.

– Ce qui un jour gâte nos passions, ce sont les réflexions qu'on y met.

– Tantôt je me sens une âme de faune privée de son corps, tantôt un faune amusé de son âme.

– Cocteau, décidément revenu de tout, me dit : « Je vous plains ; je ne voudrais pas avoir votre âge. L'avenir de votre génération est sinistre, c'en est effrayant ! Vous devrez affronter le triomphe de la vulgarité. Vous aurez besoin de beaucoup de courage... »

– Laisser le pouvoir aux militaires, c'est perdre deux fois la guerre, l'économique après la leur.

– Pfimlin appelé par Coty, mais pathétique et désarmé. Mon père, qui l'a connu, et le tient pour honnête, dit qu'il sera emporté avec le reste de la boutique s'il y a un coup d'État ou, plus exactement un coup de force, car d'État il n'y a plus.

– Est-il encore temps de ne rien faire ? Un gouvernement qui en appelle au respect de la loi est un gouvernement qui se condamne.

– *15 mai.* – Belle exposition au Petit-Palais (« Le XVIIe siècle français »). L'œuvre de Georges de La Tour pose des questions sans réponse : Où a-t-il pris son enseignement ? Quels furent ses maîtres ? sa technique ? Comment expliquer le glissement vers des sujets épurés qui font de la lumière, absolument artificielle, et sublime, le personnage essentiel ? Il se situe – si on veut exagérer l'inexplicable, et il n'en est cependant pas besoin –, entre Antonello de Messine et Honthorst, les frères Le Nain et les luministes de Bologne… Nos historiens de l'art n'avancent guère de suggestions convaincantes. Ce devait être un type bizarre, capable de s'intéresser au geste le plus trivial, et de peindre, tel Piero, des scènes intemporelles, de passer du réalisme sarcastique à la poésie pure. Magnifique artiste, secret, et rare.

Et bien sûr, dans ce siècle magique, le triomphe de Poussin, la révélation (incomplète) de Champaigne, de Bourdon, de Vouet…

– *24 mai.* – Le malheureux Pfimlin pratique la politique de l'autruche, sans même voir que l'autruche est décapitée.

– *26 mai.* – Pour que « le coup d'Ajaccio » ne puisse être porté au crédit du gouvernement, il faut que celui-ci soit tombé bas. La situation doit en réalité être plus dégradée encore qu'on le pense[1].

– Ce matin, des chars à l'entrée des ponts de la Seine. Le régime est à bout de pouvoir, il pourrit sur pied depuis qu'on a rendu leur auge aux partis. S'il faut se battre contre les factieux, qui se battra ?

– La guerre civile naît toujours d'une faillite du bon sens, plus encore que de la faillite de l'intelligence qui, elle, hélas, n'est pas une arme populaire en politique. Il semble que nous venons d'y échapper, à la guerre civile. Ce n'est peut-être dû qu'à une

1. Le samedi 24 mai, des factieux civils et militaires, organisés en « comités de salut public » et se couvrant du nom du général De Gaulle, font un coup de force en Corse, prenant de court le gouvernement.

différence de latitude et au poids d'un symbole. À quoi pense le symbole ? Sans doute pas à jouer au général Boulanger.

– On coupe les allocations de devises au lieu de couper des têtes.

– Il faudrait, contre les politiciens, un parti de politiques qui soient, d'abord, des hommes d'État.

– Henri III fut par conviction ce que Catherine de Médicis était par indifférence : tolérant.

– Un gouvernement qui tolère par faiblesse des actes de force devra, encore par faiblesse, en commettre demain.

– Tout pouvoir, civil ou militaire, a plus à craindre de ses propres atermoiements qu'à gagner à ceux de ses adversaires, dont il n'est jamais assuré que ce ne soit une manœuvre.

– Quand nous nous sommes séparés cet hiver, T. et moi, j'ai tâché d'être suffisamment cynique et gentil pour qu'elle me regrette un peu (?) sans avoir envie de s'accrocher. Toujours la cuisine du cœur, sel et sucre mêlés. Ce qui est exaspérant avec les filles c'est ce besoin de possession, comme du lait sur le feu, toujours prêt à déborder, à répandre des odeurs de brûlé !

– De la connaissance de l'Histoire au scepticisme, voire au détachement, le chemin est rapide, amer, et passe simplement par la connaissance de l'homme. S'il nous reste un peu de passion, ce sera pour nous indigner. Ce qui ne sert pas à grand-chose, sinon à nous donner bonne conscience. Mais pourquoi se croirait-on responsable de l'imbécillité du monde ?

– L'un de nos professeurs de mathématiques, qui maniait le sarcasme, relevait à toute occasion les illogismes de la langue, de sa grammaire, de son orthographe, de la prononciation, et concluait que « les mathématiques, Elles, sont un mode de raisonnement clair, et non pas un discours approximatif ». Il se nommait Charlot, un grand roux colérique allant à grands pas, excellent homme au fond. Il a désespéré de me faire réussir une division. Obtus aux chiffres, à tel point qu'introduire des nombres dans une équation – sinon littérale, et j'aimais par-dessus tout les inéquations –, aussitôt me faisait perdre pied.

– Quand les politiciens agitent les symboles, c'est qu'ils ont gros à perdre ou à cacher.

– La vie vaut d'être vécue à condition de l'aimer, pas de la subir.

– La jeunesse se fait reprocher le temps de rêver, mais voudrait-elle s'intéresser aux affaires du monde qu'elle serait accusée d'impatience et de présomption.

– Relisant les sonnets – « Le vierge, le vivace et le bel aujourd'hui... » –, tout à coup le souvenir m'emporte. C'était il y a dix ans. Le temps était très beau. En revenant de la rivière, où nous étions seuls, embrassés, dans un retrait de la berge et sous les feuilles d'un saule, lui et moi, j'achète, à la librairie Conte, les *Poésies* de Mallarmé. J'ouvre et lis :

« C'était le jour béni... » Il est à demi assis sur le cadre de son vélo, ce qui lui permet de me tenir par les épaules. Je bois son souffle, qui a le goût d'herbe amère de sa bouche. « Menteur ! Le premier tu l'as pris par surprise ! » Un petit rire, puis, la voix un peu rauque : « Tout ça c'est des bêtises », et en même temps me serre si fort contre lui qu'il me fait mal.

Cette fois du « premier baiser », il était à peine adolescent, c'était pendant une alerte, dans l'abri soudain privé de lumière. Ce baiser d'amour était aussi le premier pour moi, il m'a rendu comme fou. C'était avant le dernier été allemand... Puis ce fut vraiment lui et moi. Puis la vie a tranché.

– La plus insultante demande que la jeunesse puisse présenter c'est de vouloir être heureuse.

– Ce qui me rappelle une réflexion de Cocteau, à peu près ces mots : « Vous le constaterez, les gens n'aiment pas le bonheur. Ils détestent qu'on puisse être heureux ! »

– Apollon joueur mettant le feu au feuillage des faunes.

– Les plus belles pièces des collections de Caen à la Galerie Charpentier – le merveilleux Poussin, *La Mort d'Adonis* – et, dans le prolongement, « Cent œuvres d'Eugène Boudin ». C'est l'exposition de l'été (elle s'est ouverte le 24 juin). Classé – le côté tiroir de ces classements ! – précurseur de l'impressionnisme, il va bien au-delà si l'on ne s'arrête pas à la recherche d'école. Un art d'abord aimable et qui fait penser que le XVIIIe siècle aurait dû se mettre au bord de la mer *(Crinolines sur la plage)*, attaché au pittoresque, à l'effet à donner *(L'Embouchure de l'Escaut)*. Et ses aquarelles sont un carnet de notes vives, sensibles, de lumière et d'eau : qu'est-ce d'autre que le génie de l'aquarelle ? Il abandonne le détail pour le détail, la scène à faire, et entreprend cette recherche de la lumière qu'il devait mener, avec sa passion discrète, patiente, précise, presque silencieuse, à d'étonnantes réussites, passant parfois par le détour de « japonaiseries » pleines de charme, tel le *Clair de lune sur la rivière*. Il en arrive à des éclairages proches de l'abstraction et des fauvismes de Bonnard, par exemple avec *Ciel d'orage sur Trouville*.

Je vais ajouter ces lignes au petit article sur le musée de Caen pour la *NRF*.

– Traversée de la France sous des torrents de pluie (nous sommes en juillet...), des gerbes d'eau de chaque côté de la voiture comme dans un hors-bord, le Soleil réapparaissant à Saint-Jean-de-Luz. Agréable étape. Chipirons à l'encre. Le temps redevient maussade et froid dans les Pyrénées. Hostilité, pour la première fois à Pampelune – nourriture exécrable mais bons vins. Nous n'avons eu l'explication de l'hostilité que plus tard, lorsque nous avons pris en stop un Espagnol parlant bien français. Nous lui faisions part de l'attitude des gens, plus que réservée, des regards méprisants, de la mauvaise grâce à nous renseigner. L'homme me dit alors : « Ils vous prennent pour un prêtre défroqué. Dans ce pays c'est une chose que les gens n'acceptent pas. – Pour un prêtre défroqué ? – Parce que vous avez une barbe [je portais un mince collier Renaissance] ; c'est pour ça qu'ils vous croient ancien moine ou curé, vous savez ; c'est la seule raison. » Au volant, mon ami Maurice de ricaner : « Te prendre pour un curé, f'est pas banal ! Fa [il a ce qu'on appelle un cheveu], fa, f'est un miracle ou alors les Efpagnols y f'y connaissent pas plus que moi en curés ! » Nous roulions vers Madrid sur la route de Logroño. Comme nous disions beaucoup aimer les vins de la région, notre homme nous apprit que la plupart des vignobles et des grandes cultures appartenaient à l'Église, d'une manière ou d'une autre, ainsi que de nombreuses banques et immeubles. « Y perdent pas le nord, les sacs à charbon ! » dit Maurice (pour qui les curés sont des sacs à charbon).

– Madrid, sans charme. En haut de la plus grande avenue, les Champs-Élysées madrilènes, des bergers gardent les moutons dans des terrains vagues. Une amusante tradition, celle du *sereño,* qui ouvre les portes la nuit. Ici on dîne à l'heure de se coucher en France, mais la cuisine ne vaut guère qu'on attende si longtemps.

*

Notes prises sur un petit carnet, avec les comptes de nos dépenses. – Je me souviens que, sur la plage de Trafalgar, laide et venteuse, la voiture a failli s'enliser. Au large, le sublime, borgne et manchot fantôme de Nelson.

– Des gosses dépenaillés viennent mendier les restes à la porte des casernes, dans de vieilles boîtes de conserve. Nous en fûmes témoins à la sortie de Séville, près de Cadiz aussi.

– Le plus beau, c'était Tolède, avec l'Andalousie. Le Greco aux incroyables couleurs. L'Alhambra, les oliviers, la neige sur la sierra. J'aurais dû emporter l'anthologie des poésies de García Lorca.

– Sur les plages, des messieurs en costume noir ou marron entrent dans de petits édicules en bois. Au bout d'un moment, ils ressortent de ces cabines de plage en maillot 1900 marron ou noir, et se baignent, puis dorent le peu qui échappe à leur maillot de tricot au milieu des cochons noirs ou marron.

– Gibraltar, ma première rencontre avec l'Angleterre ! Des bonnes d'enfant, de vieux couples, des jeunes mariés et des singes. Des *policemen* à casque blanc. La rade où dorment quelques bateaux gris de la marine de Sa Majesté.

– Cadiz. La ville a l'air de pourrir debout. Tous les hôtels sont pleins, on nous envoie à Jerez de la Frontera. Il faut bien dormir quelque part. La nourriture est infâme. Devrais-je raser ma barbe ? La nourriture, oui, est infâme, et la nuit inhumaine : bruits de portes qui claquent, de musiques diverses, de poubelles (la musique en sort peut-être), spasmes et coliques de tuyaux... Bref, anéanti, le voyageur va sombrer dans la mince flaque de sommeil où, déjà, se reflète le petit jour, quand, inattendu, un infernal crépitement de rafales sèches se déchaîne sur les toits ! La guerre civile, encore ? Non, les cigognes claquent du bec et le Soleil se lève.

– Ce qui nous étonna, dès le passage du fleuve, le Guadiana, c'est combien tout au Portugal semblait différent. De l'Espagne crasseuse, militairement cléricale, bruyante, parfois même hostile, nous étions passés dans un pays calme et beau (où l'accueil s'avérera d'une constante gentillesse).

– L'Algarve aux jolies villes arabes, blanches, bleues, pleines de fleurs. Quel contraste ! Peut-être eût-il fallu s'arrêter à Cordoue, mais c'était une autre route.

– Le jeune (et beau) pompiste (qui nous avait indiqué la route pour la *pousada*) s'était trompé dans ses comptes : il a fait ce matin dix kilomètres en bus (et va devoir en faire dix autres, évidemment), pour nous rapporter notre dû. Je me demande si, en France...

– Lisbonne, la place du Commerce : un décor pour Alice ; le Loir arriverait en barque, la reine de Pique avancerait en suivant les vagues dessinées par le pavement, et l'on vendrait sur les marches du fleuve des poissons d'or. L'Europe commence ou, plutôt, s'achève ici, se suspend, rêve sans fin au bord de l'Océan. Pombal a reconstruit Lisbonne à la manière des « villes idéales » des artistes de la Renaissance.

Et je me demande, regardant couler le fleuve vers la barre de l'Atlantique, car il faut toujours que je songe à ce qui est encore plus loin, je me demande : quand irai-je au Brésil ?

– Jérôme Bosch, délicieux délire. Mais tout cela devait avoir un sens ! Chaque figure, chaque scène folle... Le musée n'est pas très riche.

– Nu-pieds, des femmes en noir portent sur la tête des couffins de poissons ; pas de femmes dans les bistrots, les bars. Le chapeau, partout, sur toutes les têtes ; noir, ou gris fer.

(Fin du carnet pour ce qui est des notes de voyage.)

*

– *Sans date.* – Tout le monde râle en France, mais en fin de compte les gens acceptent n'importe quoi.

– La France n'a pas beaucoup d'écrivains hors pré-carré : Verne (mais il inventait les pays de ses livres), Stendhal, Cendrars, Morand, et peut-être Malraux ; ou bien ils sont mineurs, comme Gustave Aymard, Loti, Farrère, Monfreid... Les romans de Loti sont tartignolles. Peut-on relire ceux de Farrère, *Les Civilisés,* ou *Fumée d'opium* ? Rien de comparable, de très loin, à Melville, Stevenson, Kipling, Conrad...

– *11 décembre.* – Allé, ce bel après-midi clair, rue du Commandant-Marchand, visiter Marcel Jouhandeau. Il m'ouvre la cage de verre, où foisonnent feuilles et bambous, qui donne sur le délicieux petit jardin. Pas d'Élise. « Montons, dit mon hôte, pull à col roulé et pantalons noirs, dans mon antre ; même si Elle revient nous pourrons parler sans être interrompus. » (Même l'absence d'Élise a droit à une mise en scène...) Nous grimpons au sommet de la cage. Là somnole un harmonium. Là sont les livres (il m'en offrira un qu'il ira chercher, comme on descend à la cave pour une bouteille de choix, derrière une rangée de gros ouvrages) ; plusieurs portraits, dont celui de la marquise de Sévigné, pour laquelle il nourrit une juste dévotion. « Quel écrivain, quel exemple ! Les mots à peine secs, un peu de sable sur la lettre, un rien de poudre sur les joues, hop ! elle vaquait à la vie avec une gourmandise ! N'est-ce pas qu'on sent cet appétit de vivre, de durer, d'aimer… C'était une femme merveilleuse, n'est-ce pas ! Une femme que j'aurais tant aimé connaître. Suis-je las d'écrire ? il y a les Lettres de Mme de Sévigné pour me rendre courage... Elle aura tout compris de la vie dans son siècle dur... Admirable exemple ! »

Il caresse le dos des reliures et rêve un peu. Puis il tend sa main noueuse vers des photos accrochées au mur. « J'ai le monde sous les yeux, avec ma famille. Moscou, New York, Guéret, Athènes. Voici ma mère, notre dernière photographie ensemble, prise par Élise. Et ici mon père, qui était assez beau. » Je vois des manuscrits ouverts, auxquels il travaille, avant de tout confier à Gallimard en vue d'éditions posthumes et, souligne-t-il, « pour éviter qu'on y mette les mains »...

Il parle d'une voix douce, très articulée ; très prêtre, sans rien d'équivoque. La cicatrice de son bec-de-lièvre lui accorde le bénéfice inattendu d'une coquetterie. L'œil luit de vivacité : « Tous ces êtres qui passent me passionnent ! Ah, savoir ce qu'ils pensent, ce qu'ils ont au cœur, ce qui les anime... » Lui-même s'anime, sous le large et plat béret noir qu'il n'a pas quitté. Est-il pâtre, est-il prêtre, les agneaux s'y retrouveront bien... Comme je regarde un beau portrait de lui au trait par un Espagnol, il me dit avoir envoyé à Rome, pour la commémoration de la revue *Commerce*, un tableau dont la place est au-dessus de son lit. C'est une œuvre d'André Masson qu'il apprécie beaucoup, et qui appartient « à cette époque où Masson peignait des hommes nus ». Puis il me montre une sorte de *Mater Dolorosa* de Leonor Fini, dont le modèle, dit-il avec délectation, possède le sévère et beau visage d'un Berbère.

Le premier livre de Jouhandeau que j'ai lu est son bel *Imposteur* : je l'avais acheté à la librairie française de Fribourg-en-Brisgau, où j'allais quelquefois en mission depuis Schwenningen. Un style éblouissant, une acuité de moraliste du Grand Siècle. Les yeux de jais se font velours : « Je suis heureux d'entendre de telles paroles, car je crois sans orgueil que c'est un livre réussi. Parce qu'il est classique, équilibré. C'est un livre de maturité. » Je lui demande, non sans une pointe de perfidie, s'il n'aurait pas tiré son plus beau miel du fiel d'Élise :

« Alors (il rit doucement, les bras ramenés vers lui, les mains jointes en « suppliant »), si cela est vrai, ce ne peut être que récompense pour mon enfer marital ! Et puis, Élise dit tant de mal de moi partout que je finirai par passer pour un saint (il lève les bras vers le plafond) aux yeux, que dis-je (il pose sa belle main sur sa poitrine) ? au cœur de ceux qui m'aiment ! » Il se lève et me demande si j'ai lu *Chaminadour*. Ma réponse fait qu'il sort un album et me montre des photographies anciennes : « Regardez, voici Guéret, où longtemps on m'a tenu rancune de mon livre ; voici ma mère, aux côtés d'Élise ; nous étions mariés depuis peu. Un porc-épic, j'avais épousé un porc-épic !

– Eh bien, Élise aura fait de vous un autre saint Sébastien. » (Cela le fait rire des yeux, un silencieux rire de jais : « Alors, mon cher, j'écris avec mes flèches, avec mon sang. » Puis, sérieux : « On écrit toujours avec son sang, n'est-ce pas ? ») Et comme je lui demande qu'elle est la part du démon dans ses livres :

« Plutôt l'Enfer que le démon... Je crois à l'Enfer. J'admire les Jansénistes pour leur rigueur d'esprit. Mais ils ne vivaient pas comme ils pensaient – comme ils croyaient. Et je serais plutôt du côté des Jésuites. » (Il semble beaucoup s'amuser à me le dire. Il prend l'air de frétiller d'un plaisir interdit – une obscénité théologique, peut-être ?) « ... Oui, l'Enfer ! Si Dieu existe, pour moi il s'est départi de sa jouissance en créant l'homme. Et l'homme revient à Dieu s'il lui plaît, s'il en éprouve le désir... Quand il ne lui revient pas, l'Enfer est pour Dieu. Je crois en l'homme, à sa grandeur, à sa magnifique responsabilité dans son libre choix... À sa beauté. »

Je demande : « La beauté comme absolution ?
– C'est étonnant que vous me disiez cela. Je vais vous citer les derniers mots de *M. Godeau intime*, vous ne l'avez pas lu, n'est-ce pas ? un livre de jeunesse, malheureusement trop riche et que j'aurais pu faire aujourd'hui plus émouvant ; M. Godeau agonise dévoré par la lèpre, et ce sont ses derniers mots à Véronique : "Peut-on voir encore que je souris ?" Marcoussis avait été bouleversé, et il m'offrit alors une de ses *Douze Planches de salut* gravées.

– Parlez-vous de l'Enfer avec Julien Green ? Le voyez-vous souvent ? »

Il lève à nouveau les mains comme en imploration, et part d'un rire à mi-voix : « Vous n'allez pas croire à cette drôlerie, et je confesse qu'elle est surprenante. Il y a fort longtemps, j'emménageais dans un petit appartement, dans un grand désordre. Des ouvriers étaient là, au milieu de fils électriques de toutes les couleurs. Entre Julien Green, charmant, mais, vous le connaissez, il n'a pas changé du tout dans son comportement… un peu compassé. C'est un masque, qu'il n'abandonne que devant des intimes. De quoi commencions-nous de parler, sinon de l'Enfer, tandis que j'essayais de brancher une lampe. Et nous voici entourés d'éclairs qui crépitent dans tous les sens… Julien, alors, de bondir et de se ruer vers l'escalier en criant “le Diable, le Diable !” J'ai cru à une plaisanterie, car il sait être plaisant, mais non ; à cause de cela il m'a évité fort longtemps, n'est-ce pas incroyable ? »

Qu'ont-ils donc à faire de l'Enfer ces hommes qui aiment tant la beauté des hommes !

1959

– *17 janvier*. – Posté un article sur Goya pour la revue belge *De Tafelronde*. En essayant d'échapper au cadre, la « Fantasmagie ». Je ne crois pas, pour ce qui est de certaines de ses toiles, au bien-fondé de l'appellation « œuvres de sorcellerie », dont la symbolique, à supposer même qu'il s'y soit jamais intéressé, n'apparaît pas sous sa main. Les signes extérieurs n'ont pour lui nulle importance, sauf s'ils dénoncent par contraste. Il n'altère pas les apparats royaux, puisque la décomposition est dans les visages ; pour lui, le fantastique, c'est la réalité : mais cette réalité n'existe encore à nos yeux que parce qu'il l'a peinte. Au-delà de la mythologie Saturne est une figure de l'univers de Goya, et la fusillade du *3 Mai* une vision du peintre plus qu'une page d'histoire. Et les figures de boucs appartiennent aux traditions antique et paysanne.

– *Sans date*. – On lui dit « Maître », mais tout le monde l'appelle « Inghel », *raccourci* spontané qui n'implique pas de moquerie, au contraire. C'est ce qu'on pourrait appeler la familiarité du respect. Suisse, croirait-on, roide et minuscule, tiré à quatre épingles, comme sa musique, l'œil étincelant derrière ses verres, tel on peut voir, dans les concerts ou les studios, Désiré-Émile Inghelbrecht[1] remorquer sa grosse épouse. Précis et sec, autoritaire mais courtois, ce petit homme sait tenir en respect un monde de musiciens d'orchestre insupportables, et qui, pour la plupart, et particulièrement ceux de l'Opéra qu'il avait dirigés après la guerre, ont pour la musique autant d'amour que moi pour la pluie.

– Voir passer dans l'indifférence un être que l'on pourrait aimer peut être plus déchirant que de regarder s'éteindre les feux d'une passion. Au vrai, les regrets les plus violents nous viennent de ce qu'on n'a pas connu.

– On brûle d'impatience dans les débuts d'une passion, puis on manque de patience quand elle va pour s'éteindre. C'est comme attendre que s'éteignent les dernières braises dans l'âtre pour s'aller coucher. Mais enfin seul.

– À l'occasion du tout récent retour à la simple *« Nouvelle Revue française »*, qui avait tant fait frémir la marmite des supputations ces derniers temps, Gaston se fend d'une apparition. Un sas permet l'accès à son bureau, dans le dos d'Arland. Une onde de révérence parcourt la pièce. Le grand éditeur est un homme de taille très moyenne ; de beaux yeux affaiblis, me semble-t-il, derrière ses verres qu'on croirait embués. Visage de prélat, ou de banquier, je me demande s'il a écrit ses souvenirs, s'il tient un journal. Auquel cas, quel filon pour l'histoire littéraire !

---

1. Chef d'orchestre et compositeur français (1880-1965).

« Comme il se devait, Mauriac vient de nous bénir », dit-il d'une voix douce (Mauriac a publié une diatribe, rancunant sur les années d'Occupation). Je suis près d'Arland, tandis que Gaston s'attarde avec l'un ou l'autre : je susurre à l'oreille du cher Marcel : « Un coup de goupillon du saint fourchu... » Et, vif, avec le plaisir d'un mot piquant, le cher Marcel de susurrer à son tour : « C'est que le Diable ne ressemble pas toujours à un beau garçon ! » Et toc.

*

Que seraient vos beaux voyages
Morand, Cendrars, Segalen,
et la mastication par Claudel
d'une pelletée de siècles
au goût de lœss gras
et de thé amer
dans ce monde idiot ?

La mer, faute de steamers,
ne nous laisse
plus rêver. Où trouver
alors le temps le temps d'inventer
un monde moins idiot ?

*

La Chine a changé ses tombeaux en usines
mais ne fabrique plus d'empereurs.
Seulement toujours des paysans patients
occupés à nourrir les fonctionnaires,
tout courbes sous leurs paniers
pleins de l'Ordre d'En-Haut.

*

– Devant la page blanche, même tentation que près d'une belle épaule ; désir d'y promener les doigts, d'y mordre, d'y reposer ses rêves en dépit de la peur de tout gâcher, de tout perdre.

– Les définitions valent moins par ce qu'elles affirment que pour les réflexions qu'elles suscitent.

– Les déceptions me rendent un élan.

– Ces femmes dont on ne sait quoi dire pour être aimable. Sinon que, peut-être, leur œil gauche a beaucoup de charme.

– Il tomba amoureux de tout son long.

– Ne racontez pas vos souvenirs, inventez-les.

– Ce qui m'arrive n'est parfois que la mémoire de ce que j'imagine.

– Jamais l'Espagne n'éprouva de vocation maritime ; tous ses navigateurs furent des étrangers. D'ailleurs, les peuples méditerranéens sont d'abord terriens. Ce sont les cités comme Tyr, Athènes, Gênes ou Venise qui se voulurent un destin maritime, pas les peuples.

Pourtant, sous la rouille, la décrépitude, les entrepôts vides, le fantôme de Barcelone reste bruyant comme celui d'un grand port. Mais ici, c'est la Catalogne, ce n'est pas l'Espagne, ou ce ne l'est pas encore.

– À Puerto de Soller, j'écris chaque matin sur la terrasse, dès le petit déjeuner *(el desayuno)* débarrassé. Les serveurs ne parlent pas un mot de français. Le temps reste incertain, et un bossu, qui sifflote la *Symphonie suédoise,* cette rengaine, a bien du mal à rattraper le degré de « bronzage » du gigolo qui l'accompagne.

Comme j'écrivais, lentement, la scène de la plage, un phénomène persistant s'est emparé de moi – cela était arrivé à plusieurs reprises, déjà lorsque j'écrivais *Le Massacre,* mais jamais avec une telle intensité. Bref, je n'étais plus moi-même, je n'étais plus sur la terrasse de l'hôtel, mais là où les figures de mon livre étaient disposées, dans le sable, la chaleur, l'éblouissement du Soleil. Je m'étais senti porté jusqu'à cet ailleurs incertain que les mots dessinaient les uns après les autres et dont j'enregistrais les couleurs, les sensations, les distances mentales, les échanges figés... Quand je me suis arrêté d'écrire, à la fin de la longue séquence, j'étais en nage, et comme ébloui par une lumière qui n'était qu'imaginaire.

– Je reprendrai un Constellation à San Bonet, le petit aérodrome de Majorque, après avoir un peu tourné dans l'île.

– Chaque fois que je me trouve, ici, au détour d'un chemin, d'une route, devant un mur blanc, je revois le mur des *Grands Cimetières sous la lune,* quand on fusille à la lueur des phares. Ce n'est pas que les républicains, encore moins les rouges, ou les anars, eussent pu me convaincre qu'ils étaient, eux, les Justes (!) ; mais les autres non plus. Cette guerre, au fond, c'est une guerre que la civilisation s'est faite à elle-même. Et c'est encore une guerre de religions.

– Les illusions, l'agitation, les clans du milieu littéraire me paraissent dérisoires. La plupart des personnes que j'y croise ne m'intéressent pas. Et les écrivains qui nous passionnent, ou nous intriguent, comment ne pas respecter leur tranquillité ?

– Petit avis sur la porte du grand bureau de la *Nouvelle Revue française :* « Les Directeurs reçoivent le mercredi de 17 h à 19 h. » Il se fait que j'arrive en même temps que Jean Paulhan. Je lui dis, montrant l'avis du doigt : « Voilà qui a un air très Directoire, pourtant, il semble qu'on manque de merveilleux. – Mais vous ne croyez pas aux fées ? »

– Voir souffrir ceux que l'on aime est plus cruel que souffrir soi-même.

– Donc, le mercredi après-midi, la *NRF* reçoit, sans faste ni aucun protocole. Quand on arrive un peu tard, c'est mon cas ce soir, les groupes sont formés, les manteaux empilés près de l'entrée. On apporte ses notes, ses « textes », offerts sur la patène de l'orgueil inquiet ou de l'humilité – qui n'est pas incurable... (mais la revue publie les poèmes sans dédicace, ce qui nettoie la patène du denier du culte). Voilà plusieurs dos penchés, qui font comme un panier du fond de quoi sort la voix de flûte de Paulhan, puis les dos se redressent comme si le najah montrait enfin sa tête – le *narajah* vraiment régnant. Paulhan rédige de petits billets d'une écriture lente, appliquée, qu'il empile à main droite ; certains sont glissés vers Marcel, qui déplie, opine en silence, ou lâche un étroit rire de gorge, ou ne dit rien et ne manifeste rien.

Je n'ai encore jamais entendu prononcer *pauillan* comme on prononce *miyau* (Darius, évidemment).

Arland, lui, ronronne ou, c'est selon, grommelle ; Dominique Aury, belle Perséphone, sait tout, imperceptiblement sourit, et se tait. Principauté mêlant l'inconnu à la notoriété d'une manière apparemment fort bon enfant, il faut être attentif, ou intéressé, pour distinguer de subtils systèmes de castes nés soit d'affinités, soit de clivages de pouvoir à l'intérieur de la Maison. Des haines d'escalier, des prééminences de buvard…

– *Sans date*. – Il est rare de voir Marcel Landowski sans Antoine Goléa, l'inévitable prêt-à-s'emporter, ses graillonnements et son redoutable dentier ; c'est peut-être Goléa qui le rend si triste, ce brave Landowski, sous ses plastrons cotonneux, ses lunettes et sa coutumière écharpe blanche : tout est pâle chez lui, un peu gris et souvent aussi sa musique.

– *14 août*. – Dans *Le Monde* daté du 15 (curieuse manie que de dater un journal du lendemain), sous le titre « Réflexions d'un géographe », M. Maurice Le Lannou écrit : « ... je suis, ce jour-là, le seul à regarder par le hublot. N'y a-t-il plus de voyageurs curieux ? Ou – la cause se confond ici avec l'effet – de voyageurs conscients ? Je suis le seul – avec, j'imagine, les gens du poste de pilotage – à savoir où je me trouve. [...] Le steward français, qui est d'autre part un remarquable professionnel, montre l'île d'Elbe quand il s'agit de Monte-Christo. L'hôtesse italienne me confie que nous survolons la Crète quand nous sommes au-dessus de Chypre [...]. Fausse ou vraie, l'information trouve tout le monde indifférent. Le passager s'est installé dans son confort. Les rideaux sont baissés au moindre soleil. La cigarette gratuite et le whisky ont plus d'attraits que l'Hymette, puis le voyageur céleste s'endort, en plein clair de lune, sur la magnificence de l'Attique et des Cyclades. »

Nous vivons dans un monde borgne.

– *Sans date.* – Toutes les religions sont des fables. Pourquoi ne pas avoir foi, par exemple, dans Ulysse ou dans le Lièvre de Mars ?

– Si le public savait de quoi est faite la vie privée des romanciers, la moitié ne les lirait jamais, et l'autre moitié ne les lirait que pour leur foutue vie privée. Ce qui est idiot.

– Ennemis intimes, ils se fréquentent du bout des dents.

– Il est des gens perdus de vice, et des mots perdus de sens, tel *moralité*.

– J'admire dans les étoiles qu'elles ne prétendent à rien éclairer.

*

Blanc le lent paquebot fend les flots blancs de Lune
De lymphatiques nymphes s'ennuient près des bossoirs
Tandis que matelots passent de l'autre à l'une
Allumant vos lampes étoiles des beaux soirs.

*

– Enfant, des cauchemars parfois me tordaient dans mes draps et même hurlant de terreur. Mes parents accouraient, on me calmait, etc. Mais je détestais être le jouet de ces mauvais rêves. Il y avait un moyen, qui était de leur échapper par le réveil. J'appris donc à me réveiller, comme on sort d'un lac avant de s'y noyer. La conscience ravivée reprenait les rênes et si, retourné au sommeil, le même cauchemar me ressaisissait, le même sursaut jouait une seconde fois. Avant que cette autodéfense ne fonctionne, je traversais des histoires ahurissantes : ainsi, lors d'une promenade (comme celles que nous faisions fréquemment, sur des sentiers proches d'une voie ferrée), ma grand-mère et moi, un cauchemar jeta à nos trousses, dans le sous-bois, une locomotive que rien ne semblait devoir arrêter dans sa course ! Je ne sais si c'est à ces souvenirs que je dois mon peu de goût pour les rêves que les romanciers font intervenir dans leurs livres.

– Une forme du génie : être le matin ce que les autres ne seront qu'à midi.

– Si l'on réfléchit en amour, tout est perdu, l'amour et la raison.

– Klossowski. L'air d'un rat trottinant ensaché dans un cache-poussière. Œil torve, et bouche pincée sur des concupiscences de sacristain. Ce qu'il écrit est barbifiant au possible.

– Ces écrivains dont la plume, qui croit faire grand-genre, ne fait que des ronds-de-jambe – Lorrain, Tinan, Marcel Prévost, les frères Goncourt, Rachilde... : les stylistes du faubourg St-Germain *(sic)* ne sont que de St-Antoine.

– Ce n'est pas tant d'être aimé que nous sommes désireux, que d'oser aimer qui l'on désire. L'amour qu'on reçoit a moins d'importance que celui qu'on donne. Nous vivons de paradoxes, car tout est double, tout a son contraire.

– *Mrs Dalloway* est un meilleur roman que *La Promenade au phare*, mais un moins beau livre.

– J'attends de la véritable critique qu'elle soit constructive ou que, faisant table rase, elle incite à créer sans s'encombrer des modes et des valeurs fausses.

– Tous comptes réglés, nous créons sans doute davantage avec ce que nous n'avons pas eu qu'avec ce qui nous a comblé.

– En bref, l'athée parle de ce qu'il sait, le croyant de ce qu'il craint – je parle des religions nées de la Bible. De l'attachement des peuples pour la religion, Montesquieu tire « involontairement » cette raison que, si l'on accepte le christianisme, c'est parce qu'il paraît moins barbare que la dévotion aux anciens dieux (*L'Esprit des lois*, XXV, 1 et 2). Un autre théâtre pour une même peur, avec la « faute » en prime, en quelque sorte. Et la beauté en moins.

– L'autre jour, Tony Aubin[1], l'œil rigolard et le teint allumé par un repas bien arrosé, car il est homme de bonne compagnie à table aussi, et il paraît qu'au lit les dames ne s'en plaignent pas..., Tony Aubin, donc, cornaquait Lucien Farnoux-Reynaud, producteur à la radio. Il est malaisé d'imaginer, quand on ne

1. Voir note 2, p. 67.

l'a pas vu, comment il est fait ou, pour dire les choses comme elles sont, comme il est contrefait. La tête, énorme, carrée, monoclée, posée sur des bosses et une panse de polichinelle. Un ressort surprenant est son aptitude, quand il s'appuie des deux mains sur sa canne, à faire remonter, on croirait dans une des bosses, sa jambe gauche jusqu'à la hauteur de l'autre genou ! Il vous regarde alors comme un cyclope de l'autre côté du monocle. Mince et serrée sur un sourire de saurien laissant percer la canine, la bouche large s'ouvre sur un parler guttural, caverneux, péremptoire. On lui prête le goût des garçons, une très mauvaise farce des dieux ! C'est de Farnoux-Reynaud que, au physique, je me suis inspiré pour le personnage d'Hector de Saint-Ange, dans *Montise ou le massacre*[1]. « Allez, mon joli, le studio nous attend », dit Tony Aubin, tout pétillant. La jambe redescend de son mystérieux alvéole, et les deux hommes s'en vont, cahin-caha.

[Il a signé, dans une livraison de *Crapouillot* dont je n'ai pas la référence, une défense de l'homosexualité qui commençait par cette affirmation vigoureuse : « L'homosexualité n'a pas à se justifier du seul fait qu'elle existe. » Il a consacré des émissions à des auteurs comme Carmontelle.]

– Nos politiciens n'ont pas de conviction, mais l'appétit du pouvoir. Les militants, eux, seront toujours les dindons de la farce.

– À peine ai-je passé mon nez par la petite porte du milieu littéraire, et je sais que ce n'est pas tant le succès des uns qui plaît ici que l'échec des autres.

1. Le manuscrit de ce roman, jamais publié, a été détruit.

– Je recopie et complète quelques lignes griffonnées au cours d'une réunion pendant laquelle j'ai eu, assis en face de moi, Arno Charles-Brun – le « M. Brun » de Pagnol –, expédié, par une aberration d'aiguillage, de la SNCF à la RTF. Il n'y avait perdu ni l'accent, ni l'habitude de la sieste provençale sur ses dossiers. Je le regardais, brandissant ses lunettes par une branche au-dessus de sa tête, le nez en forme de trompe courte au ras de ses papiers : je l'appelle le Tapir. Brave homme inefficace, il ne suivait pas, se perdait, errait entre les répliques et les références, articles et paragraphes des dossiers, et chacun de sourire jusqu'à ce que le président de séance affirme d'une voix calme : « Vous n'avez pas d'objection sur le fond, monsieur Charles-Brun ? » ; alors, il soupire, « M. Brun », concluant, désemparé : « Je n'en vois pas, monsieur le Président. » Ce qui était bien dire, enfin. Quant à « Marius », il paraît que le modèle, croqué lui aussi avec un humour malicieux dépourvu de méchanceté par Pagnol, c'est le bon poète Louis Brauquier, l'auteur d'*Eau douce pour navires*.

– *19 octobre*. – Il n'y a pas de définition de la poésie, pas plus que de l'art, de n'importe quel art. Un art naît d'impulsions obscures, du désir de dépasser l'instant, de dire la peur ou l'instinct d'aimer, la beauté ou la révolte. Ce mouvement suscite les formes grâce à quoi il peut devenir intelligible, se donner en partage, et durer.

– *23 octobre*. – Il en est de la poésie écrite à vingt ans comme de l'acné juvénile : la laisser paraître à quarante révèle une incurable carence.

– *25 octobre.* – La résurrection du passé, même fragmentaire, nous fait voir combien l'art contemporain en est à maints égards l'héritier. Pour la première fois sans doute dans l'histoire de l'art il est possible d'envisager le problème formel sans préjugés ni, en corollaire, une référence stupide à on ne sait quel progrès, sinon technique de l'art.

– *2 novembre.* – J'imaginerais une colonie lacustre, à demi bâtie sur un fleuve remonté par la mer, à demi sur une terre incertaine, une sorte de palais minable de Minos, aux salles enchevêtrées, aux interminables corridors, les chambres ouvertes à tout venant, rien à personne, tout à chacun, sans lien précis d'ascendance ni d'amour. Les jeunes gens s'y aiment, enjambés par des ouvriers affairés à porter ou rapporter outils et matériaux, pour réparer ce qui s'affaisse dans les eaux, consolider ce qui s'élève, loger les scribes, les registres, les assemblées, les cuisiniers. Puis un jour la Voix se fait entendre, on peut dire celle d'un vieillard véhément, juché sur la plus haute terrasse, et qui exige que tout se consacre à le rehausser, le soutenir et rapprocher sans cesse du Soleil, pour qu'il y réchauffe sa carcasse tremblante. La fourmilière obtempère, abandonne ses travaux, se rassemble, les uns chevauchent les autres dans l'élan aveugle, à peine le temps de s'aimer entre deux seaux, deux planches, tout soulève la chambre du vieux fou, du Maître, toujours plus près du ciel, qu'ils croient son domaine, car moins fous que lui ils ne sont pas, jusqu'au jour que tout oscille, se balance, chancelle, enfin s'abat dans le plus beau fracas, ô silence ô tombeau.

– Les ateliers, les « boutiques », de la Renaissance devaient développer des rapports de force de maître à apprenti, avivés parfois par des liens passionnels, jusqu'à consommation érotique. La séparation naissait logiquement de l'indépendance sexuelle et créatrice de l'élève. La beauté du corps a transformé l'imagerie religieuse et métamorphosé la représentation du monde. Le *Quattrocento* resplendit de ce retour au paganisme. Il y a des faits curieux. Ainsi, Signorelli désespéré par la mort de son fils, qu'il adore, et que l'on dit le plus beau des garçons, le peint nu comme à la naissance pour qu'il survive grâce à l'art de son père ; tout l'œuvre de Signorelli est habité par des jeunes gens enchanteurs.

– *Sans date*. – Notes pour une revue à propos des rapports de l'art à la drogue. (Il faudrait en finir avec la légende des visions de l'opium, disait à peu près Cocteau.) Je crois qu'une exposition des œuvres (?) de drogués qui n'auraient pas été sélectionnées avec rigueur serait navrante. Soit par indigence formelle, soit parce qu'elles ne relèvent que de l'examen clinique. On n'admire pas un dessin d'enfant parce qu'il est enfantin ; il nous intéresse dans la mesure où il traduit avec bonheur un regard différent du nôtre.

– Je crois que, dans « les paradis artificiels », ce sont les artifices qui l'emportent sur la création. Un dessin de Michaux, pour exister en tant qu'expression d'art, a besoin d'être *in fine* de la main de Michaux. Il doit y avoir un procédé, un moyen de réguler la main dans son exploration aveugle… ou visionnaire.

– Artaud, tous ces décombres de pensée, de lyrisme… On pourrait comparer ça à l'écriture automatique : que de platitudes pour peu d'éclats !

– Georges Duhamel revient d'Israël. À la radio, après une diatribe contre Nasser, il exhale quelques impressions profondes telles que : « Les gens n'ont plus le même nez, la même bouche, les mêmes yeux [...]. Ils ne ressemblent pas à ceux qu'on voit chez nous, ici, ils refusent les pourboires, parlent hébreu et se comprennent... » On croirait, tant la bêtise a de tours dans son sac, Rebatet devenu soudain panégyriste fielleux de la race qu'il exècre !

– Pour ses adieux l'année s'est mise sur son triste, venteux et trente et un décembre...

1960

– *3 janvier.* – Lassitude, indécision, vacuité... Quel beau programme ! Le *Journal* de Kafka ne me paraît pas une lecture très indiquée par ces temps qui stagnent. C'est le temps qui reste qui court. Quelques poèmes, un maigre roman en chantier. Je vais passer le cap des trente ans, dans trente ans je n'aurai plus rien à dire, si même j'ai dit quelque chose d'ici là !

Avec quel bois vert – qui fume, pleure et ne brûle pas – chauffer ma petite locomotive d'acharnement ?

– Même si l'on est empli de doute sur l'intérêt de ce qu'on fait, tout nous y ramène, on ne voit plus qu'à travers ce filtre : lectures, musique, visages, souvenirs... Le romancier à l'affût, araignée au creux de sa toile.

– *5 janvier.* – Camus tué dans un accident de voiture, hier, près de Montereau. Le Nobel, pour ma génération, en tout cas pour la plupart de mes amis, l'a brutalement mis à nu : témoin la terrible manchette de *Arts* : « Prix Nobel : après Sully Prudhomme, Albert Camus. » Après quelques titres, que l'on craint déjà de relire, comme *L'Été* et *Le Mythe de Sisyphe*, nous sommes dans le prêt-à-penser et l'ersatz de philosophie ; après le théâtre romantique à la Dumas *(Caligula)*, on se hisse dans le théâtre d'« idées ». Victime du minotaure moderne, la bagnole, sa littérature journalistique se vendra bien très longtemps, on peut en prendre le pari. Même si les vitamines ne sont pas garanties.

– Les raisonneurs n'ont d'autre passion que celle de raisonner. Il est plus déraisonnable d'être passionné que ne l'être pas. Mais quelle raison à vivre sans passion, sinon pour raisonner ?

– L'école naturaliste : pour connaître les pensées du poulet, elle lui arrache le foie.

– *Sans date*. – Dès qu'un zigoto prêche pour son saint, il écrit « Nous qui », etc.

– Les cars bleus d'Air France avec leur pancarte de destination de vol : Rome, New York, Santiago... Au bord des trottoirs, ceux qui sourient, s'émerveillent ; et ceux qui feignent l'indifférence, ou regardent leurs pieds, devant ces rêves qui passent, alors qu'ils attendent l'autobus quotidien. Il y a aussi, chez quelques-uns, une tristesse inavouée, analogue à celle qui, sur le quai des grands trains, des paquebots, fait entendre sa complainte muette. Mais, pour la plupart, Santiago, Bombay, ça veut dire quoi ?

– Il est deux tentations pour un écrivain qui ne sont égales que s'il est honnête, je veux dire sincère : publier, et ne publier pas.

– J'écris lentement, à côté d'une pile de disques. De Falla, Rodrigo, Turina... Ce n'est pas ce que j'entendais à Puerto de Soller, lorsque je travaillais sur la terrasse de l'hôtel. Mais un air ridicule, sifflоté par un bossu – la *Symphonie suédoise*, une rengaine griegolesque de Hugo Alfvén, mise à la mode on ne sait pourquoi – ; bossu qui se pavanait amoureusement, se gavant de *gambas* avec son gigolo mou. On se trouve très bien à peindre loin du motif. Rien ne gêne alors pour serrer les fils de ce qui restait imprécis, inutile ou décoratif. Il faut écrire de l'intérieur, surtout si l'on tient à se garder de l'extérieur ; garder la distance... stendhalienne ? L'honneur du métier d'écrire, c'est de bien faire ce qui ne se verra pas.

– Si l'on veut plaire au grand nombre, il faut jouer bas. La démagogie est aujourd'hui le masque qu'on prête au civisme.

– Le paradoxe, si l'on suit Alain assurant que le bon sens est la chose du monde la mieux partagée, c'est que les effets de ce bon sens sont presque toujours détestables. « Un » n'a pas à coup sûr raison contre « tous les autres », mais il est peu d'exemples que le grand nombre prône le meilleur, chérisse le beau, et reconnaisse la sagesse.

– La publicité est la plus belle conquête des temps modernes : celle des imbéciles par les malins.

– *18 janvier.* – Ce matin, je descends avec Jean-Marc, mon charmant groom du *G.H.*, qui doit prendre son service de bonne heure. Café, croissants au Dôme, au carrefour avant l'École militaire. Une femme au manteau élimé, les cheveux sales, la misère, s'accoude au zinc. Le serveur, entre deux coups de lavette : « Comme d'habitude, un p'tit blanc sec, m'ame Germaine ? »

– *25 janvier.* – Voilà « nos bons barricadeux », non plus de Paris (ou pas encore), ceux à la santé desquels Henri III invitait sarcastiquement ce salopard de Guise à porter un toast, mais ceux d'Alger, le nez dans la rue. Les gros colons ont perdu l'Algérie il y a un quart de siècle, mais les petits ne savent pas encore qu'ils ont été largués dès cette époque-là. L'Algérie, ou le cancer du colon. Cynique ? Pourquoi non ?

– Des imbéciles ne sont pas sitôt assemblés qu'ils ne croient avoir raison sur tout.

– Les « bonnes fortunes » ne valent pas cher.

– On lit un recueil de maximes comme on fait son jardin : on se fleurit de ce qui flatte, puis on jette les pierres chez les voisins.

– L'Histoire éclaire l'Histoire, mais il ne paraît pas qu'on en tire les leçons qu'il faudrait, même quand elles sont claires. La politique n'est pas une science exacte (est-elle seulement une science ?), parce que trop de passions la gouvernent.

– Mauriac note dans *L'Express* du 28 : « Le débarquement de Massu à Alger sous les fleurs, c'était à Paris un grand destin finissant, se fût-il en apparence poursuivi. Mais maintenant il faut recoudre. Et la Ligue est toujours là, et le roi de France est toujours seul. » Tiens ! le vieil oiseau académique ne voit pas mal les choses.

À ce propos, Michelet, guère embarrassé de résoudre ses contradictions, reproche à Henri III de n'avoir pas fait tirer les Suisses sur la rébellion. Qu'un roi fasse blanc ou noir, la couleur n'est jamais la bonne à ses yeux parce que c'est la couleur du roi.

– Des jours couleur d'aimer, c'est acquis ; une sagesse qui laisse rêver, c'est bien ; une aimable bonté du corps qui fait penser à ne plus penser, miracle ! Les miracles ne sont pas de ce monde.

– L'amour, ce partage dont on veut tout avoir.

– On ne choisit pas vraiment ses personnages, du moins pas tous ; puis il nous faut vivre des mois, sinon des années, dans l'intimité de créatures avec qui nous n'aurions pas voulu seulement dîner.

– Refondre la fin de la scène de la cathédrale, qui n'a pas de tension. Je me rends compte en soupirant que le métier, sans quoi il n'est rien qui vaille, me manque. C'est lui qui doit assurer la continuité, en sous-main. À revoir ensuite la scène de la plage, dans la magnificence stérile de la lumière et du sable.

Chacun de nos personnages ne vit qu'en nous arrachant à nous-même par lambeaux – souvenirs, pensées, paix et tourments.

– *20 février.* – « Funérailles d'Aphrodite. » L'image qui a suscité ce poème en prose, c'est le défilé des chefs de rayon entrant dans la mer, mais cette vision d'où surgissait-elle ? Peut-être d'un vieux film muet ? La liaison avec les cérémonies insanes dont toutes les religions sont friandes s'est faite aussitôt. L'image des « messieurs en habit » entrant dans la mer...

– *Sans date*. – Hier soir, Paris à la dérive dans une lumière de printemps, le ciel tel un lac.

– Une terrasse, près de la gare de Lyon. J'aime les terrasses, on entend sans écouter des histoires à la Jules Renard, des sottises de la plus belle eau, des confidences insensées. Devant des chopes, deux ventrus violacés. J'entends : « Moi, mon vieux, quand je suis à Paris, j'en profite pour monter une fille, pour le dire cavalièrement. » Pour le dire en goujat.

– Pour être politique, un discours ne doit pas expliquer, il doit promettre.

– Cher Jouhandeau : homme d'Élise, mais défroqué.

– On ne demande pas forcément à un artiste de penser, mais plutôt de donner à penser.

– Je ne connais rien que par plaisir. Et j'espère ne pas garder la mémoire de ce qui m'ennuie. Fénelon voulait qu'en études « le plaisir fasse tout ». Rabelais le voulait aussi. Aujourd'hui, plaisir relève d'une catégorie suspecte du vocabulaire.

– Montherlant : « Je vais peut-être vous choquer, mais ce verbiage chez Shakespeare, ce baratin – il crache le mot –, c'est tellement éloigné de la manière dont j'écris ! » Il reste songeur, puis : « Je devrais donner *Le Cardinal d'Espagne* à Jean Vilar, mais j'avoue être épouvanté par le gouffre qu'est la salle de Chaillot. On me dit qu'au-delà du quatrième rang le dialogue devient inaudible, est-ce exact ? » Je lui réponds que l'acoustique a ses bizarreries. « Ah ! Et je n'ai jamais travaillé avec M. Vilar... Et il se pose le problème des acteurs ; je ne vois ni M. Vilar ni... Je ne vois personne pour le cardinal... – Et pour la reine ? [qui est Jeanne la Folle] demandé-je. – Une bonne actrice fera l'affaire [il sourit féroce] ; toutes les femmes sont folles, n'est-ce pas, alors ! »

Il s'agite sur sa chaise, comme inconfortable et, tout à trac : « Si je donne *Le Cardinal* à M. Vilar, on me dit que je devrai subir Mme Casarès. Ça ne me plaît pas beaucoup. »

Tandis qu'il me dédicace un exemplaire de ses *Carnets* je pense au portrait que Roger Peyrefitte lui barbouille dans *La Fin des Ambassades*... Il y a... quatorze ans, Robert Fradet me faisait lire *Service inutile* et, depuis, il est pour moi un des écrivains français contemporains qui comptent. C'est chose difficile à dire à l'homme, parce que je sens qu'il la jugerait évidente, et j'en éprouverais quelque déception.

Le Soleil se montre et, aussitôt, Montherlant se réfugie derrière des lunettes noires, me priant de l'excuser.

« Je confierai peut-être la pièce à Dux, reprend-il. Je n'ai pas confiance dans cette salle de Chaillot. Trop noire, trop vaste. J'aime dans le théâtre ce qui manque au roman, voyez-vous ; la rapidité du verbe, libre de ce rembourrage romanesque si rarement admirable. Oui, le verbe qui d'un jet va de la bouche à l'oreille, donc au cœur et à l'esprit. Il faut trouver des acteurs qui habitent le texte. Je ne me plains pas, mes pièces ont toujours été bien servies. Mais les acteurs ont une manie exaspérante, qui est de souffler le texte comme on souffle dans une trompe marine !

– Il y a des pièces qui en ont bien besoin pour tenter de naviguer. »

Il rit, en secouant la main : « Mais elles prennent l'eau tout de suite ! Baudruches, baudruches ! »

En somme, l'altérité du *Maître de Santiago*. Les pieds plats à la mode ont du mal à grimper la pente, et ce dépouillement n'est guère dans l'air du temps. Mais que restera-t-il, dans trente ans, de cet air « castillan » déjà raréfié ? Il est périlleux de paraître classique avant terme. La langue, au moins, est admirable.

Je le regarde écouter les tirades qu'il souhaitait d'entendre. Le masque est las, avec je ne sais quoi d'amer, comme ces bustes blessés qui ont perdu leur expression première, perdue dans la nuit vandale. C'est vrai, il y a dans son allure l'aspect romain, massif, cuirassé, du rhino obstiné à suivre sa corne – dont il aime à enclouer, selon d'aucuns, les jeunes Tarcisius des boulevards pour le bienfait de leur âme. Je ne lui jetterai certes pas la pierre.

– *Mars*. – Nous trichons tous, tout le monde triche avec soi et les autres, avec l'angoisse, avec le vrai comme le faux. Nous trichons pour faire vrai comme la vérité ; nous écrivons.

– Pour un artiste, il n'est de vérité qui ne s'invente.

– L'expérience a plus de force de conviction que la théorie ; ce qui semble renverser les valeurs, et faire que l'illustration justifie la raison. Au fond, le talent du romancier consiste à habiller des banalités afin qu'elles étonnent.

– *5 mai.* – Dix ans déjà ! Cela m'est revenu au cœur, comme un coup de poing, alors que, rangeant des livres, je n'ai pas résisté à ouvrir le recueil de Mallarmé, acheté avec Lui, à l'unique librairie littéraire dont nous disposions. (Il y avait cette coïncidence, que la libraire souffrait, comme sa voisine la sœur du photographe, d'un défaut de bouche plus que prononcé, si je puis dire !) Mais tout à l'heure, c'est le souvenir du bonheur qui est revenu, me déchirant aux larmes.

– *7 mai.* – Si je revois les dix années passées, les choses m'apparaissent si proches, et dans le même temps si irrémédiablement perdues, que j'imagine me tendre la main et tomber en poussière avec moi.

– Cesse tes *lamartinades*.

– *8 mai.* – Pas terminé le petit roman, mais, tant pis, je pars. J'imaginerai à Dubrovnik ce que j'aimais de Palma. Et je découvrirai peut-être les paysages qu'il me faut pour *Un jeune homme de Venise* ?

– Plus de batailles ont été perdues par des fautes que gagnées par de brillantes manœuvres.

– *10 mai, Zagreb.* – Le bimoteur Convair de la JAT a moulu consciencieusement les matelas laineux entassés entre Paris et Munich, puis s'est battu pour sortir de la purée au-dessus de l'Autriche. Le ciel enfin dégagé dévoile le début des plaines qui formaient l'immense panse herbue de l'Empire à deux têtes. Voilà donc la vieille Agram, ses immeubles jaunes, et ce drapeau, qui a si peu à voir avec son histoire. L'hôtel a dû être cossu, chic, et pivot d'une vie mondaine provinciale. Les dames devaient soupirer pour les fiers hussards hongrois, et les jolis officiers en uniformes blancs, qui semblaient désignés comme servants des voluptés dans les annales du Double-Empire. Le nouveau pouvoir n'a de couleurs que le gris, le brun et le noir – du moins la population est-elle ainsi vêtue, qui somnole sur les bancs dès cinq heures de l'après-midi, sans activité, sans joie, sans but. Les couleurs ternes subissent plus longtemps la salissure, et n'inspirent pas de tentation déplacée. Le socialisme aurait-il ruiné les tentations après avoir ruiné l'économie ? Les vitrines sont vides, ou n'ont en montre que du rebut. Et ces alignés, tristes et désœuvrés partout !

Je suis ici comme un Martien. Les étrangers ne doivent pas être nombreux. Les regards, intrigués, mélancoliquement envieux, me suivent où que j'aille. Mais enfin, je suis un objet non conforme, donc suspect, quelque chose enfin à étudier. Je gagne la ville haute. La cathédrale réchauffe au soleil intermittent ses belles écailles de reptile luisantes et colorées. Les cafés sont lugubres. On m'a prévenu : il y a des flics, des indics dans tous les coins. S'ils traquent le bonheur, ils ne doivent pas rentrer chargés le soir. On m'a dit à Paris : Zagreb, quelle tristesse !

Mais la jeunesse est belle. On aimerait qu'elle jette ses oripeaux par-dessus les buissons (cela peut arriver, ne désespérons pas, le pouvoir des cigarettes américaines, sinon des Gitanes, vaut le pouvoir des fées, paraît-il, dans les allées du parc). Et puis, tout ici en appelle à Vienne, à tout un passé européen. Réchappés du Turc, privés de monarchies d'occasion, un peu rustres, ou un peu fols, les Balkans sont devenus la Zone. Et encore ici n'ont-ils pas été broyés par les tanks soviétiques. Par les idéologues, oui. Au nom du bonheur des Peuples, bien sûr. Ah, le bonheur des Peuples !

– *12 mai, Budva.* – Arrivé en Illyouchine 14, bimoteur soviétique équivalent du DC 4, qui cahote sur une prairie, l'aérodrome de Tivat. Le vol assez beau, avec un aperçu à droite sur les lacs de Plitviće, puis les montagnes de Bosnie, le chaos de Kotor et son fjord. Le pilote, croate, qui parle italien, avec qui je bavarde en attendant les bagages, et à qui je demande si Tivat est un terrain difficile me répond en souriant que c'est un terrain amusant, mais que quand il se met à pleuvoir, comme il n'y a pas de piste en dur, il faut attendre pour repartir que ça sèche. Et quand il pleut vraiment, on ne peut plus atterrir.

Après une bonne heure de bus, Budva. Hôtel « moderne », c'est-à-dire récent, en fibrociment, sans goût ni aucun charme. Nourriture insipide. Des Allemands, quelques Anglais. La côte est très belle, les bleus virant du violet au blanc laiteux. Des adolescents de Zagreb ont un camp de vacances à deux pas d'ici – j'en ai rencontré deux sur la plage ; nous avons colonisé un recoin de sable étincelant, abrité entre les roches. L'un est inintéressant, l'autre charmant. La nature rappelle la Provence, rêche, odorante, beau pays adossé aux plateaux rocailleux de l'intérieur. On y accède par la folle route en « M » qui conduit à la nouvelle capitale, Titograd.

– Ladite capitale est une espèce de banlieue faite de HLM ; elle a remplacé la vieille Cetinje, dans laquelle régnait le roi Nicolas, qui avait eu l'astuce de développer l'émission de timbres pour alimenter les maigres finances du Monténégro. Il s'était battu comme un lion contre les Turcs, puis au début de la Grande Guerre contre les Austro-Hongrois, qui l'avaient chassé après avoir écrasé les Serbes. Personne ne sait ou ne veut plus savoir qui était Nicolas... Le titisme a mis le passé sous le pied. Et, à mon avis, l'avenir n'a pas encore appris à chanter.

– Salle à manger fibrocimentée. Une dame courte et rondelette, lunettes à monture mode, bouche mince et nez d'ara, s'évertue à obtenir du type à qui on a fait croire qu'il était maître d'hôtel de l'eau minérale ou de la moutarde, je ne sais. Elle pense – peut-être pas à tort –, que le « maître d'hôtel » fait semblant de ne pas la comprendre, et prend à témoin ses voisins, qui sourient d'un air absent. Elle parle à toute vitesse, et hurle dans l'aigre, hystérique. Des minutes passent dans le cliquetis des couverts. Enfin, miracle en pays socialiste, une bouteille d'eau minérale fait lentement son chemin vers la dame française étranglée de rage, au pas traînant d'un serveur impassible.

– La côte, en allant vers l'Albanie, reste sauvage et belle. De petites mosquées, aux minces minarets. La frontière est fermée. La population n'est pas laide, elle est sauvagement indigente. Il semble qu'il ne pousse dans ce pays que des pierres.

– *24 mai, Budva.* – Je lis dans l'appendice qui suit *Cléa*, de Lawrence Durrell : « L'œuvre d'art est quelque chose qui ressemble plus à la vie que la vie elle-même. » Qu'est-ce que ça veut dire, que la vie ne se ressemble pas ? C'est plutôt mal formulé, mais on décrypte. Qu'est-ce donc qui nourrit une œuvre ? L'expérience, dit-on... Mais quelle expérience pour Lautréamont ? Pour Keats (lequel disait : de quoi parlerais-je, sinon de moi ?) ou pour Guérin ? Peut-être ont-ils éprouvé une espèce d'éruption du désir de vivre, qui aura tout emporté d'un coup, ce qu'ils n'ont pas eu, et le désir qu'ils en avaient ? Peut-être aussi possédons-nous des ressources innées de création, que la vie épuise ou qu'elle renouvelle. Posons le problème autrement : si Cézanne s'était borné à copier des pommes, elles paraîtraient aussi *vraies* que celles de son jardin ; mais il n'y aurait pas sur la toile une « œuvre d'art ».

– Hier, Vlado s'est débarrassé pour la soirée de son copain rasoir *(Do you like Brigitte Bardot ?).* Nous allons sur la plage, dans notre creux de rochers, seuls.

Sur le quai, cet après-midi, le camp de vacances embarque pour Split. Moi pour une première escale, Dubrovnik. Qui vois-je débouler, précédée de deux porteurs charriant valises et cartons à dessin ? Qui vois-je arriver ? La comtesse de Pimbêche de l'hôtel, en toile de lin blanc, écharpe mauve. Courtoisement impossible d'y échapper. D'autant que nous descendons au même hôtel encore, l'*Argentina.* La poisse. La dame est peintre. Elle se nomme Aline Avigdor.

Les garçons chahutent gentiment sur le quai. Il est près de midi, voilà le bateau. Nos bagages déposés, nous descendons à la salle à manger et Vlado, qui semble plus « à l'aise », pour ses dépenses, que ses camarades, prend place à une table voisine avec l'admirateur de BB. Les côtes et les îles défilent placidement dans une lumière limpide, tandis qui stridule l'inlassable Française. Vlado me coule de verts regards en douce. Le vin blanc est convenable.

Hier soir, il y avait une sorte de fête dans la ville, ce qui nous a donné quelques moments amoureux à l'écart de la foule, au bord de la petite plage. Il m'a fait écrire la date à laquelle je serai de retour à Zagreb, m'assurant qu'il m'attendra à la gare et que ses parents seront heureux de m'accueillir chez eux. Je me disais, comment jouer le jeu, comment donner le change ! Tu te jettes tête baissée dans une catastrophe ! « Vous dire le jour, vite, vous dire le jour » (il ne parvient pas à employer le tutoiement), et je donnai le jour.

– L'*Argentina*, dont l'ascenseur dessert la plage privée, offre un panorama de rêve sur la côte et Dubrovnik. Le service est de meilleur niveau qu'ailleurs dans ce pays, mais la table dépourvue du moindre intérêt. N'importe, il fait bon être ici, tant la beauté du site est apaisante. Paix quelque peu gâchée par de trop bruyants Teutons : j'ai l'impression qu'ils ont colonisé la Dalmatie. On les voit en groupes, cette manière insensée de « voyager », braillant, photographiant, gonflés de bière. Jamais, dans ces paquets de gens, je n'aperçois quelqu'un dont je puisse penser qu'il serait peut-être un convive agréable au dîner, ou avec qui échanger des impressions en prenant un verre.

– Dubrovnik ? une Saint-Malo vénitienne. Magnifique. La plus ancienne pharmacie d'Europe, etc. En face, un semblant d'île, Lokrum, sur laquelle se retira l'ex-impératrice du Mexique Carlotta, devenue folle. Elle mourut là, je crois, entre des moines et les lentisques, les cassolettes d'encens et l'odeur des pins. Un ou deux gigolos attendent, sur les marches du débarcadère, les touristes amateurs. L'un d'eux, très beau et nu dans un slip à mailles, s'allonge avec des poses lascives ; on se dit qu'il offre les fruits de l'amour comme d'autres, à l'étal du marché, des mandarines dans un filet. Ce garçon à la beauté réelle, un peu brute, après tout se met en montre comme les filles d'Amsterdam ou de Hambourg se mettent en vitrine.

Des images, des occasions érotiques nous sont offertes par la vie, l'art, il nous arrive même de charger d'érotisme des scènes ou des tableaux qui, à d'autres, demeurent innocents, sans liens avec leurs propres pulsions. Mais il est rare, du moins je le suppose, de voir un corps s'offrir (à quel tarif ?) avec une telle impudeur tranquille : comme dans un chapitre de Pétrone ! Mlle A. regarde ailleurs avec beaucoup de détermination. Le palais n'est plus qu'un tas de pierres.

– Repris un bateau, pour Korčula, ancien port vénitien fortifié. Je me loge dans un modeste mais sympathique hôtel. Byzantineries et petites peintures bizarres au musée, qui passe pour le logis où serait né Marco Polo… Pourquoi pas ? Le littoral qui, depuis le Monténégro est magnifique, appuyé aux montagnes, perd un peu de sa roideur ici, de son âpreté rugueuse ; cela tient à l'enchevêtrement des îles, aux jeux moins crus de la lumière, à une sensuelle sérénité.

Un petit bateau relie Korčula à la presqu'île de Pelješac. Il y a un monastère, un « restaurant », le capitaine m'indique l'heure du bateau de retour ce soir ; je pars, en compagnie d'un Anglais de Londres, Mr Symonds, un Anglais tel que Francis de Croisset devait en croiser sur le pont-promenade des courriers de Colombo. Quand donc irai-je à Ceylan ? Monastère, panorama... Nous redescendons vers le village, dans ces collines si belles qu'on les croirait peintes par l'Angelico, puis nous nous arrêtons pour déjeuner d'une omelette et de fruits. Mr Symonds demande une bière brune, moi une blonde. Que la serveuse aussitôt m'apporte, mais pas la brune. Nous attaquons l'omelette, mon compagnon s'enquiert de sa boisson : « Oui, oui, tout de suite ! » assure la serveuse – tout cela en italien. L'omelette a vécu, voici salade et fromages de chèvre. Avec une impatience courtoise, Mr Symonds s'inquiète pour sa bière : « Ah, oui, tout de suite ! » Le *subito* ne crée pas l'événement ; passent les fruits, à dire vrai sans saveur. Le flegme britannique a tourné peu à peu à l'aigre humour, quand la belle apporte le café. Elle s'empare de ma bouteille vide et paisiblement informe mon vis-à-vis : « *Non tiene birra nera.* – Ah non ! Brune il n'y a pas ! » glousse Mr Symonds.

« Brune il n'y a pas ! » glousse toujours l'Anglais comme nous flânons ensuite sur la place d'Orebić. « Vous voyez, le socialisme c'est ça quand c'est drôle ; mais si vous allez à Belgrade, ou à Zagreb, alors – il me prend le bras, et dit en français – alors, humour il n'y a pas. » Tout à l'heure, il va récupérer son bagage confié au bistrot, et embarquer pour Dubrovnik. Il me reste du temps pour une balade le long de la côte, un bain, sécher et être à six heures sur le port. J'y suis. Une heure passe, point de bateau. Je me renseigne, et j'apprends que bateau ou bière brune, ce soir, « il n'y a pas ». Que faire ? Hôtel, il n'y a pas non plus. Un groupe de garçons, intrigués, s'était approché. Deux d'entre eux, avec un peu d'anglais, me demandent pourquoi je suis ici. Ils redistribuent mes réponses aux autres. Ni bateau, ni hôtel ? Tant pis, tant mieux, ils m'offrent l'hospitalité de leur camp de vacances. L'un de ceux qui m'a interpellé, et qui me plaît beaucoup, se chamaille un rien avec un autre ; oserai-je supposer qu'il tient à... l'exclusivité ?

Ils ont un camp bien aménagé dans un site agréable près du village. Au cours du dîner, copieux, un de leurs moniteurs veut savoir si je suis allé en Amérique, en Russie. Non ? Déçu – l'Italie, la Grèce, l'Allemagne n'ont pas d'intérêt à ses yeux –, il m'abandonne à ses troupes. Les moniteurs sont sympathiques, mais ne parlent que socialisme, progrès, prolétariat... L'un d'eux vient s'asseoir devant moi, me demande si je comprends l'italien, et commence une diatribe qui peut se résumer ainsi : pourquoi avons-nous – nous : *gli nazione occidentali* – donné Trieste à l'Italie ? Je fais un geste évasif (qu'en sais-je !). Le sujet lui tient à cœur, il s'échauffe, martèle que c'est *una politica della vergogna, senza justicia, una prepotenza !,* etc. Je n'y puis vraiment pas grand-chose ! Trieste ? L'héritage du vieux mort de 1918, le Double-Empire – Trieste n'avait-elle pas alors été déclarée « ville libre » ? Je n'ai pas, avouons-le, sur le moment la tête à ça.

Les adolescents sont plutôt beaux et rieurs. Mes deux hôtes, ceux qui m'ont abordé sur le port, suscitent des allusions moqueuses sous le manteau (parler de manteau, c'est beaucoup dire...), mais après qu'ils en ont viré un troisième de leur tente, je me suis donc vu alloué pour la nuit aux soins aussi enthousiastes qu'équitables de Castor et Pollux. Le lendemain matin ils sont tout un groupe à m'accompagner au port, certains suggérant que je reste avec eux une journée encore. Discrets, les moniteurs ne se sont pas montrés. L'école de Socrate vaut mieux que celle de Marx.

– *7 juin, Hvar.* – Je vais d'île en île. Un rêve de pierre et de lumière au bord de la mer incroyablement violette. Je suis bien ici. Tout vibre de chaleur, les couleurs, le cri des cigales, l'éclat des dalles de la grand place. Vieux théâtre couleur de miel de la Dalmatie napoléonienne où il ferait encore bon jouer Gozzi et Goldoni. Ils ont bien dû faire les beaux soirs de ce théâtre, Venise ayant régné sur la côte jusqu'à l'irruption du soudard indigne. Peu de touristes – des Allemands surtout –, ce qui fait entier le bonheur d'être ailleurs, de rêver à la vie ici quand Venise triomphait. Les collines rases, hélas, témoignent qu'il a fallu sacrifier les arbres aux flottes ennemies du Turc et de la Sérénissime.

La mémoire des forêts les oiseaux morts
Gémissements de voile entre les mâts

Restent, au flanc ocre de l'île, de grandes oriflammes de lavandes étendues sous la dure lumière de l'été.

Je vais nager, dans une crique transparente. Puis m'allonge sans plus bouger dans l'eau immobile et tiède. Tout à coup, j'ai tout le corps picoté, titillé, becqueté : ce sont des dizaines de poissons d'argent minuscules, intéressés par ce corps étranger tombé dans leurs eaux, un nuage scintillant de curiosité dans la mer violette – des lecteurs de Swift ? L'immobilité est mienne et m'amuse leur multiple et minuscule curiosité.

Le soir, quand je me promène, et vais boire une bière – blonde –, je suis atterré par l'ennui, la tristesse déposés comme une suie sur les visages. Alors que l'île est d'une sereine beauté.

– Ancien couvent des franciscains : une *Dernière Cène* de Matteo Rosselli, qu'on croirait inspirée de Véronèse (l'échanson accroupi, à gauche, etc.), tout en longueur, d'un colorisme chaud et riche. Douceur résignée du Christ, mais trop de fadeur chez Jean ; le personnage en bout de table à droite serait un autoportrait.

Belle *Crucifixion* de Bassano, rythmée en V de bas en haut, deux flambeaux à droite donnant la lumière ; ils modèlent la paume ouverte vers la nuit d'un personnage (Jean ?), et les plis des vêtements. Curieuse queue déployée au bas des reins du Christ, d'une manière un peu ridicule, par le linge. Le haut du panneau s'inscrit dans un cintre.

– Au restaurant, à part le poisson grillé, rien n'est bon –, une Teutonne à la mâchoire « callipyge » fait le tour des tables pour trouver des cure-dents.

Le soir, la mer comme une feuille d'or sur laquelle écrivent les mouettes, en grinçant. Ici, tout le monde se connaît, s'épie, sans doute... Pas facile.

– *9 juin, Split.* – L'immense palais de Dioclétien, dévoré par le chancre urbain, à la fois dépouillé de son espace et envahi par les populaces successives, qui sont venues y pondre leurs œufs, proliférer. Extraordinaire.

– *12 juin, Zagreb.* – C'était hier. Trajet tortueux, lent, avec des arrêts imprévus (du moins du voyageur), des secousses, pas de wagon-restaurant, une première classe qui date de l'archiduc revolvérisé en 1914... Les antiques voitures de bois puent le mégot, le pet et le charbon froid. Mais le parcours a de quoi réjouir l'amateur. Le train arriva en gare de Zagreb avec une heure et demie de retard – je crevais de faim, et ne croyais pas que Vlado m'y attende encore, mais si, il est là, timide et charmant. Sa mère avait téléphoné pour connaître l'heure approximative d'arrivée, car il y a toujours des retards et parfois de deux ou trois heures. Voilà, je suis accueilli, chouchouté... Le copain Darko n'est pas là mais chez des parents quelque part à la campagne, et c'est très bien ainsi.

Les parents de V. habitent une grande villa sur les collines au sud de Zagreb. Ils logent les parents de sa mère, dans une dépendance, une jolie maisonnette au fond du jardin, ainsi qu'une femme veuve de guerre, car ils n'ont pas droit à une maison si vaste pour eux trois, même si elle leur appartient... La mère de V. parle couramment l'italien, son père l'allemand (ce qui limite nos échanges, mais il est souvent absent). V. apprend l'anglais et le français. Il a quinze ans. Dans deux jours, je repars, il le faut bien, pour Munich (la Pinacothèque, bien sûr) et Paris.

– À huit mille mètres au-dessus de Strasbourg, le commandant de bord vous invite à jeter un coup d'œil à gauche de l'appareil, sur la chaîne des Alpes. Je lève mon verre de champagne en l'honneur du mont Blanc. La Caravelle se pose sur la piste d'Orly à la minute prévue. Il fait beau, c'est inattendu.

– *Paris*. – Les autres nous gênent dès que nous ne sommes plus en accord avec nous-même ; nous sommes alors devenu vulnérable.

– Le moraliste dérange l'ordre faux des convenances – ne confondons pas moraliste et moralisateur.

– Beaucoup de monde aux terrasses des cafés, cet agrément qui n'appartient vraiment qu'à Paris. Un jeune couple, plutôt tarte, boit avec deux pailles un unique soda boueux.

– Quand nous aimons, nous prenons vite l'habitude d'aimer. On se met au lit comme on passe à table. Ainsi change-t-on les feux de l'amour pour un foyer domestique.

– Le lecteur se sent jugé par le moraliste, alors qu'il se donne le droit naturel de juger le romancier.

– « La philosophie est connaissance, on n'en doute guère », affirme Amédée Ponceau à la première ligne de son essai *Le Temps dépassé*. Que du contraire ! s'exclamerait un Belge sain d'esprit – ce « que du contraire ! » n'a jamais passé la frontière, n'est-ce pas regrettable ? Pour en revenir à Ponceau Amédée (comment être pris au sérieux avec un nom pareil ! un nom pour personnage de Feydeau), prétendre à la connaissance de ce que, dans le même temps, on définit comme « inconnaissable » repose sur un singulier illogisme. D'ailleurs, les systèmes de métaphysique, à défaut de « connaissance », ne se « justifient » jamais que par un escamotage ou un *a priori*. Ce sont des religions sans messe ni fidèles.

– La justice la moins informée est la moins hésitante.

– Dans la revue *Bizarre* de mai dernier je trouve cette citation de George Sand au sujet de *La Joconde :* « Le grand secret de cette indéfinissable expression de calme qui arrive à effrayer est un sentiment qui existe beaucoup moins en Mona Lisa que dans le peintre. Ce n'est plus une personne, c'est une idée et une idée fixe. » Mal écrit, mais intuitif.

– L'été. Le Soleil infuse dans sa tisane bleue. Transparence de la vie : il y a dix ans, nous nous baignions dans ce peu d'eau claire et fraîche qui courait entre les pierres, les herbes ; plus tard nous allâmes à la nouvelle piscine, près de l'aérodrome militaire – là, grâce à deux pilotes je suis monté pour la première fois dans un avion... en 47, me semble-t-il, ou 48. Plancher en treillis, sangles de parachutes, caisses métalliques arrimées le long de la carlingue.

– Au Louvre, triomphe de Poussin ! Et les toiles les plus belles sont quelquefois les moins connues (ou pas toujours celles qui sont les plus connues). Je prendrais bien sous mon bras deux œuvres « mineures », *Midas à la source du Pactole* et *La Mort d'Adonis*, et que dire de *Tancrède et Herminie*, un chef-d'œuvre, où rêvent des chevaux magiques dans une lumière sidérale – mais les couleurs, la poésie, la sensualité, le mystère d'un monde aux harmoniques aussi classiques qu'étranges me convainquent que Poussin atteint au comble de l'art. Quand les toiles ont été heureusement lavées de l'encrassement, de somptueux, de rares rapports de couleurs montrent le génie plein d'audace du coloriste.

L'exposition n'est pas l'académique confirmation d'un grand peintre, elle fait éclater le cadre qui l'enfermait, ouvre des perspectives à l'émerveillement. Et la beauté aérienne des dessins, des lavis... Je sors imprégné de bonheur.

*

Toi Apollon sculpté dans le silence
puisque l'eau pure s'est tue
ô parle-moi héritier de l'absence
rappelle la sève sous l'écorce des mots
ranime la source où se dit le sens
l'amour du vrai dans la chair et la pierre

*

– *13 juillet.* – Efforts pour reprendre « Les Vacances singulières[1] ». Je peine à retrouver le climat d'il y a un an, ou même d'il y a six mois. Au hasard, je relis des pages, puis d'autres... Le style, auquel je n'ai pas prêté d'intentions au départ, s'est installé (quel terme impropre !) en fonction des lois du récit. Gardons-nous comme de la gale des intentions : une œuvre soumise à un style déterminé *a priori* est une œuvre en trompe-l'œil.

– La mélancolie, c'est comme le spleen des dieux que nous avons oubliés ou que nous n'écoutons plus.

– Il n'est peut-être de fidélité qu'à soi-même.

– *3 juillet.* – Je vais voir Jean-Jacques Thierry, chez Gallimard. « Vous ne paraîchez pas prèché de publier », me dit-il, après avoir demandé où en étaient

1. Un des titres provisoires du roman *La Balle au bond ;* il paraîtra en 1961.

mes « travaux ». Il ajoute, chuintant, « Mon csher, vous javez tout à fait raijon. Chi vous voyiez les manuschcrits que nous chapportent les jcheûnes gens ! [il se cache derrière sa main prélatine...], et des moins cheûnes, charitablement cheû ne vous chiterai perchonne ! »

Le personnage est curieux, tout en angles, l'esprit agile, sympathique et piquant ; il s'est fait offrir un anneau d'évêque « qui a rendu Jouhandeau concupischant, mon csher ! » Nous parlons de rois de France je ne sais pourquoi ; il me dit qu'à ses yeux les plus intelligents ont été Henri III et Louis XV ; j'ajoute Charles V et conclus : le dernier, personne n'en parle, et les deux autres on n'en parle que pour les vilipender.

– *14 juillet.* – Tous ces lampions pour l'exploit d'une racaille, voilà ce qu'est une fête nationale.

– *24 juillet.* – Incapable encore de renouer les fils de ce récit que j'aurais dû pouvoir écrire en six mois. Je n'en suis plus qu'à une vingtaine de pages de la fin, mais que faire ? Je voudrais la place libre pour entreprendre, dès septembre si possible, un autre livre, qui – sourdement –, se manifeste.

– *Sans date.* – Les autres, les autres ! On voit bien que ceux qu'on n'a pas choisis ne nous aident qu'à tuer le temps : les mauvaises fréquentations mènent toujours à une espèce de méfait.

– Décidé de recopier en le mettant au net mon petit roman, et sans attendre d'en avoir écrit la fin. Alternance des hauts et des bas, est-ce bon, est-ce mauvais ? Le travail reste la seule réponse possible pour le moment : tant que la machine tourne ! Et après ce livre, un autre, l'angoisse et l'exultation (rare). Et ce sera comme ça jusqu'à la dernière goutte d'encre ?

– La poésie a horreur du vague. Elle peut intervenir, si elle reste masquée, dans le roman, car elle a les moyens de l'ellipse et les pouvoirs de l'irrationnel, ce qui n'est pas la même chose.

– Écrire de la poésie ne se décide pas, comme ça, tout bonnement, comme on renonce aux chemises de couleur. D'ailleurs, il y a dans le fait d'écrire – de la poésie surtout –, quelque chose qui fait peur ou exalte. Cette irruption d'une voix en soi a quelque chose de sacré, au sens primitif. Même si on ne sait pas encore si ce qu'elle nous fait écrire a un intérêt, une vérité...

– La beauté, quand on la rencontre, vous anéantit, ou vous illumine – Rimbaud, non ? Elle vous arrache à vous-même, qu'elle vous consume ou vous déifie : les fils de Loth, alors, sodomisant l'Ange de Dieu.

– Les tartufes attaquent l'érotisme comme les eunuques défendent la porte du harem.

– Se remettre en question, belle hygiène de vie.

– *Dat poenas laudata fides...* : la fidélité dont on me loue est cause de la souffrance que j'endure (Lucain, *Le Pharsale*, VIII, I, 486). Frapper des banalités dans le bronze fait aussi partie du génie de la langue. Cela s'entend sans lire le latin. Le sens est plat, si la formule est belle.

– *10 août.* – On désire ce qu'on n'a pas, on se fatigue de ce qu'on a. Mais l'avouer fait passer pour ce que nous sommes à peu près tous : inconstants, insatisfaits et égoïstes. (Égotiste est plus recherché par les délicats.)

– Le « peuple » n'est pas naturellement vulgaire, il est fruste et capable de ces gestes, de ces mots qui touchent parce qu'ils sont vrais. La mère nourrice de mon père, paysanne sans instruction, a toujours donné les preuves d'une vraie noblesse du cœur, d'une grande sagesse dans tous les actes de la vie. La vulgarité, lorsqu'elle n'est pas innée (mais le peuple n'en possède pas l'exclusive), naît d'un rapport faux, ou d'agressivité par défense, par dépit, etc. La dactylo qui peint au vernis ses ongles sales est vulgaire, et de plus elle est dans un rapport faux à ce qu'elle veut paraître.

– Celui qui veille sur un visage qui dort, et ne se résigne pas aux distances imposées par le sommeil, c'est celui-là qui aime.

Ou peut-être est-il insomniaque ?

– *6 septembre.* – Benda, dans son *Exercice d'un enterré vif*, assure que celui « qui pense » est sensible à l'idée d'éternité. Sans doute. Et même, il n'est pas interdit de supposer que moins les gens pensent, plus ils s'en repaissent, de l'éternité, telle la vache paît son pré. L'idée n'est rien. Ce qui intéresse, c'est le désir qu'elle traduit d'une manière si vague. L'art naît de ce pouvoir, de cette volonté qui nous taraude de réinventer le monde et de prolonger l'œuvre au-delà du raisonnable. Si je récuse le principe d'éternité au nom de la raison, il est non moins vrai que j'y reste sensible. Ce n'est pas parce que l'on sait ce qu'est l'amour qu'il faut absolument s'en passer.

(Noté plus tard, à la lecture du *Journal* de Charles Du Bos, qu'il vomissait les romans de Benda enrubannés d'afféteries – que je n'ai pas lus – ; et ces mots : « Il y a quelque chose de bas chez Benda. » Ah bon : mais quoi ?)

– Affaires congolaises. Indémêlables. Qui prendre au sérieux ? Lumumba, le postier qui volait les mandats, Groucho-marxiste chez les anthropophages ? Encore un zozo dont les zélotes feront un saint. Et nous allons assister à un énorme combat de nègres dans le tunnel politique des compagnies minières... Ces malheureux Africains sautent dans l'indépendance comme des grenouilles dans une poêle à frire, qu'elles prennent pour leur mare nourricière ; il y a fort à parier que l'huile restera chaude longtemps.

– *Sans date*. – On voit affleurer parfois, dans certains regards, l'eau d'orages défaits sans avoir trouvé leur foudre.

– Il y a des gens qui se prêtent toute leur vie sans avoir rien à donner.

– *1er octobre*. – Réécrit le final et terminé *La Balle au bond*. Ce n'est pas ce mince récit qui me vaudra la gloire ! À trente ans, je n'ai rien publié mais, en fait, cela a je ne sais quoi de rassurant. Je n'ai rien à regretter.

– Le jeune écrivain, l'apprenti pour le dire en un mot, veut mettre trop de choses – sentiments, idées, effets, clins d'yeux ou coups de pied de l'âne – dans un premier livre. Tous ces travers, et peut-être d'autres, fourmillent dans mon « premier » roman, mais je ne l'ai pas publié et sans doute ne le publierai-je jamais. Il porte ces mots en épigraphe : « N'écrivez pas vos souvenirs, inventez-les. » Quand on a vingt-cinq ans, c'est même indispensable.

– *Sans date*. – La tolérance, naturellement suspectée d'athéisme, a toujours rencontré la haine des Églises. Les fanatismes se reconnaissent dans une même famille qui s'entredéchire, ils ont pour le scepticisme et la tolérance une détestation qui jamais ne désarme. Les histoires de cet ordre, dans l'Ancien Testament ou les guerres de Religion, sont d'abord des querelles de prêtres, de familles et de rois.

– *Automne*. – Les grands mouvements fauves des arbres, les éclats pourpres de quelques érables dans les jardins ; la pesée d'or des branches – contrepoint des grappes d'or des acacias au printemps, leurs effluves d'oranger... En septembre-octobre, l'odeur un peu âcre des feux de feuilles sèches, de bois tombé, lui succède ; un tabac de saison qui fume bleu entre les arbres.

Rencontre de Lodovico.

– Les « instructions » de Philippe II à ses ambassadeurs font penser aux conseils qu'un paralytique prodiguerait à des catcheurs. Il est lucide, aigu et tenace, le paperassier de Madrid ; mais méfiant, prudent à l'idée d'imposer aucun mouvement, comptant que les choses bougeront sans qu'il y touche ! Curieux immobilisme. Car, eût-il montré une énergie à la mesure des forces de l'Espagne, la France se serait peut-être vue dépecée. Les habiletés, les atermoiements de Catherine de Médicis ont joué dans le sens de cette indécision. La critique historique moderne a mieux éclairé ce qui passait pour une incompréhensible expectative de Madrid.

Si la cour avait suivi Coligny dans une guerre aux Pays-Bas, comme l'Amiral voulait y entraîner Charles IX, la France et l'Europe couraient à la catastrophe. Mais, en vérité, dès Charles Quint, tous les souverains d'Espagne ont été des souverains vaincus, alors même qu'ils tissaient leur toile au-dessus – et plus encore par-dessous les cours et les alliances. Incapables de maîtriser leur trésorerie, ils soudoyaient pourtant largement ceux qui jouaient dans leur camp, ou le feignaient ; ils avaient de grands capitaines : Don Juan d'Autriche, Albe, Farnèse, et une flotte qui était la plus nombreuse, la plus puissante au monde. Mais après Pavie, ils n'obtinrent guère de victoire décisive, sinon à Lépante avec l'aide d'une coalition.

– Autre note de Ch. Du Bos (12.7.22), intéressante, car il donne la parole à Bonnard : « ... ce rythme de contretemps qui accompagne et marque presque toujours le processus créateur », que ce soit « ce que l'on n'est pas en train de faire, [ce] que l'on se propose de faire après [et qui] est toujours le seul arbre en fleurs du verger de l'esprit ».

– Le gouvernement fustige, suspend, interdit, poursuit qui n'est de son avis, si éclairé comme on sait. 121 signataires d'un « manifeste » appelant à une autre politique en Algérie reçoivent les foudres du pouvoir. Mais ce manifeste, ils auraient pu le publier deux ou trois ans plus tôt.

– Souvent je repars d'une librairie (*Maspero* est l'une de mes escales favorites avec *La Hune*) sans avoir rien acheté, découragé par une surabondance de livres douteux, tape-à-l'œil, qu'on voit faits pour l'occasion, l'idée du jour... Je rentre, et relis Montesquieu, Racine, ou Proust. Ainsi, je viens de relire *Bérénice*, avec une admiration désespérée. On marche, porté par cette langue sévère et transparente, au-dessus d'abîmes de passion. On voudrait n'avoir écrit « que » cela et mourir... disent les sots.

– Octobre s'achève sous des torrents d'eau, et L., de retour de Londres, vient de repartir pour Turin. Nous avions, la veille, dîné dans un restaurant chinois rue Saint-Sulpice. Le service semblait suspendu avec le temps, dehors la pluie ruisselait sans trêve. « J'aimerais tant que rien ne se passe plus, que tout s'arrête, avec la lenteur, la musique de la pluie, comme dans un conte chinois », murmurait-il.

– *1er novembre*. – Naissance future d'un livre, ou notes pour un avortement ? Je sens bouger doucement les ombres d'un monde tout autre que celui qui est esquissé dans *La Balle au bond.* Ce jeune homme d'Italie, dont je cherchais encore vainement le nom et le visage il y a moins d'un mois commence à me hanter. Écrire un roman comme un poème à la grâce, à la désinvolture, au cynisme, au scepticisme, au renoncement, à la tendresse perdue. Une ville, et la mer. Peut-être que je ne me charge de tant d'ambition que pour excuser par avance la faiblesse de mon travail. Et le travail m'accordera-t-il le talent ? Toujours douter. Chers dieux païens, soyez propices !

– Quelle que soit l'époque, XVIe ou XVIIIe siècle, je ne sais trop encore, ce ne sera pas un « roman historique » ; tout, le cadre et les circonstances, tout ce qu'on apprend et découvre devra se dissoudre dans un *autre temps,* qui sera le temps du livre.

Mais je prendrai pour épigraphe les deux vers de Valery Larbaud sur le masque.

– À chacun son art : celui de Montaigne, de Bayle, de Valéry, c'est de méditer les choses, de les peser, tourner et retourner, et la manière tient à une forme d'esprit. Tout autre est celle des tireurs à l'arc, dont les traits font mouche comme s'il n'y avait point de distance de la réflexion à la maxime écrite – La Bruyère, La Rochefoucauld, Chamfort, Cocteau... En réalité La Rochefoucauld « essayait » ses formules sur son entourage, on les discutait, il les polissait... On oublie trop aussi qu'il s'est passé quelque trente ans entre le fameux « Parce que c'était lui » et le cri d'une tardive évidence : « parce que c'était moi ». Toute création emprunte de mystérieux détours – la foudre aussi.

– Parler de soi, c'est se rendre à un dîner sans avoir passé de chemise.

– Ces auteurs qui s'étalent, tiennent boutique de leur libido, de leurs varices, de leur *stress* et prennent la littérature pour un hospice !

– Qui a du caractère tire parti de tout, y compris du plus contraire à ses desseins ; qui n'en a pas gâchera tout, même ce qui lui était le plus propice.

– Pour créer, il n'importe pas d'être aimé, mais de savoir aimer. Ou d'aimer à aimer…

– Une œuvre se fonde sur le non-dit ; à supposer qu'il y en ait un.

– Penser : la meilleure manière de se taire.

– Prenons garde à l'indiscrétion que l'on peut si aisément commettre, surtout vis-à-vis de soi. *N'oublie pas ça, car tu ne l'as déjà que trop négligé.*

– Notre époque est moins éclairée qu'en proie à la confusion des valeurs. Ainsi, nous serions près de juger l'art « spontané » des enfants comme une autre forme d'art, comme nous avons en rayon un art byzantin, baroque, nègre, etc. Les dessins d'enfants ne sont pas un art, en tant qu'école de style, ils sont un moment fugace d'expression, et parfois plus laborieux que spontané. Ils sont, réussis – réussis à nos yeux ne veut pas dire aux leurs... –, de même nature que les mots d'enfants. Il y aura donc bientôt une littérature d'enfants...

Ce qui relie l'enfant à l'artiste, c'est qu'il ne copie pas, il invente ce qu'il voit – mais parce qu'il ne sait pas techniquement copier. De là, assez souvent, l'inattendu, la fraîcheur, la drôlerie ; et une beauté sans règles pourvu qu'il possède le sens des couleurs...

– La vieillesse est haïssable dès lors qu'elle abîme au lieu d'ennoblir.

– Encore partagé entre deux passions. Et je ne suis, si l'on peut dire ainsi les choses, insincère ni pour l'une ni pour l'autre.

– Le verbe « affabuler » ne se voit ni dans Littré, ni dans Larousse. Mais *affabulation*, qui pour le premier se définit comme moralité d'une fable, glisse dans une autre acception pour l'*Encyclopédie Larousse* (1960) : « ajustement des faits constituant la trame d'un roman ». Dans l'acception courante, affabuler signifie raconter n'importe quoi, pour une « moralité » douteuse. La vérité qu'une fable comportait nécessairement se voit oubliée, et même remplacée par une intention de mensonge, d'esquive ou de forfanterie.

– *12 novembre*. – Voici trois semaines, nous nous quittions dans des rafales de feuilles et de vent, trempés de pluie. Et ce matin, réveillé en sursaut (pourquoi ?), j'ai cru voir ma jeunesse dériver comme un noyé passionnément aimé. Alors, je me suis rappelé la scène affreuse de la mort du jeune amant de Barras, dans les *Mémoires* de Talleyrand. Barras n'était pas Hadrien, mais pareille était l'horreur.

– La mort, heureusement inéluctable, démontre aussi l'absurdité de la vie ; enfin, elle rassure. Avec elle, nous serons tranquilles. Ce sont les circonstances dans lesquelles on meurt qui peuvent désespérer, ou plus souvent n'être pas heureuses.

– Je ne sais plus ajouter à la petite suite des poèmes de Hvar ; le charme heureux et triste est rompu.

– Depuis mon retour il pleut ; il pleut chaque jour. Quant au climat politique, il reste à l'unisson.

– Kanters, prévenu que j'avais besoin de deux mois pour revoir le manuscrit avec soin, propose la publication au printemps. Il juge le titre bon, « c'est mémorisable et dans le ton à la mode » ! Et quel est « le ton à la mode » ? Un titre est bon ou pas, mais j'ai toujours pensé qu'un titre était fait par le livre : qui aurait l'idée de proposer *La Robe de laine,* ou bien *À l'ombre des jeunes filles en fleurs* ! La robe il est vrai a fait le repas des mites.

– Lu les *Mémoires* de Rommel. Passionnant. Encore ne devait-il pas tout noter, par prudence. Intelligent, magnifique manœuvrier. Un bel adversaire.

– Accepté un dîner chez Mlle Avigdor. J'ai cru qu'il y aurait quelques invités, mais c'était un tête-à-tête, et je dois dire qu'il fut d'un ennui considérable. Curiosité punie. Sanglier en civet – je n'ai guère de passion pour le gibier. La peintresse habite un grand appartement dont les murs, il s'en faut de peu des plafonds, sont tapissés de ses œuvres, qui s'empilent également le long des couloirs. L'ensemble a confirmé ce que le peu de crayonnages, dont notre rencontre en Adriatique m'avait fait témoin, m'inspirait : tout cela est nul. Michel Robida, dont elle est plus ou moins parente, me dit l'autre jour entre deux portes : « Ah, vous l'avez rencontrée ! » Puis : « C'est une curieuse personne, un peu agitée, n'est-ce pas ? Ce que l'on peut dire, et c'est étrange pour un peintre, c'est que ses blancs sont beaux... »

– 29 novembre. – Cet après-midi, allé voir Marcel Arland à la *NRF*. Très receveur des PTT tout à coup. Jean Tardieu lui ayant demandé s'il avait lu mes poèmes, on commence de fouiller sur les bureaux, sous les bureaux, sans en retrouver rien. (J'avais eu l'inten-

tion d'envoyer les copies au net, les seules dont je disposais...) Le receveur se navre, s'énerve, me demande un article, sur l'art, de mon choix pour la revue, fait encore battre les placards (en fait, une immense armoire bourrée jusqu'à la gueule)... Rien. Je le complimente de son Grand Prix national des Lettres, Dominique Aury m'interroge sur mes dernières lectures, m'enveloppe de sa voix soyeuse, me tient sous le charme, m'assure qu'ils sont, Marcel et elle, désolés à propos des poèmes : « Le nombre de papiers qui s'égarent dans cette Maison est étonnant. – Il peut même arriver, dit Marcel Arland, avec une aspiration pincée, comique, pincée sans rire, que ce soit ceux qu'on publie. »

– Pour dire l'ennui d'une soirée chez Barrès, en décembre 1895, pour laquelle il ne pensait pas devoir « s'habiller », Boylesve emploie le mot « meschief » : « je pris mon parti de ce meschief » *(Feuilles tombées)*. Littré ne le mentionne pas, le Larousse non plus.

[Ce vieux mot, je le retrouve par hasard, plus vigoureux, dans la *Chronique* médiévale de Jean le Bel : « ... le royaume de France [...] ainsi triboulé et en tel meschief allé par ses ennemis et par lui-même... » Triboulé, bien drôle à l'oreille, nous donnera « tribulations ». À se promener ainsi dans la langue comme dans un immense sous-bois, qui peut tourner à la ronceraie, on gagne des joies gourmandes de ramasseur de champignons, de baies, de fleurs, d'essences rares. – *Noté le 20 juillet 1961.*]

[Recopiant ces pages, en février 1996, je cherche *meschief* dans l'excellent dictionnaire historique de la langue d'Alain Rey ; il n'y figure pas non plus, terme médiéval passé à la trappe.]

– Personne qui prenne au sérieux les passions de la jeunesse, frivole et, comme chacun sait, inconstante. La jeunesse ne souffre pas vraiment, sinon de voir ses lubies contrariées, etc. Mais quel bel exemple de douleur qu'un vieillard qui perd son épouse après quarante ans de vie commune, on peut souligner le mot, oublie le lendemain qu'il vient de la mettre en terre et rit aux éclats d'un souvenir de régiment en mangeant des confitures.

– En amour, je me sais fidèle à l'amour plus qu'à l'objet de mon amour.

– Vieillir à deux, n'est-ce pas vieillir deux fois ? Double disgrâce.

– Hervé Bazin, après qu'il eut jeté deux ans plus tôt son *Huile sur le feu* une fois le feu éteint, a publié cette année *Au nom du fils* ; nous attendons qu'il écrive bientôt, devenu benoît, au nom du saint esprit qui l'habite. Cet unanimisme, revu par Ferdinand Lope et Notre-Dame du Bon Secours, n'empêche pas le regard louchon de l'ex-imprécateur de guigner à la fois chèques et médailles, d'où qu'ils lui tombent. Littérairement, puisque les choses ont commencé par là, la chance d'un peu de talent lui vint d'une détestation de sa mère ; mais les meilleures choses ont une fin. Nous en sommes au rayon sans danger des bons sentiments, que la littérature digne de ce nom ne fréquente pas assidûment.

– La beauté, la jeunesse se consument vite. Je ne cesse de faire presque mien le vers d'Éluard : « Je fis un feu. Un feu pour être son ami... » Mais je ne pense pas qu'Éluard aurait apprécié ce... dévoiement. Paradoxalement, il y a un côté féminin, fleuri, décoratif dans sa poésie. Ou alors, le drame retend les cordes de la lyre : dans *Le temps déborde* par exemple.

– Avec une femme, c'est moins l'attachement qu'il faut craindre que d'être attaché.

– La ceinture de clous de Pascal ne le rapprochait pas de « Dieu », mais le faisait s'écarter de la vie au profit de la religion. C'est du théâtre, comme tous les rites. Sans théâtre, « Dieu » n'aurait point de fidèles – ainsi appelle-t-on son public. Il aurait des amants, s'il était plus aimable.

– *3 décembre*. – Je ne souhaite pas avoir de tombe. Le vent qui passe suffira bien.

– Chardonne (in *L'amour c'est beaucoup plus que l'amour*) : « Nos joies ou nos malheurs, et tout ce qui nous arrive, ne signifient rien. Cependant notre humeur, et même une philosophie, une religion, dépendent parfois de ces petites choses. » Philosophie du ciron...

Mais reprenons autrement : notre humeur, même une philosophie, une religion, ne signifient rien que ce qu'on veut leur voir signifier. Pourtant nos joies et nos malheurs, et beaucoup de ce qui nous arrive, dépendent de ces choses futiles.

– *10 décembre*. – Vu hier un film envoûtant d'Antonioni, *L'Avventura*. Le dernier plan fait penser à *La Derelità* de Botticelli. Et Monica Vitti à la Flore du *Printemps*... Un très beau film porteur d'une simple énigme : où passe la ligne qui sépare l'être de l'absence ? L'absence n'efface pas, elle surcharge la mémoire. Mais le roman devrait pouvoir s'emparer des moyens filmiques pour dire ces passages d'un temps réel à un temps passé, d'une présence à une mémoire, d'un morcellement à une continuité... Le montage est ici d'une importance primordiale. Le film a été sifflé à Cannes, ce qui est dans l'ordre des choses.

– *Décembre*. – Les vices ne sont souvent que des passions ou des goûts que la majorité n'éprouve pas, donc n'approuve pas.

– Dialogue entendu :
« Alors, comment va ce pauvre M. Menaud (?) ?
– Bah ! Toujours enflé.
– C'est drôle qu'il soit toujours enflé comme ça.
– Spa ? C'est la goutte, sûrement...
– Alors, plus rien de bon, de doux ? Plus d'apéritif ?
– Ah, s'il veut durer encore quek temps...
– C'est pas bien drôle de durer comme ça, tout enflé et douloureux. »

– Louis Barthou s'habillait au bordel d'un costume marin à culottes courtes, se faisait gifler, fouetter. Le président Édouard Herriot, coprophage, allait dans une maison de Lyon, fameuse, paraît-il. Il y avait son couvert en vermeil, dans quoi on lui servait toutes chaudes ses habitudes. On le disait membré à tuer une dame. Voilà ce qu'on raconte dans les dîners libres. Bah, Rome en a vu d'autres !

– Ces gens qui, à trente ans, retombent comme un soufflé que personne n'a consommé à temps, on en voit partout.

– Bernard Buffet, peintre au charbon de bois. Il aurait pu inventer le gazogène.

– Les masques d'or de Mycènes, comme aplatis par le poids du temps, que murmurent-ils, lèvres serrées sur la cruauté, sur l'amertume ?

– L'art n'est pas l'ornement d'une civilisation, il en est l'âme et l'esprit ; mais il peut l'être d'une époque : il est alors entre parenthèses.

– De l'hôtel *Normandy*, à Londres, Lodovico m'envoie de minuscules cartes de Noël, et m'assure qu'il arrive bientôt. Pour cette fois je bénis Paris, centre de tout ; et comme L. préfère voyager en wagon-lit plutôt que par avion, l'escale est facile.

– Mieux vaut mourir jeune que vieillir tôt.

– *31 décembre*. – Cette année est morte ma grand-mère, mère de ma mère (l'autre, l'infecte Américaine, je ne l'ai jamais connue). Celle dont je parle, et que j'aimais beaucoup, avait dû naître vers 1880, dans une famille fort modeste. La Grande Guerre, que je commençais à treize ans de découvrir dans les livres, mes grands-parents l'avaient subie, comme moi avec eux j'ai vécu la Seconde. La Première me paraissait lointaine, mais la mémoire que mes grands-parents en avaient était constamment ravivée par les épisodes que nous traversions. Ils avaient tendance à vivre par rapport à leur passé, et l'adolescent que j'étais à peine ne savait pas encore que l'avenir était une réalité.

J'apprenais l'histoire par comparaison... « Les Bulgares, disaient mes grands-parents, ces Bulgares seront toujours des traîtres, des amis des Boches ! »

Ou bien : « Daladier est une mazette [c'est-à-dire il ne vaut rien, c'est une crotte], il nous faudrait Weygand. » Ou encore : « Les Italiens, quand ils ne perdent pas de bataille, ils vous frappent dans le dos. »

Ils avaient craint très fort le Front populaire, et les discussions politiques avec mon père ont fini, d'un commun accord, par être évitées... Mais j'ai beaucoup appris en leur compagnie, en parlant, en pillant une énorme armoire emplie de romans, d'histoire, de dictionnaires, dont certains que je regrette grandement aujourd'hui. Je possède encore comme une relique la *Géographie générale* de Foncin (1888). J'avais découvert chez eux des richesses qui n'existaient pas chez mes parents. Mon grand-père emplissait avec minutie, de son écriture appliquée, ornementée de volutes aux capitales, comme on n'en lit plus que dans les archives, des carnets à couverture de moleskine. Il y notait des sentences lues, des noms de plantes ou d'animaux, des données géographiques ou des faits d'histoire et des faits étranges... Et, ce qui finira par être obsessionnel, des listes de remèdes, recopiant des ordonnances, etc. Il était un bon conteur, un homme d'ordre, précis, curieux de mille choses. J'aurais pu dire alors ce que Stendhal écrit dans *La Vie de Henri Brulard :* « Mon grand-père était mon camarade sérieux et respectable. »

Nous parlions beaucoup, en promenade ou le soir. Les jours de pluie ou de grand froid, je passais des heures de délices, de grands livres sur les genoux, dans un fauteuil près d'une fenêtre. Il y avait presque toujours des fleurs dans les vases (nous rentrions avec des brassées de fleurs des champs), et je me souviens avec ravissement des magnifiques asters violet et or qui me plaisaient par-dessus tout.

Ma grand-mère avait placé dans un cadre, sur un buffet d'acajou vineux au poli impeccable, une petite photographie qu'on avait prise de moi entre onze et treize ans je suppose. Lorsque j'allais avec joie, des années plus tard, à l'occasion de vacances scolaires, passer quelques jours chez eux, ce portrait, le temps des repas, se trouvait face à moi. Il me captivait littéralement. J'avais fini par imaginer à cette photo un air de famille avec les portraits de Charles IX adolescent et de son frère Henri ! Conscient de ce narcissisme inattendu, j'en étais à la fois amusé, intrigué, et troublé. Plus de quinze ans ont passé, et je sais maintenant ce que signifiait cette attirance – aussi impulsive et sauvage que si ce garçon était apparu à la fenêtre d'un appartement inaccessible –, c'était la peur de perdre avec le temps ce moment de moi-même, cet autre que j'eusse été heureux de connaître et d'aimer.

– Quand je reprends ces notes j'en détruis beaucoup. Peut-être pas assez. Il en est que je ne retrouve pas. J'ai passé le cap des trente ans et n'ai rien fait. J'ai vécu. Et désormais chaque lendemain est une menace.

1961

– Fondement des religions : des mystères nous dépassent, feignons d'en connaître l'organisateur. Les poètes allaient à Delphes en prêtres d'Apollon.

– La Grèce antique n'a divinisé aucun de ses monstres : ni l'Hydre, ni le Minotaure ne se sont survécus. Le Sphinx marque la limite de l'inquiétude grecque : rien que l'esprit ne puisse affronter. Le destin réside dans la part d'ombre que la lumière fait à toute chose, et les dieux sont à l'image de l'homme.

– Tous ces politiciens, ces marchands de « bonne cause », ces rôles de pouâcres ! La vie publique donne toujours l'impression qu'elle se tient dans un mauvais lieu.

– Le goût d'agir, d'organiser, de diriger, me ferait plus souvent prendre parti à des affaires dont je me moque, au fond, si le détachement ne m'en sauvait. Ne pas confondre l'action et l'agitation.

– *Dans le labyrinthe*, de Robbe-Grillet. Un exercice laborieux sur une machine à écrire rouillée : sans intérêt, sans attrait, sans style. La critique avait applaudi à cet exploit. Tout ça finira par du roman-photo pour nos bas-bleu. *La Jalousie* plus amusant. Mais au vrai, c'est au roman ce que le poème « Persiennes » d'Aragon est à la poésie, une pirouette.

– La tendresse qu'on donne à qui ne fait que passer, la jeunesse s'en étonne, s'en émeut parfois et, presque toujours, en devient plus belle encore.

– La satiété est le commencement du dégoût. La société l'inspire elle aussi.

– Il y a toujours quelque indécence à parler de soi.

– C'est se mépriser que d'espérer le respect de ceux qu'on méprise.

– Le malheur, nous tentons de le dépasser ; le bonheur nous laisse craindre qu'il ne passe : comment vivre le présent ?

– Quand je cesserai d'apprendre je n'aurai plus à dire.

– Les degrés de la détestation sont très intéressants. Du mépris ou de l'antipathie plus ou moins aiguë en allant à la haine, le spectre des teintes vénéneuses s'étend jusqu'au noir absolu. Celui étincelant et profond de la haine qui a consumé les petitesses, les médiocres rancunes, la broussaille et ce qui se pare de grandeur… La haine alors atteint à une rare et noire noblesse. Un incendie dévorant.

– La solitude serait-elle notre dernière honnêteté ?

– Mauriac, ce vieil oiseau vert à qui le râle aurait pu prêter son nom.

– Le bonheur n'est pas une valeur sûre.

– Bel exemple du « que » employé à la manière du *but* anglais, relève Gide dans son *Journal*, citant Bossuet : « Encore qu'un Dieu irrité ne paraisse point aux hommes qu'avec un appareil étonnant... » C'est surtout un bel exemple de vigueur de langue !

– Mme de B.-B. : « L'amour est l'incomparable échec de ma vie[1] . »

– L'adolescence, qui a soif de tout, est aussi l'âge d'un pari sur la mort. L'âge au plus près du rien.

– Bonheur de l'aube. Encore faut-il que ce ne soit pas ce chiffon sale qui passe sur les gazomètres et les cours d'usines. Pour une immense part de l'humanité l'aube n'est que celle du condamné à vivre.

– Se réconcilier au lit, ou les charmes de la nuit des dupes.

– Les cœurs simples tiennent mieux en amour qu'ils ne semblent promettre. Alors, ils fatiguent, car on n'en demandait pas tant, si longtemps. Mais on enrage de ceux qui promettent plus qu'ils ne tiennent, car la vanité accepte mal de ne pas retenir davantage.

1. Pas retrouvé l'origine de cette citation. Il est possible que ce soit une note de travail préliminaire non utilisée pour *La Balle au bond*.

– Le charme du vice doit beaucoup à l'ennui de la vertu – ou de ce qu'on prend pour de la vertu.

– Les pensées des autres sont dans la bouche des bavards comme des reliefs de repas dans une dent creuse.

– *Février.* – Discuté toute une soirée avec Alain Le Foll, en regardant ses esquisses, dessins, peintures. Lyrique et coloriste, il tend à une rigueur encore hésitante quant à la direction qu'elle doit prendre. Il y a une vraie qualité de lumière dans sa couleur[1].

– Les remords sont une débauche : on n'a que trop l'occasion déjà, au cours d'une vie, de penser à mal.

– Quoi de plus salissant qu'une réputation ? Et tout le monde y met les mains.

– La morale politique est le plus sûr chemin d'un mensonge à l'autre.

– Il faut du mystère en amour. Quelle imprudence, la nuit, pour les amants de longtemps, de se surprendre en rallumant les lampes !

– Pour quelques-uns l'exaltation de l'amour tient au fait qu'ils croient l'inventer ; pour les autres, d'un permis de copier.

– Les poèmes nous viennent quand on ne les attend pas. Toujours, nous sommes à la merci de ces hauts-de-l'âme qui nous font écrire des platitudes.

---

1. Je n'ai pas suivi son travail. Son cousin, mon ami Claude Maillot, qui me l'avait présenté, m'a appris sa mort, vers 1980.

– Il se mit sur la pointe des pieds pour examiner sa conscience.

– Il n'est pas un médiocre qui ne se sente reculer dès que les autres avancent.

– L'envie est un sentiment qui ne parviendra jamais à se grandir.

– On se lasse de tout, même de soi ; c'est la chance des autres.

– Être son propre guetteur et s'adresser des rapports anonymes.

– Le dépit est le moteur des faibles, la vanité celui des sots.

– On n'avoue jamais rien qu'en vue d'une approbation.

– Les mensonges et le crime sont les deux sacrements de la raison d'État.

– Un véritable égoïste ne saurait se priver des autres.

– Intolérance, vertu des tueurs et des tortionnaires.

– Il commençait d'imaginer cette femme non plus sous lui, mais à son bras. La vanité prenait la place du sexe.

– Abolir les différences, cette chimère, rassure le troupeau.

– L’aveu d’un vice se veut presque toujours provocant.

– Nous devrions aimer la mort, au moins pour ce dont elle nous dispensera.

– Choisir, faut-il toujours choisir ! Moi qui toujours ai deux amours au feu...

– *14 février*. – Il fait beau, inespérément, comme le ciel n’a pas été depuis... Depuis quand, grands dieux !

– Lumumba liquidé aura bientôt droit à l’auréole rouge ; il volait à la Poste, paraît-il : s’il avait vécu, il aurait, comme les autres, volé dans les caisses de l’État et instauré la terreur au nom du bonheur des peuples.

– *18 février*. – Roger Vrigny me demande d’établir avec lui et Jacques Brenner (si gauche lorsqu’il aborde la poésie contemporaine), une liste de poètes que la RTF inviterait à lire leurs œuvres en studio, pour constituer une anthologie parlée. Paul Gilson – directeur de la Radio –, s’est exclu du choix. Élégant. Et, qui sait, lucide.

– La formule de Victor Cousin : « Les philosophies sont vraies par ce qu’elles affirment, fausses par ce qu’elles nient », a plus de chances d’approcher la raison par son contraire. Appuyées sur les béquilles de la philosophie et de la religion les têtes pensantes ont produit du pathos, ce qui n’est pas grave, mais avec plus de constance encore les pires systèmes intolérants et doctrinaires.

– On se mettrait en colère si le sort final de l'humanité en valait la peine.

– « On ne peut aimer qu'un dieu plus jeune que nous... » Je n'aime guère Jules Romains, mais pour ça je lui passerais bien un peu du reste ; mais son entreprise de maçonnerie des Lettres, cette HLM pour y loger l'entre-deux-guerres ! Ce romancier interminable et sans imagination a par ailleurs des qualités de vrai poète.

– Ce qui exaspère contre le pouvoir personnel c'est qu'on a peu de chances d'être un intime du « tyran ». Alors que tous les bourgeois savent qu'ils peuvent acheter au moins un député, ou un siège de député.

– La société n'accepte pas qu'on la dévoile, sinon pour la flatter. Ainsi des femmes faciles, qui veulent des louanges à leurs cuisses mais qu'on soit aveugle à leurs varices.

– Les liaisons sont ce qu'on les fait : une obligation, ou un plaisir. Il est utile de savoir qu'on en finit plus facilement avec un plaisir qui tourne à l'obligation, que de changer en plaisir une obligation.

– Les Anglaises, osseuses et nasillant, sont si ridicules, si conformes (comme le Français avec sa baguette et son béret basque) !

– *23 février*. – Trois semaines pour achever en le tapant à la machine la mise au net de ce roman dont le titre n'est pas encore arrêté : *La Balle au bond*, ou *Les Sentiments difficiles* ?

– Quand j'en ai le loisir je me fais le petit plaisir de détester les gens que je n'aime pas.

– Nous avons moins de vergogne à nous servir des vices des autres que de leurs vertus, parce que la complicité n'implique pas la reconnaissance.

– *5 mars*. – Promenade en voiture vers la Normandie cet après-midi, pour une première journée de liberté. Travaillé tard hier soir à des corvées pour Denoël (notices diverses et prière d'insérer), pour la Radio et la *NRF*. Temps d'été ! Arbres secs, terre nue : on croirait que les saisons se sont trompées l'une l'autre. L'été incrédule venant contempler l'hiver ? Or sec des hauts peupliers nus, et brume bleue des lointains.

– *Sans date*. – Pierre M., un ami de collège, rencontré hier, me dit : « Nous étions des rêveurs, nous sommes devenus des cyniques. » En dix ans.

– Jean Tardieu dit un choix de ses textes au micro pour les archives de la Radio. Excellent lecteur. Il manie l'humour de ses poèmes avec un ton de comédie naturel, ou bien laisse filer ce qu'il faut d'émotion pour que le poème se déploie, sans effet inutile. (Loin des trémolos d'Aragon, qui trahissent son apparentement à Béranger, à Déroulède – la « poésie » des flonflons, du drapeau, du Parti, des mots creux, et j'en passe !)

– René Char publie chez Gallimard un choix de ses œuvres, comme on fait des économies de bouts de chandelles. Pourtant, de loin en loin, de belles courtes flammes, des éclats de lumière. Pas de souffle ; et plus de fausse obscurité que de pensée.

– *11 mars.* – La photographie nous prête des masques, mais elle en fait tomber d'autres. Soit que la pose défasse une défense par lassitude, soit qu'une expression passe, fugitive, au défaut de la cuirasse.

Qu'est-ce que le naturel ? La cuirasse est naturelle à la tortue comme au crocodile. Nous sécrétons chacun la nôtre. Ce que je n'aime pas, chez les photographes, c'est leur volonté de vous débusquer ; il leur faut vous trahir par un biais ou l'autre sous prétexte de *naturel.* Il n'y a plus de naturel ; seulement des abandons de mauvais aloi. (Noté chez Christian Bernard pendant une séance de photographie.)

– Les systèmes philosophiques ne sont que des systèmes. Mieux vaut son propre remède, sa propre sagesse, fût-elle empirique. Un peu de lecture pour Montesquieu, de champagne pour Stendhal. Quant à moi, je voyage.

– Il est des œuvres (c'est à la musique que je pense, et aujourd'hui particulièrement au *Quatuor en ré mineur* de Mozart) qui nous mettent si près de nous-même que les écouter ravive par trop le bonheur, ou la blessure.

– Les vedettes du jour passent leur temps à répandre leurs pensées profondes sur le marxisme, « Dieu », ou l'abus du café. Et puis, sans rien connaître au sujet, qui donc de nos jours oserait n'avoir pas d'opinion ? Chacun donne son avis sur tout, à la radio, dans la presse, etc.

– Écouté, réécouté avec jubilation les 1er et 3e concertos pour piano de Prokoviev. Musique claire, tonique, un rien orientale (ce qui ajoute à son charme).

– *19 mars.* – Noter les dates fait que ces feuillets donnent de plus en plus l'impression de vouloir se changer en journal, ce qui m'inquiète un peu. Bien sûr, on amasse ainsi un matériau de réflexions, de notations, des repères et des choses vues. Quels qu'en soient les travers (la sélective a-discrétion de Gide : pas un mot de la grande passion pour Marc A. ; le trop penser à soi ; le ragot méchant et chantourné des Goncourt ; l'ennui ressassé de l'égotisme...), les Journaux sont la plupart du temps délectables, stimulants, et ils peuvent être de terribles documents humains – je pense aux *Souvenirs de la maison des morts...* À supposer que je poursuive, avec le risque à courir d'une publication (?), l'hygiène eût déjà voulu que j'écumasse – cela n'est-il pas superbe ! –, ainsi qu'on fait pour le pot-au-feu. Or, sans doute est-ce un signe de bon augure, j'ai retrouvé, et détruit, la semaine dernière, plusieurs pages datant des années passées. Le pot-au-feu exige qu'on le surveille et le dépouille de ses indigestes déchets.

– *Sans date.* – Où que j'aille, mes voyages ne prennent leur sens, ne sont heureux que lorsque je retrouve la mer. Je n'ai nulle envie (ce n'est pas possible, de toute manière), de traverser l'URSS par le Transsibérien. Pas plus que d'aller en Chine. Sans même évoquer la répulsion politique que m'inspirent ces régimes.

Je me souviens de la première nuit, dans une *pousada* des collines de l'Algarve, entourée d'un grand jardin de fleurs et d'arbres légers, parce que je m'étais réveillé dans la nuit, si pure qu'on voyait briller, à quelques kilomètres de là, l'océan vert, magique et métallique. C'était si beau, cette transparence de la nuit, qu'il eût peut-être suffi qu'on appelât le Brésil pour qu'il se lève à l'horizon.

– *Avril*. – À la *NRF*, Jean Follain. Les dames, dit-on, n'aiment pas à être assises à ses côtés, car, avec les mains, « il se tient mal ». *La Main chaude,* son premier titre, un aveu ? Fille de Maurice Denis, son épouse ressemble à un maigre Pierrot enfariné. Lui, à un personnage de Gogol peint par Chagall, ou bien à une espèce de phacochère lanugineux, engoncé dans des tissus cossus et confortables. L'œil vairon, et la lippe plus que prononcée, touchée de surcroît d'une verrue violette : bouton d'évêque dévolu à ce mandarin normand qui passe, je crois, pour expert en grimoires ecclésiastiques. Laid, lent, lourd, et soufflant par une narine gourmande ses petits poèmes de greffier, d'avocat moqueur. Son œuvre, c'est la saga de Canisy dans un herbier.

Il était juge, et fort gourmand. Tardieu et Frénaud vantent ses talents non seulement de convive, mais aussi de cuisinier. L'odeur du bœuf-carottes doit faire passer celle du maître-queu… Quand il vient à la revue, comme l'on dit – « Viendrez-vous à la revue ou faut-il vous envoyer les livres, les épreuves ? » –, Follain s'assied en soufflant, toujours à la droite de Marcel Arland, à moins que la place ne soit prise déjà ; alors, il se laisse tomber sur le canapé au milieu des manteaux, regardant tout cela, ces mouvements, ces allées et venues, comme, derrière ses verres épais, une lanterne sur un môle regarde une mer maussade. La « jeune génération » – la nôtre, celle de Deguy, de Butor, d'Oster... –, ne l'intéresse pas. Il ne courtise pas ceux qui sont susceptibles d'assurer le relais de sa notoriété. Il a bien raison. Le temps fera ce qu'il doit. Et nous gardera dans un alcool à l'arôme naturel ces saveurs et ces grandes malices de l'œil et de la langue qui sont inimitables.

– *Concerto pour harpe et orchestre à cordes* d'André Jolivet. Je l'ai écouté et réécouté ces quatre derniers soirs sans que le plaisir, ni l'émotion, ne s'émoussent. Jolivet n'est pas un compositeur « aimable », je veux dire qu'il ne cherche pas à plaire, mais que sa musique ne s'y refuse pas à son niveau d'exigence. Le fracas en est partie intégrante ; pourtant, cette brutalité sonore n'exclut pas le charme. Dans le balancement du concerto pour harpe, le lyrisme laisse sourdre une beauté mélancolique et sensible. L'œuvre est vraiment belle. En revanche, je n'ai pas été convaincu par l'emploi qu'il fait ailleurs des ondes Martenot, dont les sonorités s'accordent mal à la pâte orchestrale. Impression de placage. Et puis, les ondes Martenot ont quelque chose d'un peu toc, un côté ersatz.

– Que deviennent les pauvres lorsqu'ils ne le sont plus ? Des conservateurs.

– La débauche peut réussir à se montrer élégante ou, du moins, piquante, aussi bien (mais moins souvent) que vulgaire : elle est à notre image.

– Ce qui me rend les dieux grecs si proches c'est qu'ils ne sont tout à fait ni hommes ni dieux – l'adolescence divine.

– Le fanatisme fait les Églises, et détruit les civilisations.

– Deux lettres coup sur coup de Lodovico, toujours du *Normandy* de Londres : « Je fus ravi d'avoir ta lettre. Je serai, écrit-il le dimanche 23, à Paris le 30 soir. Lundi on fera ce que nous aimons : la Côte, ou Paris, pour deux jours. À demain les détails, je meurs de faim et on m'attend pour dîner. Une faim comme je n'avais depuis des mois. Il pleut, mais Londres y gagne toujours. »

De l'autre message, qui me demande de l'attendre à 23 h « moins deux minutes » gare du Nord, je note cette étrange conclusion : « La politique me gêne. Maintes choses me gênent. » Et, en post-scriptum : « Tu as une belle écriture équilibrée. » Quand nous sommes ensemble, il me fait l'impression de reprendre son souffle, tel un nageur qui est resté trop longtemps sous l'eau. Il a, du moins c'est ce qu'il me dit, un an de plus que moi et, pourtant, c'est comme un adolescent que je caresse, aigu et vulnérable.

– Je ne crois pas que la vie ne soit qu'une suite de hasards sans logique. Il y a une logique invisible que dessine notre ligne de vie. Mais encore faut-il savoir ce qu'on veut faire de sa vie, et le prix qu'on est prêt à payer pour ça.

– D'être, si peu, le Maître, redouble l'amour.

– Milan, pour changer de train, et Venise avec Lodovico. Il a le profil du *David* de Donatello. Un David aux yeux gris, aux cheveux blond vénitien, justement, y compris ce pelage de soie sans boucles qui couvre ses épaules, et descend le long du corps, un peu irréel, comme un dessin à la plume. Apprendre à lire le corps aimé, à le faire heureux.

Personne ne sait que je suis ici. En vérité, je m'en moque. Mais lui a peur, sans cesse, de rencontrer des personnes de sa connaissance – il est vrai qu'entre le *Florian* et le *Danieli* les gens de son milieu ne doivent pas être dépaysés... Il se rassure ou fait semblant : « Les Italiens ne vont pas à Venise sans raison, comme la Mostra, ou une chose exceptionnelle à la *Fenice...* » Il me faut batailler pour régler les notes de restaurant. Peut-être eût-il été plus sage pour lui d'aller nous ébattre ailleurs qu'en Italie ! Quelle folie ! Le goût du risque, et la nécessité, d'avoir plusieurs vies – pas successives, parallèles !

– Ivre de Venise. Ivre de mon vivant Donatello. Je lui cite la jolie petite phrase, dans *Leucippe et Clitophon*, lorsque les amants arrivent en vue d'Alexandrie, trop magnifique pour être décrite : « Mes yeux, nous sommes vaincus ! »

– Nous nous sommes séparés à la gare de Milan ; j'ai pris un vol pour Orly.

– Des gens qui ne m'intéressent pas, que je n'avais nulle intention de revoir, et que je rencontre six mois, un an plus tard, me citent des phrases que j'ai dites, lors d'un voyage, ou bien au cours d'une nuit de discussions sur tout et rien. Peut-être que, n'aimant pas parler pour ne rien dire, je préfère ficeler une idée en quelques mots, bien serrés... Que les ellipses soient toujours comprises sans malentendu est une autre affaire.

– Quand il n'y a que quelques petits nuages bas sur Paris, la nuit, les lumières de la ville les changent en légers tampons d'ouate qui flottent sur un fond d'encre, bleu ou gris.

– Le vrai réside dans le bonheur. Aussi les fausses valeurs abondent-elles, le bonheur sans doute n'existant pas.

– Le soir, la chaisière laisse son dentier à tremper dans le bénitier, et rêve qu'elle parlera demain par la bouche parfumée des anges.

– On fait sa bibliothèque entre quinze et vingt-cinq ans ; les livres qu'on relit sont là ; c'est par rapport à ce qu'ils nous ont donné qu'on écrira, ou pas.

– La fin d'avril tout occupée de tâches diverses, et par la publication de mon petit roman – l'édition a du charme, le livre n'est rien, je crois. Mais il n'a rien non plus que je récuse.

– Toujours le péril politique : nous avons, mais pour combien de temps ? échappé à la guerre civile, par ce précaire recours des républiques à ce qui les dépasse pour déjouer le destin. Bien malin qui devinerait les intentions du Général... Mais s'il n'était ce qu'il est, c'est-à-dire un symbole, il est probable qu'un lot de ses pairs danserait le quadrille à l'Élysée.

– Un livre publié, c'est un fruit plus ou moins mûr qui tombe dans le jardin des autres, ou dans leur poubelle. Attendons la douche critique, si critique il y a. Décidé : a) de m'atteler à la documentation pour *Un jeune homme de Venise* ; b) de partir pour Zagreb et l'Adriatique.

– *Mai, Llubljana.* – Venu de Zagreb en voiture avec le père de Vlado. Le temps qu'il vaque à ses affaires, je vais voir le château perché dans le vent frais, sur l'entassement de la vieille capitale slovène. Quel étonnement ! C'est, soudain devant moi, *Das Schloss* ! Comme si Kafka l'avait vu (mais, l'eût-il vu, il ne lui consacre pas une ligne de description et nous n'en approchons jamais) ! Mais je n'aurais pu imaginer, en vérité, que ce conglomérat de bâtisses de guingois, d'escaliers de bois et de passerelles, de cours sonores pavoisées de linges séchant sur des cordes, de bureaux (peut-être) où l'on fait la soupe... Je m'attends presque que Joseph K. s'avance pour me présenter à Grégoire Samsa, changé dans son lit « en une véritable vermine » – au collège, entre deux classes, nous nous délections d'*Ubu*, de *Plume*, et de *La Métamorphose*, ces farces prodigieuses ! Mais de la fenêtre qui s'ouvre tandis que je baguenaude, une harpie surgit qui vocifère... Plutôt que de risquer le contenu d'un pot de chambre, choisissons l'esquive. La récompense est à côté, dans une pâtisserie au flanc du Château. Les strüdels y sont exquis et c'est là que je griffonne ces notes.

– *10 mai, Zagreb.* – Ces villes dans lesquelles on s'est d'abord trouvé seul avec un certain plaisir – même, avec des plaisirs –, puis s'est noué un attachement plus fort, et le petit miracle s'est soudain cristallisé (avant, je le sais bien, de se dissoudre dans la distance et dans le temps), eh bien, si un jour le sort nous y reconduisait comme dans un désert, et toute espérance éteinte de jamais rien rallumer alors que vient la nuit, il faudrait seulement y mourir en remuant des pensers « à la Chateaubriand »...

– « Ce côté déliquescent, qui est aujourd'hui dans l'âme des Français. » Réflexion de ma voisine de soupente, vieille petite Russe très maligne qui vit entre des icônes et des tarots, et que je rencontrai (l'autre jour) à midi avant mon départ pour Orly. Elle porte, je ne sais pourquoi, un nom plutôt américain : Cécile Tomlisson. Dans le trop de bien qu'elle me dit de mon roman, un mot m'importe dont elle fait rouler le *r* final en glorieux roulement de tambour : « Vous aimez la rigueur. » Elle ajoute, le *r* toujours triomphal : « Et l'ironie ! » Jean Tardieu, très élogieux pour le style, tire tout vers la poésie. Mais la plupart de nos amis cherchent sous quel masque l'auteur se cache, comme si un livre était d'abord une espèce de rébus ou de soirée en costumes. En confrontant l'idée que ses familiers se font d'un écrivain, on pourrait imaginer quel roman il devrait écrire. Voilà un bon sujet pirandellien.

– Le problème de l'incommunicabilité, oui ; mais surtout celui que pose la vanité de toute chose par rapport au plaisir. Tout héros lucide est un héros malgré lui. Compenser l'absurdité par l'amour de vivre ? Mais je ne veux pas d'un personnage à la Sartre ou à la Camus. Ce n'est pas le dégoût qui doit le motiver, mais la liberté d'agir ou de se refuser. La joie du jeu avec soi. Et puis, ce qui manque comme une tare aux personnages de Sartre et de Camus (si l'on excepte Caligula), c'est de ne jamais avoir été jeunes. Les romans de Sartre sentent le rance. Ils sont comme des enfants de vieux.

– *11 mai, Zagreb.* – L'image toujours présente de l'auguste, vétuste empire d'Autriche au détour des rues. Balcons fermés, antiques maisons de bois à galeries couvertes ; toitures armoriées des églises aux clochers coiffés d'oignons germaniques. Mais déjà l'odeur de l'Orient balkanique. La vieille Agram marqua longtemps les marches de l'empire. Aujourd'hui, plus de jolis militaires en blanche culotte de casimir : l'armée est grise comme l'âme du peuple. Une poussière imperceptible est posée partout, celle des chantiers paresseux, des rues défoncées, du temps arrêté. Ennui et apathie règnent dès le matin ; petites combines et petits trafics. Toute la vie en dessous, derrière ce qui se voit.

Discussion animée entre les parents de Vlado ; sa mère, un peu plus tard, m'explique en italien ses angoisses : ils ont réussi, en hébergeant un couple dans une chambre, quelque part (on ne les voit jamais), à sauvegarder leur grande villa. Ils disposent de tout le confort, ils ont une voiture (Vlado ne veut pas que son père passe le prendre en voiture à son lycée pour ne pas éveiller la jalousie des autres élèves), etc. On doit leur livrer dans l'après-midi un réfrigérateur neuf – le vieux sera pour les grands-parents, logés dans une maisonnette au fond du jardin. De quoi alerter la hargne des voisins...

S'ils vivent bien, c'est en le cachant le plus possible. L'argent compte peu (en fait, il ne vaut rien) pour le père de mon ami. Je présume qu'il a une fonction, ou des accointances politiques en plus de son activité professionnelle. Le marché noir et la corruption sont « fonctionnarisés »... Le vieil empire est bien mort ; voilà le grain que la machinerie socialiste s'est mise à moudre. Quelque chose ici me rappelle l'Occupation.

– Seuls, Vlado et moi, tout l'après-midi ; le jardin verger embaume d'un printemps lourd de fleurs. Ses cheveux courts et ses yeux verts lui donnent l'air d'un jeune Scythe. Depuis l'an passé, il a pris goût à l'amour d'une manière extraordinaire. Il a aussi envie de l'amour des filles, mais il me dit en rougissant, textuellement : « C'est danger d'enfant avec la fille. »

– *13 mai, Zagreb.* – Quoi qu'on fasse ou qu'on affirme il y a presque toujours dans un livre romanesque une part de règlement de comptes. Par exemple avec soi.

– Avec un être plus jeune que soi l'inévitable impression que l'on sort gagnant de l'aventure, que l'on a reçu beaucoup plus qu'on a donné. Simplement parce qu'on s'interroge, et l'autre non ? Parce qu'on a, soi, besoin de tout traduire par des mots ? On gâcherait les plus beaux moments par des discours ! Ah ! se taire, surtout. Se taire.

– *14 mai.* – Au moins avec Vlado n'y a-t-il pas de sentimentalisme. Il est heureux du plaisir que nous prenons ensemble, d'une manière saine, nette, sportive. S'il lui arrive de s'abandonner, de se livrer à des gestes de tendresse, bientôt il se reprend et rit doucement, comme d'un jeu secret qui nous est réservé, et dont la boîte sera refermée quand je partirai.

– N'interrogeons d'autre oracle que le hasard.

– La mélancolie des lacs se double de la mienne : les paysages sont faits pour nous servir de miroir. Écrit une carte à V. Sans pouvoir lui dire *pourquoi* il me manque... Il y a, selon les augures, un bus demain vers midi pour la côte.

– *18 mai.* – Arrivé à Rijeka, l'ancienne Fiume, par bus. Un air de bout du monde. Une indéfinissable tristesse douce baigne, immobile, ce paysage bleu et gris. Trois palmiers luisant dans la lumière liquide, comme suspendue, privée de sens. Petites maisons sèches du port, à peine colorées d'ocre ou de rose éteints. Lauriers mal taillés. Une mélancolie un peu rêche, surveillée par les roches, par le vol en cercle des milans. Plus à mon goût en tout cas que les lacs de Plitvić, en vérité assez consternants. La route pour redescendre sur la côte au moins n'était pas décevante. Rijeka, si. Je suis descendu au *Neboder*, gratte-ciel prétentieux, sale et démodé avant d'avoir eu le temps de vieillir. Pâtisseries viennoises, refuge des dames. D'une manière générale, beaucoup de temps peut être consacré à l'attente d'un hypothétique café entre les timides lauriers ; dans ce faux pays, tout reste incertain (souvenons-nous : « Brune il n'y a pas ! »).

– « Imaginez que je vous écris de la terrasse d'un hôtel immense et vide, face à un immense paysage pour Curwood balkanique. Il semble qu'on y attende les loups plus que les visiteurs, lesquels dérangent l'apathie générale et néanmoins révolutionnaire. Montagnes noires de sapins ; lacs en chapelet tombant les uns dans les autres. Le vent a un goût de pharmacopée pour poitrinaires, plus des fragrances d'aubépine. Tout cela me semble fort beau, car je ne fais que passer. Il paraît que ce chemin mène à la côte... Interrogeons les oracles socialistes : "Oui, il passe par là des autocars, mais nous ne savons pas où ils vont, nous n'avons pas d'horaires..." Rien ne m'assure que je puisse gagner Zadar. Cela n'a pas tant d'importance, car j'ignore où je vais, sinon vers l'Adriatique. De là, si j'y parviens jamais, je vous donnerai des nouvelles portuaires. »

(Je n'ai pas envoyé cette lettre, datée du 14. Mais enfin un bus m'a emporté en grinçant jusqu'à Rijeka...)

– Il convient de se méfier des lettres qu'on voudrait écrire tant elles nous trahissent (je ne fais pas allusion à ce qui précède, qui est anodin). Je déteste les confidences – je veux dire : me *laisser aller* à en faire ; il ne faut pas se laisser aller. Cela dit, cette missive est on ne peut plus anodine. Elle n'est drôle que par ce qu'elle fait entrevoir de la pagaille institutionnelle du pays.

– *19 mai, Mali Lošinj.* – Venu de Rijeka par l'hydroscaphe, qui fait la traversée aveugle, vrombissante et trépidante – encore la mer est-elle plate. Temps bleu et gris. La baie parsemée d'îles plus ou moins sombres, selon le vert des pins, le passage des nuages. L'hôtel sans intérêt, mais propre et au bord de la plage trop plate ; la mer d'une fraîcheur scandinave. Et soudain, sortant sur la terrasse hier soir, le parfum des pins et le murmure imperceptible des vagues, à quoi je ne m'attendais pas, me font oublier la fatigue du voyage, l'inintérêt du dîner.

– Ce midi, une jeune Allemande et moi sommes les deux seuls fous à nous baigner – pas pour longtemps ! Même elle juge la mer trop froide.

– Le Kvarner et ses îles en camaïeu de gris et de bleu. C'est l'empreinte de l'Empire qui demeure ici. Plus au sud, dans les découpes du littoral, la griffe de

Venise et celle du Turc. À Split, le palais énorme de Dioclétien digéré par la ville. Madréporisé. Utiliser le décor de théâtre de Hvar, de Korčula ?

– La jeune Allemande, Christina, est en fait Autrichienne, et vient de Klagenfurt. Nous parlons de la Slovénie, qu'elle connaît bien, de Zagreb. Après deux verres de *slivović* sur la terrasse, hier, le (médiocre) dîner expédié, nous montons dans ma chambre, sans discours inutile, d'autant que son français est encore scolaire. Je pars cet après-midi, essoré par le plaisir. En car jusque Zagreb, et retour à Paris dans quelques jours.

– *23 mai, Paris.* – Après une escale d'un jour à Munich (on atterrit entre des troupeaux de moutons), pour la Pinacothèque encore une fois ; soirée et nuit aussi délicieuses qu'inattendues, mais avec un jeune Hans-Werner, si brun qu'on le croirait espagnol ! Dormi quatre heures, et passé récupérer ma valise à l'hôtel ; je n'y aurai même pas dérangé les draps avant de reprendre un avion pour Orly.

– Invasion du besoin d'écrire. Mettre les intentions sous le pied.

– J'aime l'avion. Et puis, il nous laisse face à nous-même, il provoque des ellipses de paysages, offre de saisissants raccourcis de civilisation, de géographie... Il est vrai qu'à survoler l'Autriche on n'apprend pas beaucoup, sauf miracle d'un ciel clair !

– *Sans date, mois de mai.* – Une délicieuse amie, oiseau réchappé blessé de la barbarie nazie, Suzanne

L.B., me dit après avoir lu *La Balle...* : « Tu n'aimes pas les gens, n'est-ce pas ? » En plus d'un sens, c'est exact. Ce sont les *êtres* qui me passionnent. Je déteste la foule. Et, *a priori,* je vois les autres comme hostiles. Je puis voyager pendant des jours et des jours sans parler à quiconque, je veux dire sans avoir une conversation réelle. Ce qui m'intéresse, c'est l'état de crise, ce catalyseur ; ce colorant qui dessine un système sensible, ou agressif caché. Je n'aime pas le genre humain en tant que catégorie sacrée, race élue pire que les fauves, j'aime qui je choisis. Au fond, je ne suis pas mécontent qu'elle ait déchiffré cela, que j'ignorais avoir ainsi avoué : cela prouve que j'écris vrai.

Les critiques n'auront pas été hostiles mais contradictoires : les uns se plaisent à souligner la qualité de l'écriture, le coup d'œil sûr, la rapidité du trait ; d'autres ne voient pas de sincérité dans un exercice à la syntaxe exagérément correcte *(sic).* De toute manière, ce petit roman n'a pas grande importance.

– Kanters me dit : « Vous ôtez un masque ; on croit vous voir, et c'est encore un masque. »

– Kanters, même jour, m'incite à ne pas tarder à lui donner un autre roman. « Il faut tenir vos lecteurs en haleine. » J'hésite un instant, puis – après tout, autant qu'il ne se fasse pas d'illusions –, je lui dis tout à trac que je n'ai pas l'intention de courir la poste chaque année ; qu'il est trop facile de fabriquer un roman comme celui que j'ai publié ; que ce n'est pas ma conception de la littérature et que je ne suis pas pressé. J'ajoute, peut-être par une instinctive provocation, que ce n'est pas la peine d'écrire si on n'a rien à dire de nouveau. Il me jette un drôle de coup d'œil du fond de son bureau, puis, de cette voix acide qu'il a quand il ne gorgeronne pas (je veux dire : roucoulant avec componction), il lâche ces mots : « Si tout le monde pensait comme vous les éditeurs fermeraient boutique. »

– *Dog/God* : les Anglais ont su faire du chien le bon contraire de l'autre.

– Délicoter un âne, un cheval. On n'a guère plus l'occasion de le dire, mais qui emploierait ce joli verbe de nos jours ? Ce qui me détache des romans contemporains, à l'exception de Giono, de Queneau, Audiberti... –, qui ne sont, d'abord, *que* des romans, c'est la pauvreté d'un langage laminé, éteint, comme dépris de son objet, qui aurait abdiqué sa fonction, se serait appauvri, asséché, sclérosé.

– Feuilletant un numéro de *L'Illustration,* du début du siècle, cette légende, sous la photo d'un quidam en gibus : « ... bien connu pour sa sincérité républicaine... » Quelle bouffonnerie ! Une république votée à une voix de majorité, grevée de scandales, sans noblesse ni volonté ! Et ça veut dire quoi, une « sincérité républicaine » ? Que sous le gibus transpire un cerveau à la Brutus ?

– Élire une certaine forme de solitude détache mieux des choses, aussi.

– En ouvrant un roman, chacun ouvre une fenêtre, et jugera du tout à partir de ce seul point de vue.

– Je n'ai jamais appartenu, et n'appartiendrai jamais à un parti politique. Parce que je ne crois ni à leurs programmes, ni à leur nécessité. Je ne crois ni dans la volonté, ni dans la capacité des politiciens à œuvrer pour le bien du pays ; ils ne sont intéressés que par leur carrière, leurs prébendes, leurs combines.

– Les thèmes de *La Balle au bond* se sont mis en place à partir des personnages, Marjorie Vanten étant « apparue » la première, avec son dur miroir, Anne. Michaël joue le rôle du témoin sans faire intervenir l'auteur – méfions-nous du « je » –, et se tient à mi-distance par rapport aux autres, ce qui est essentiel. D'autant que rien ne passe entre eux, que des quiproquos, des effusions à contretemps. Le lot commun ?

– *31 mai*. – Hier soir, promenant mon adorable chienne, maligne et si possessive, je vis dans un coin de ciel tendre, entre deux arbres clairs et deux vieux murs, que le printemps avait duré longtemps cette année, qu'il m'avait comblé. Un peu de ciel tendre, qui serait venu d'un peintre de Sienne, d'une toile de Giovanni Bellini, ou de *L'Annonciation* magique de Léonard.

– Le décor d'un roman peut être le révélateur des personnages qu'il a fait prisonniers. Non pas le huis clos, mais le lieu choisi, ou accepté. Avec lequel les héros peuvent entrer en symbiose : *Les Hauts de Hurlevent*, par exemple, ou *Moïra*.

– Respectons, par notre discrétion, l'amitié : ce n'est pas la poste restante des accidents quotidiens.

– *Billy the Kid*, de Copland : plus proche, par son emploi des thèmes populaires, d'un douanier Rousseau musicien que de Bartók.

– Chacun enfermé dans son espace mental. Souvent, je me retire d'une discussion, témoin fatigué de ces plaidoyers entre sourds.

– Créer est une mise en œuvre de l'inconnu, à commencer par le personnage inconnu qui est en nous. En cela, l'intelligence, quand elle ne traite pas de sciences exactes, n'invente pas, elle organise l'imprévu.

– *Juin.* – Un personnage n'est exceptionnel que dans la mesure où le lecteur croit à sa vérité. Sinon, son destin reste celui de tous ces gens qu'on croise et qu'on ne voit pas. Dans *La Balle au bond*, ils ont tous des raisons raisonnables d'être, et pas de sentiments passionnés, selon le sens défini par Bayle. Ainsi Marjorie, qui regarde brûler sa main, sa vie, sans éprouver assez de douleur pour douter et pour se sauver : son suicide ne lui est rien de plus que le rien ordinaire. À propos de Bayle, le XVIIe était un siècle de passions, alors que le XVIIIe sera le temps des discours sur les passions, des amours de tête. La sexualité se fait cérébrale (Laclos, Crébillon fils, Nerciat, Duclos et, naturellement, ce raseur de Sade. Sade est un écrivain érotique détraqué, mais il n'est pas sensuel).

– *10 juin.* – Chaque moment pesé avec une sorte de panique ; convalescent devant son premier petit repas, incrédule, gourmand enhardi de miette en miette. Que t'arrive-t-il encore, dont, d'ici deux semaines, tu auras perdu le goût ?

– Michel Polac revient d'Iran. Que va-t-il faire ? Il ne sait pas ; peut-être ci, peut-être ça. Repartir pour Téhéran, qui sait ? Il éprouve, me dit-il, un profond dégoût de la vie à Paris, du milieu littéraire, et ce voyage l'a rendu à lui-même. Il l'a même rendu à quia : plus que jamais vague et mou, velléitaire, ne sachant à quelle œuvre ou à quelle cause (dans ce cas, on peut tout craindre) vouer sa vacuité.

– Un article plutôt favorable de René Lalou, qui rend l'un de mes amis furieux parce que Lalou voit dans l'alternance de légèreté et de gravité la marque obligée d'un livre de jeunesse (de jeunesse, ne rêvons plus) : « C'est, assure Christian Bernard, ta nature profonde, et je crois qu'il en sera toujours ainsi. »

– *16 juin.* – Mécontent de mes deux entretiens ; mais je n'ai à m'en prendre qu'à moi. À propos des jeux de miroirs dont parlait Roger Vrigny, j'aurais dû reprendre ce que je lui avais dit avant l'enregistrement – c'est *avant* que l'on dit les choses sensées – et faire valoir Anne comme dur miroir de sa mère. Le poli d'une société, qui ne renvoie que le convenable ou, plutôt, le convenu. Il est si malaisé de parler de ce que l'on a fait ; l'impression de radoter, de boucher les trous du livre par des explications venues trop tard. Tout cela est de mon fait, car Vrigny – ce bougon serait-il un tendre, un timide ? –, qui est un bon lecteur, est aussi, ce qui ne doit pas être si aisé, l'interlocuteur rêvé : tour à tour chaleureux, ironique sans agressivité, connaissant le texte, frayant à l'auteur la voie étroite de l'autocommentaire. Quelle barbe que de parler de ce qu'on a écrit : j'ai envie, presque toujours, de répondre « lisez donc ! » Avec lui, le climat est confiant, sans prétention ni faux-fuyant.

– *17 juin.* – Maurice C., un ami d'enfance, dont la verve arracherait des hurlements de rire à un ossuaire, nous racontait dimanche cette courte histoire, mais du genre qui n'arrive qu'à lui. Nommé, pour un intérim, à un poste d'instituteur dans un bourg de l'Oise, le directeur l'invite le soir avec ses collègues à « arroser » sa nomination. Puis, tout à coup, il le prend par le bras : « Venez, je vais vous faire visiter mon appartement. » Un rien étonné, il suit M. Loubet de pièce en pièce, lequel commente abondamment la visite. Le directeur, au fond d'un corridor, se fige devant la dernière porte, qu'il ouvre avec dignité : « La salle de bains ! » Enfin, il avance de deux pas pour faire place à son hôte et, désignant d'un geste large le bidet : « L'endroit, profère cet homme urbain mais cérémonieux, l'endroit où Mme Loubet fait sa toilette intime. »

C'est digne de Feydeau, d'Anouilh, de Jarry.

– La première phrase : elle devrait saisir le lecteur par le ton, le mouvement, ou par la singularité d'une image. Y imprimer l'armature de la clé au début de la partition.

– *18 juin.* – Je recommence à rêver d'ailleurs – de Venise, des îles grecques... L. déteste l'avion. Embarquer à Gênes, à Venise ?

– Je tourne en rond autour du livre à venir et guette, épie – avec une espèce de joie inquiète encore – le moment, la déchirure à travers laquelle la phrase initiale, le paragraphe, cette lancinante attaque commenceront de bouger pour fondre dessus et m'en saisir, et attraper la pointe de la queue du thème (la métaphore est de James dans ses *Carnets*, elle exprime très bien l'attitude de l'auteur à l'affût de son propre mystère, à l'orée d'une savane de songes, de rages, harassantes envers soi, d'enivrements rares – l'auteur à la rencontre de ses monstres) et entamer la bataille. Un an, deux ans de combat ? Ratures, doutes, pannes imprévisibles... Et le « savoir » (ce qui s'est constitué en notes de travail, en lectures, ce qui a trait à l'histoire, pas cette intuition si floue de ce qui attend les personnages, et d'abord de qui ils sont) qu'il faut effacer au fur et à mesure...

« Au fur et à mesure » : une locution que Gide jugeait pléonastique. Ce qui n'est pas absolument vrai : il y a, à l'origine, une notion de prix, de coût, de proportion impliquée par ce vieux terme partout ailleurs disparu. Mesure n'y fut ajouté (selon Littré) qu'à partir du XVIe siècle, et enrichit la locution d'une indication de progression, de rythme qu'elle ne possédait pas.

– On ne raisonne pas en amour, ce qui fait la bonne fortune des romanciers. (À ce sujet, l'affaire de l'autre jour est quasi abandonnée, ce n'est plus qu'un coup de cœur à l'agonie.)

– La sottise et la vanité font plus que le cœur pour entretenir la jalousie.

– Après une semaine de trop de plaisirs (trop, vraiment ?) je retrouve le dénuement de la page blanche, mes disques, les livres en cours de lecture. L'impression de passer d'un monde dans un autre, d'une vie dans une autre. Les contraires, ou les contrastes me plaisent ; ainsi, le souvenir de ce peu d'eau fraîche parfumée d'oranger bue à l'ombre sèche de Kairouan. La page blanche est une cellule. Les mystiques n'avouent-ils pas la volupté de la macération ?

– Il n'est pas une phrase mise dans ma bouche, dans l'entretien, plein de sympathie pourtant à mon égard, des *Lettres françaises*, que je ne voudrais reprendre. Ce n'est jamais exactement ce que j'ai dit. Par exemple, au sujet de la construction du roman, je voulais faire comprendre qu'une nécessité interne l'emporte sur un schéma tracé par avance. L'œuvre change au fur et à mesure qu'on y travaille. Bref, il ne faudrait rien dire, seulement écrire et laisser faire les choses et on me répondra qu'alors les « choses » en question ne se feront pas, parce qu'il faut aller vendre son travail, comme les maraîchers vont promener leurs fruits et légumes sur les étals de marchés.

– « Retenez le plus longtemps possible cette grâce que l'on commence d'oublier à votre âge, la grâce de regarder chaque chose pour la première fois [...]. Ne négligez rien pour vous estimer, vous aimer ; désormais vous serez seul [...], vous aurez charge d'âme. » Pris dans une *Lettre à un jeune bachelier*, publiée par Jean-René Huguenin dans *Arts* du 21 courant.

– *25 juin.* – À la piscine ce matin, je retrouve ***, après deux années déjà ; il n'a rien perdu de sa jeunesse, du charme de son regard d'eau, de sa grâce dorée ni de son allure de beau chien rapide. Il me demande mon adresse à Paris, où il se rend souvent (« Ici, ricane-t-il, c'est le trou ! »).

De nouveau à la piscine en fin d'après-midi, avec Éliane, Christian et Pierre. Je ne vois plus autour de nous qu'une triste foule, laide et vulgaire (il arrive que les vêtements dissimulent une beauté fruste, mais je n'en vis pas d'exemple ce soir).

– *1er juillet*. – Toute la matinée à la piscine. Des habitués ; Mme W., appliquée à tenir le menton au-dessus d'une eau chlorée brutalement agitée par les plongeurs. Personne d'autre que je connaisse, ni ne souhaite connaître. Mes songes ont le champ libre entre deux exercices. Tandis que le Soleil me sèche, et que de temps à autre un train gronde sur le pont comme le dragon de saint Georges, je caresse amoureusement les noms élus, ces figures que j'imagine telles que Tiepolo les aurait peintes ; Laura Foscarini, Montovano, Gozzi (celui-là, il existe déjà), et Fabiano Fabiani... D'autres se meuvent dans l'incertitude. Le poète français, son nom ne me vient pas encore.

Il fait chaud, et cela ne me gêne aucunement pour travailler. Si je disposais encore de quelques jours d'affilée pour ne pas quitter ma table, je crois que pourrais avancer – écrire, après la première, l'ultime scène du livre ? Car elles devront se répondre ; mais faut-il prendre le risque d'enfermer d'emblée le possible ? Se garder, par-dessus tout de trop d'intentions. Ce que je sens déjà se tendre, aux premières pages, c'est le fil du temps ; ce fil d'acier qui lie, attache, étrangle. Comment se libérer du temps ; comment devenir libre d'être soi parmi les autres ?...

– Dans l'or calme du soir, les dernières heures du « poète de trente ans » meurent sereinement. Le temps nous est une ombre indifférente, qui nous dépouille peu à peu de la solaire et divine jeunesse.

– Vieillir : la hideuse destruction.

– Je m'endors au bout de ma plume. L'incroyable pépiement des oiseaux dans les arbres m'éveillera – joyeuse insolence du jour nouveau. Quelques réserves dans l'article de *Combat*, mais dont je dois tenir compte. Il est important d'apprendre à voir où le bât blesse. On me demande, pour une radio suisse, si je me « sens » romantique (il ne manquerait plus que ça !).

– *2 juillet*. – Dans trente ans, quand je n'aurai plus qu'à refermer sur moi la dernière porte, et si j'ai alors accompli une œuvre, penserai-je à cette phrase de Proust, et serai-je en droit de l'appliquer à mes livres ? « Les écrivains n'ont jamais fait qu'une seule œuvre, ou plutôt n'ont jamais que réfracté à travers des milieux divers une même beauté qu'ils apportent au monde. »

– Poursuivi la lecture des *Carnets* de Henry James. C'est moins sa conception du roman qui m'intéresse (tout m'en sépare et c'est normal) que sa méthode de travail. Un incessant, inlassable tissage (il est vrai qu'il disposait de son temps, et que je dois perdre les trois quarts du mien à [mal] gagner ma vie, pour employer cette expression absurde dont on ne saurait user que par périphrase). L'œil allumé de l'entomologiste. Une pince à épiler à la main, prêt toujours et partout à saisir le mot, l'allusion réticente, le signe papillonnant, et à les emprisonner quelque part au secret, dans l'ombre bruissante, la mystérieuse nuit qui s'étend en arrière du front... Et l'égale manie de collecter des noms. Parce qu'il faut qu'un personnage s'accorde avec son patronyme et son prénom – il se peut parfois qu'il naisse (le personnage) d'un nom noté au vol, dans un livre, sur une boîte à lettres, un annuaire ; d'un nom de personne connue autrefois et disparue... D'un nom forgé.

La connaissance des journaux intimes, ou des carnets de travail, confirme presque immanquablement notre déchiffrement d'une œuvre, de ses lumières et de ses ombres. Fragilité de Katherine Mansfield, obsessions de Kafka, interrogations de Gide, dégoût « existentiel » de Pavese... Mais en même temps le pathétique, la solitude, le labeur acharné, le duel avec soi-même ou son double menaçant (ainsi du combat de Virginia Woolf avec la folie). Cela dit, un document de cette nature n'a d'intérêt que s'il atteint *aussi* au statut d'œuvre en soi. Pour qui écrit, rien n'encourage moins que la lecture du journal des autres, ni même ne décourage davantage. En bref, tu restes toujours seul avec toi.

– *Juillet.* – La création artistique va du singulier au général, voire à l'universalité, croire le contraire est une sottise. Et les intentions ne sont rien si le talent, au moins, ne les prend en charge.

– Un journal belge, *Le Soir*, me reproche mes attaques contre la religion. L'arête ne leur passe pas. J'ai envie de répondre qu'il n'a manqué à Voltaire que d'être athée pour être irréprochable.

– Plus fou que le fou qui guérit le fou.

– La colonelle *** avait perdu la jambe droite pendant la dernière campagne de son mari.

– Si j'avais à citer un bon roman oublié, je dirais *L'Enfant à la balustrade* de René Boylesve.

– Lu par hasard *Benito Cereno* de Melville (des bizarreries dans la traduction de Pierre Leiris). Le « document » qui clôt le récit n'explicite rien que d'inutile, la trame *visible* en quelque sorte, ce qui est d'une réelle habileté. Tout le mystère demeure, toute l'ambiguïté. Je vais lire Melville.

– Mort de Hemingway. Il s'est tué (suicide ?) en nettoyant un fusil de chasse. Trop tardive justice pour les fauves.

– Amusantes sonates « d'église » de Mozart : du marivaudage sacré ?

– Un curé épouse une nonne ; mariage d'oraisons.

– C'est souvent quand on se croit au plus près que l'autre vous échappe, ou vous trahit.

– Un critique, en général, se soucie peu d'entreprendre un « dialogue » avec le livre dont il rend compte : il affirme.

– Les éloges et l'attention devraient nous inciter à une rigueur toujours plus grande.

– C'est soi qu'il faut dépasser, non pas courir après les autres.

– *12 juillet.* – Maintenant que j'ai détruit la solution de stabilité, je vois bien que ce n'était pas une « solution ». Sauf à renoncer à ce que je suis, à ce que je préfère, à ce dont j'ai besoin. Au vrai, cela n'eût été qu'une tromperie. Alors même que tu bataillais pour convaincre, j'espérais des nouvelles d'Italie. Refusée, je te regrette ; je t'aurais haïe si tu m'avais lié. Je veux, par-dessus tout, rester libre de moi. Je t'avais prévenue que, *quoi qu'il advienne*, je ne me lierais pas les mains.

– *Sans date.* – Quelle erreur, sauf si le roman n'est pas « situé », que de ne pas tenir compte du contexte historique ou, disons, social, au sens le plus ouvert. Tout dépend de tout. Y compris l'individu (et dieu sait combien la valeur individuelle m'est chère au premier chef). Mais l'unité de composition doit être respectée, donc l'équilibre des valeurs. Je n'ai laissé, dans *La Balle...*, que des notations suffisantes, car ce n'est pas un récit de démonstration politique. Pour *Un jeune homme de Venise*, il me faut faire de même avec le passé, avec l'histoire. Les personnages d'un roman ne savent pas plus que nous aujourd'hui, s'ils sont un peu plus qu'une ombre dans le cours du temps. Ou bien ils sont Koutousov... Dans la continuité romanesque, ce qui se voit trop perd tout de suite son crédit ; on doit tout équilibrer, même s'il faut à ce prix sacrifier la mise en scène par trop tapageuse d'éléments qui paraissaient essentiels. Ce qui reste important se joue presque nécessairement au-dessous du premier niveau de lecture. Chez Proust, c'est l'incessante, l'irrépressible remontée des faits et des sensations enfouis qui redessine tout ce que le cours du temps décompose. Il y a les faits, le passé, le décor dans lequel on vit, le goût du vent, la saveur de la peau... Tout a sa place dans la tapisserie.

– Certains écrivent comme s'ils dessinaient, d'un trait rapide, imparable : Voltaire, Jules Renard, Wilde, Cocteau...

– La caricature : une sentence au trait.

– Marguerite Duras, *Dix heures et demie du soir en été*. Elle écrit comme un journaliste qui fait de la copie pour remplir une colonne vide. Elle doit croire qu'un cheval étique est un cheval racé.

– L'aquarelle, si délicate, si exigeante dans la rapidité et la saisie de rapports éphémères de la lumière sur les choses est parfois le don éclatant de peintres médiocres.

– Il faut qu'un écrivain soit bien veule pour se laisser gouverner par la politique. S'inscrire à un parti, quel qu'il soit, c'est démissionner de soi.

– Entendu, à la terrasse d'un café, de la bouche d'une femme absolument quelconque, et vulgaire, qui parle à une autre de son amant : « C'est mon soleil ! » Le verbe opère des sublimations inattendues.

– Passe une famille de myopes, couverte de lunettes.

– Se passionner, ô combien ! Mais sans se laisser aveugler.

– *21 juillet.* – Rien fait de bon depuis la séparation, je m'en veux qu'elle m'en veuille. Le chantage ordinaire – pourquoi consigner ça ! Il avait toujours été clair que je refusais de fonder une famille, cette abomination. Pour rien au monde je ne sacrifierai ma liberté. Ce qui arrive n'est que le fait de la ruse la plus lâche des femmes.

Ah, la solution de stabilité ! Une solution c'est une potion dans quoi on dissout quelque chose, eh bien, justement non.

– Le « je » partout... Insupportable quand je feuillette ces papiers. Chez M. Beyle aussi, mais enfin je ne suis pas, hélas, l'auteur de *La Chartreuse de Parme*... La fiction, remède pour se purger du « moi haïssable » ? Non ; la fiction comme œuvre.

– *Sans date.* – Points de vue : Faure, mais surtout Focillon et Malraux ont transformé, enrichi notre connaissance, notre intelligence de l'art. Par le savoir et par la vision. Le génie déconcerte ceux dont les travaux en ont permis l'essor. Pour un chartiste, Michelet n'était sans doute qu'un littérateur...

– L'existence est chose trop vaine pour qu'on n'essaie pas de la vivre le plus intensément possible. Ainsi ne la regrettera-t-on pas.

– Il faut se mettre au service de l'œuvre, et non pas en faire le véhicule de ses intentions.

– Tout prendre, tout vivre, écrire, et se taire.

– L'adolescence, les premières années de jeunesse m'ont tout donné.

– *13 août*. – Dans trois semaines je serai, si les dieux sont propices, athénien. Et j'irai dîner dans une petite taverne de Plaka, enivré de *retsina*, dans l'odeur chaude d'un gros platane gorgé du soleil de la journée comme d'un miel de lumière.

– *15 août*. – Paris désert sous la pluie, à l'ordinaire de l'été. Hier, exposition Gustave Moreau au Louvre. Des équivoques somptueuses ; des découvertes de peintre qui ose en 1875 ce qu'on fera par bravade en 1935. Une pâte précieuse comme des émaux, une céramique sensuelle et enchantée par on ne sait quoi d'onirique. Déjà Rouault mais en faune ; déjà Ernst et ses frottis, ses travaux au couteau, ses fantômes polymorphes obsédants. De sourdes violences aussi sous le charme, la mélancolie, *l'empêchement* de chairs offertes sous les joyaux, mais dont on pressent qu'elles se dérobent toujours. Le peintre français le plus oriental.

– Les histoires de l'art, les musées font tout pour donner de la peinture française une idée « classique », avec une tradition, une permanence de valeurs mesurées, etc. Je me demande si on ne se fourre pas le compas dans l'œil : il y a tant de peintres bizarres, énigmatiques, qu'on peut s'interroger – je pense au hasard à Fouquet, Caron, les Le Nain, La Tour... Mais on ne voit jamais de rétrospectives, et quand, dans un musée, une exposition, un catalogue, on tombe en arrêt devant un peintre qui ne cadre pas vraiment avec la norme dite abusivement classique, rien n'apporte de réponse. Gustave Moreau, par exemple, ne cadre pas ! Mais il aurait magnifiquement illustré *Vathek* !

– Seul. Un peu saoul, moins d'une demi-bouteille d'orvieto bue à midi que d'une journée à écrire. (Ivan absolument pas libre.) Il est tard. Compris tout à l'heure pourquoi je n'avance pas : Domenico est bien campé pour moi, mais il commençait à prendre le pas sur Fabiano, ce qui le *déplaçait*. Or, il n'est que son double passé, ou son complément futur... Peut-être est-il simplement celui qui justifiera Fabiano d'agir : jusqu'alors je n'avais dessiné que des sceptiques.

– *19 août*. – Suis allé revoir *La Notte*, d'Antonioni, par ce temps de novembre, c'est presque un pléonasme : il suffit de savoir qu'on est en août à Paris pour sortir les pulls des armoires et les manteaux de pluie. Le film me fait maudire la pesanteur romanesque. Comment se délier des conventions ? *L'Avventura*, beaucoup plus beau et troublant, avait amorcé ce processus de réflexion sur l'écriture du roman. Je dois trouver des liaisons de *montage*, opérer des surimpressions temporelles ou mentales sans disloquer l'unité romanesque. Du fait que je ne puis écrire qu'en projetant sur le papier ce qui est en train de se dérouler, y compris l'expression des visages et la couleur du temps, il me semble être à la fois dialoguiste et décorateur, opérateur et metteur en scène.

Donner au livre tous les moyens, dans la rigueur.

La jeunesse passionnée, c'est cela que doit incarner Fabiano, en même temps que le héros détaché, capable de se déprendre de tout. « Tout et rien » pourrait lui servir de devise.

Trouver l'équivalent du fondu enchaîné, de la surimpression.

Dissoudre le matériau « historique » dans la pâte romanesque.

– Personnage : Caligula de sous-préfecture, il invite les notables juifs à dîner, fait servir du porc et, le temps des agapes, caresse son chat nommé Prépuce. Après la guerre, il devient amiral au Paraguay.

– Nous nous regardons, nous nous voyons vivre et mourir dans le dur miroir de l'histoire de la Grèce plus que dans tout autre moment de civilisation. Perfection (pour autant que la perfection soit jamais humaine) et désastre.

– *20 août.* – Je ne fais que rêver ce que je devrais faire.

– Lodovico ne sera libre que quelques jours à Rome. Ensuite, je partirai pour la Grèce, la Crète ? Et reviendrai par Rome et Venise. La seule vertu de l'argent est la liberté qu'il permet. Je respire par avance l'air des collines de Rome. Et de glisser ensuite vers Athènes, comme suspendu à la théâtrale machinerie des dieux, ses ailes de métal, le froissement soyeux des hélices au-dessus de l'Attique.

– Les erreurs des pères préparent celles des fils.

– Nos émotions, nos sentiments ne se survivent que si nous leur donnons une forme.

– Déjeuné l'autre jour avec des amis dans un petit restaurant très agréable. Aux murs, de bonnes reproductions du *Moulin de la Galette,* du *Pont de Valentré* de Cahors, et une belle nature morte de Gauguin. Deux jeunes femmes prennent place à une table voisine, cigarettes, voulant avoir l'air « dans le vent », le ton un peu haut. Elles jugent cadre et clientèle d'un coup d'œil puis, prenant la carte des mains de la patronne, l'une des deux, hochant, condescendante, le menton vers les murs : « Vous avez un peintre dans la famille ? »

– *26 août.* – Écouté de la musique toute la journée. Le *Concerto pour coloratur* de Glière (deuxième mouvement plus fragile, trop viennois et décoratif après la beauté pure du début) ; le *Premier Concerto pour piano* de Prokoviev et sa *Septième Symphonie.*

– J'envie Horace à Tibur.

– *27 août.* – Elle m'enchante, cette « Symphonie de la Jeunesse » de Prokoviev ; elle est – même si je force un peu les choses – on ne peut mieux dédiée.

– L'éternité, c'est ce qui passe.
Mais le reste ?
Oh, ce qui reste, c'est l'ennui.

– L'art grec ne suggère rien, écrivait Élie Faure. Vrai dans la mesure où la vie immédiate, qu'il exalte, comprend déjà sa conclusion. Si l'art grec reste empreint de mélancolie, il ne se départit jamais de sa sérénité. Acceptation de la mesure – quand il se fait tragique, c'est que la mesure est brisée. Mais Eschyle même replace le drame dans d'autres limites, celles d'une morale divine.

– *2 septembre, Rome.* – Toutes les teintes de la rouille tombées sur les arbres et les pierres de Rome.

– *Gentile* : noble. L'italien s'est préservé. En français, le mot s'est dévalorisé, jusqu'au ridicule : un père noble, un noble vieillard, d'une noble attitude, etc. Les Anglais ont gardé les vertus de *gentleman*, mais gentilhomme n'est plus bon qu'au théâtre et pour rire.

Une société se trahit aussi par son langage. L'Italie apprécie les *dotore, ingeniere, cavaliere*... Ornements du théâtre quotidien. Les Allemands ne détestent pas non plus ces qualités chez eux plus pesantes de la respectabilité. En France, on en rigole.

– Nous ne visitons rien, tout au bonheur d'être ici seuls et sans autre souci que de nous aimer. Promenades infinies. Ce soir, les Escaliers des Français étaient encombrés d'une jeunesse romaine louche et rieuse et, près de la vasque fameuse des gosses fripons et beaux proposaient presque le seul parfum des fleurs, qu'ils faisaient tremper dans l'eau et l'ombre fraîches. Imperceptible café sublime au fond des tasses du *Greco*. On ne peut pour ainsi dire le boire sans l'aspirer !

– *3 septembre*. – Je confonds toujours les sept collines, ce qui fait rire L. – et il se garde bien de bædeckeriser. Les tramways le soir sèment des étincelles blanches sur les massifs de lauriers.

– *Sans date*. – Trois poèmes écrits ce matin dans les étroits jardins du château Saint-Ange. Mal séparés de leur gangue, mais le noyau a bien cristallisé.

Et je pensais : quelle richesse à prendre ici, pour toi qui vois si bien les choses *après*... La mémoire ne serait-elle parfois que la version « noble » de l'esprit d'escalier ?

Une manière de voir ce qui demeure, pour le meilleur et pour le pire, le privilège des faux rêveurs.

– L. me dit, comme nous quittions la forteresse où les chats montent une garde indifférente, après que j'eus fourré les poèmes dans une poche : « Comme je te jalouse, toi qui arrêtes ce qui passe ! » Ses yeux gris, ses cheveux presque bronze ou roux ; quel portrait déchirant eût signé Giovanni Bellini !

– Via Barberini ; un vieillard, sa canne et son petit-fils. Le vieillard s'arrête à côté d'une plaque de fonte des égouts et la frappe, à plusieurs reprises, fortement, avec la canne. Est-ce l'âge des attentions oiseuses, des précautions inutiles ? Tirésias en appelant aux dieux ?

Vieillir : voir dans chaque trou sa tombe.

J'ai un vieil homme hydropique à faire mourir... Hydropique je ne sais pourquoi (parce que la Sérénissime fait eau de toute part ? Que l'ironie, surtout voilée, toujours me préserve !). Chaîne des générations. Fin d'un temps révolu.

– Demain, nous nous séparerons à Fiumicino ; tu reprendras un avion pour Milan, et je partirai pour Athènes.

– *Septembre, Athènes.* – Vol parfait, avec Olympic Airways, excellent service à bord d'un Comet très silencieux, dont les larges hublots ovales permettent une vue moins étriquée que sur les autres appareils[1].

1. Le premier avion de ligne à réaction. Mais ces beaux avions construits par Havilland commencèrent bientôt à se casser au milieu du ciel (un défaut de structure). Ils étaient très stables, très confortables.

Excellent service à bord. La Terre des dieux parfaitement lisible, d'Ithaque à Salamine, découpée dans un vaste parchemin ocré sur le papier bleu de Prusse des mers.

À la verticale d'Ithaque nous commençons de descendre : dans trente minutes, après l'Épire et l'Argolide, Athènes. Quand je repartirai, un peu plus au nord, je serai penché sur Actium, cet endroit pourri où l'Orient s'enfonça, cette boue, ce marécage dont Octave sortit *Imperator* de fait, sinon en titre. Quand on me demande si je ne m'ennuie pas en voyage, seul, je devrais répondre que je ne suis jamais seul : le Destin et l'Histoire sont partout.

L'étrange théâtre. Nous sommes dans les cintres ; nous allons tomber en grand *appareil* entre les dieux, les classiques, et nos réalités... Le Comet freine, s'abat sur le golfe Saronique, et un immense cerf-volant tout roussi de soleil se balance à la remorque de l'avion, se pose sur la mer : le Péloponnèse.

– « Grand mal violet venu sur les eaux », que voit Saint-John Perse, est-ce toi ? Sur l'étincelante armée des raffineries de Salamine, voilà les flammes bleues de l'automne – le pétrole.

Mon mal a des yeux gris sous des flammes d'or, et tout une fois encore nous sépare.

– L'hôtel n'avait pas reçu ma réservation ; on me trouve (avec bakchich) une chambre dans les combles du *Grande-Bretagne*. Je ne sais pourquoi, à cette saison, Athènes est encore envahie par les touristes. Quand on arrive le soir, dans l'or du crépuscule, la ville, qui est assez laide, paraît presque belle.

– Ce matin très tôt à l'Acropole ; presque seul. Comme tout aujourd'hui me paraît vain ; pourquoi avons-nous tout abîmé ?

Un vol d'oiseaux. N'est-ce pas Lamartine qui évoquait ici « les corneilles aux ailes glacées de rose » par l'aurore ?

– *9 septembre, Aghios Nikolaos.* – Tu vas d'île en île, chaque fois un peu plus de désespoir au cœur. Ainsi allait don Juan, de fille en fille, vers *le calme*.

Arrivé en Crète quelques jours plutôt, ayant pris un DC 3 à Hellinikon pour Xania (La Canée). Une vieille femme en noir s'est assise à côté de moi, presque à moitié sur moi, si grosse que la ceinture de sécurité n'en faisait pas le tour ! L'hôtesse dut renoncer. Et moi à m'extirper de là au cas où... Enfin, le bimoteur vrombit, tremblote, titube, et prend l'air paisiblement, au-dessus de l'Égée couleur d'évêque. À l'approche, la grande île de Minos est impressionnante, long bloc sombre séparé de la mer par une ligne d'argent. On se pose sur un plateau orangé, les montagnes des Bornes Blanches dormant au sud dans une écharpe de nuages. Des taxis bondés nous descendent vers la ville, cahotant sur la mauvaise route. On me fait la gueule, car on me croit Américain. Détrompés, les gens sortent leur sourire.

Quoi dire de La Canée, sinon rien ? Seulement cette scène. Sur l'affreuse plage, les gosses qui s'ennuient s'approchent de l'étranger assis dans le sable sale et lisant – l'anthologie bilingue des poèmes de Salvatore Quasimodo publiée chez Seghers, découverte et achetée à Rome. L'un des plus âgés, un adolescent, demande en anglais d'où je viens. Puis ce que je lis. De la poésie ! Il renseigne les autres. Ils échangent entre eux quelques phrases rapides avec l'accent rauque des gosses des rues, et s'installent en demi-cercle devant moi, accroupis ou couchés, décidés comme des chats. L'interprète improvisé dit qu'ils aimeraient que je lise des poèmes. Mais ils sont en italien, ou en français. Objection transmise. Alors, secouant farouchement ses mèches, un des gamins tend un bras vers moi, la paume éloquente ouverte vers le ciel : *Non fa'niente, c'é la parola !*

La poésie aurait donc encore ce sens-là, primitif, primordial ! Si l'on ne croit plus à rien, croire seulement à cela.

– Parti le lendemain par bus pour Héraklion – à chaque virage le conducteur lâche le volant et se signe à deux mains, il y a des madones partout, elles doivent ramasser les âmes dans les fossés comme je ne sais quelle tribu d'Israël cueillait les prépuces après la bataille[1]. La poussiéreuse Héraklion, somnolente autour d'une maigre fontaine de Venise à petits lions de pierre, permet du moins d'aller sur les sites crétois. Les plus anciens, comme Gortyne, montrent de minuscules demeures, qui les réduisent à des cités d'enfants. Et les cités-palais aux terrasses de lumière d'Aghia Triada, de Phaestos, sur la côte sud, celle qui regarde vers la Cyrénaïque ; et, naturellement, à la toute proche Cnossos, la capitale de Minos, la « ville-labyrinthe » – autant peut-être que la ville du Labyrinthe ? Les reconstitutions de Sir Arthur Evans ont je ne sais quoi d'irréel, qui laisse à penser qu'on est venu tourner ici un film

1. C'est Saül qui exige de David, pour lui donner sa fille Michal, un cent de prépuces philistins. Samuel, *Livre Premier*, 18.

mythologique. Sommes-nous si loin du possible, sinon du vrai ? Les fresques (au musée) paraissent tellement *modern-style* ! Et nous ne les devons pas à la main de Sir Arthur...

– *10 septembre, Aghios Nikolaos.* – Je suis donc arrivé hier, après quelque soixante-dix kilomètres d'un trajet sauvage dans un car évidemment bondé, tressautant d'une manière inhumaine, sous le feu roulant, c'est le cas de le dire, d'une mitrailleuse vociférante (le conducteur ravivant sans cesse la qualité des parasites intarissables de sa radio de bord). Je n'évoque pas la poussière. Comme j'attendais que l'on descende mon sac du toit du car, un jeune Grec me demanda, en anglais, combien de jours je resterais ici, où je comptais m'installer. Je lui dis que je pensais aller à l'hôtel du port, s'il y avait une chambre libre. « Ce n'est pas bien, me dit-il ; c'est cher et pas tranquille [il voulait dire bruyant] ; si vous voulez, je vous fais voir une petite auberge, près de la mer. Si vous n'aimez pas, on revient à l'hôtel et je paie le taxi ; si vous aimez, vous restez. » Le temps que mon sac arrive à terre, j'avais pesé le pour et le contre. Nous partons. L'endroit est calme, on me propose une chambre – c'est la seule, je crois –, à l'étage, immense avec un grand balcon sur la baie. Les gens sont sympathiques. Je renvoyai mon jeune guide (avec le taxi payé comme convenu), l'invitant à venir déjeuner demain (c'est-à-dire tout à l'heure). Ce matin, on déposa devant ma porte une grande bassine d'eau fraîche pour ma toilette, serviette impeccable etc. En vingt pas je suis au bord de la mer, sous le feuillage d'une famille d'acacias, plus loin sous des pins. Les jeux de lumière sur le golfe sont incessants, la découpe des petites îles changeant de couleur sous le Soleil, plus divin que jamais. J'ai apporté peu de livres, mais parmi eux le *Phèdre*, et c'est un bon endroit pour le relire.

– *12 septembre*. – Réveillé je ne sais pourquoi vers 5 h, je suis allé sur le balcon, et j'ai assisté, il est vrai un peu hébété, au lever du Soleil sur la Crète. Des couleurs extravagantes qui rendent le paysage fantasmagorique, gris et rouge, avec des formes étranges comme sur une toile d'Yves Tanguy. Les monts violets à l'orient, et soudain la mer comme une large bande spectrale de bleu, d'argent et d'indigo.

Cet après-midi (la chaleur est devenue torride), bain et lecture. Vers le soir, une curieuse ligne laiteuse couvre la mer, au nord.

L'homme est l'enfant aimé du temps
Que Poséidon emportait
Au galop d'une blanche écume

– *Sans date*. – Jours paisibles. À quatre cents lieues de Venise, je travaille (pas beaucoup, à vrai dire) entre la nage dans le golfe tôt le matin, et un peu l'après-midi. J'ai, lorsque je descends de ma chambre, les propositions du jour : je puis choisir, selon la chasse et la pêche entre du lièvre, du poisson, ou des légumes farcis, des cailles, une perdrix... Toute chose bien cuisinée. Le soir, après dîner, sirotant *raki* et café turc, fumant ma pipe, j'écoute les pêcheurs et les villageois chanter des airs crétois, ou les airs à la mode d'Athènes que crachote la radio. Mon guide improvisé (encore qu'il soit de fait un copain des patrons de l'auberge et, je puis à bon droit le supposer, leur rabatte parfois des clients), Yannis, m'a présenté son frère, Stavros, un adolescent très charmant qui voulait me connaître, car il étudie le français, qu'il parlote avec un accent délicieux. Serait-ce l'arrivée de Phaidros ? Sera-ce l'occasion d'autres délices ?

– Ce que l'archéologie découvre n'éclaire pas tous les mystères, ne répond pas à toutes nos interrogations. Ce serait trop simple, ce serait effacer la distance que les siècles, les mœurs, les aléas de l'histoire ont creusée entre les civilisations. Nous ne disposons même pas des clés de l'esprit minoen, comment dès lors ne pas trouver l'inconnu derrière les entrées béantes d'un palais-cité qui n'est quasiment plus qu'un schéma – le dessin d'un songe sauvé par les poètes. Evans assurait que Minos disposait d'un « harem » d'adolescents, que l'on imagine beaux comme le jour.

À Cnossos, le dispositif antisismique tablait sur la souplesse et la légèreté (jeu des poutres cylindriques sur leurs supports), mais c'est, croit-on, le feu qui aurait ravagé les bâtiments crétois, peut-être aussi un raz-de-marée consécutif à l'explosion de Santorin.

– Je dois me décider à aller à Gournia. Ce soir, les deux frères me convient à les accompagner au cinéma en plein air. Vu deux films idiots (américains) ; l'un est un *remake* d'un *Sindbad le Marin* aux maquettes poussiéreuses, l'autre un mauvais polar.

– On me dit (nous sommes mardi) que De Gaulle a été assassiné, qu'il y a la guerre en France. Comment savoir ? Mais le soir Yannis m'apprend qu'il s'agit d'un attentat manqué. Les nouvelles vont vite quand elles sont fausses et, surtout, mauvaises.

– Gournia : ville naine aux murs énormes ; des tombes pour y vivre. Seul exemple ici – pour moi – d'une cité construite pour résister. C'est aussi l'une des plus anciennes villes retrouvées. Sinon, tout respire un art de vivre exquis. Un fait singulier tout de même : la thalassocratie crétoise semble n'avoir choyé que des dieux de la terre, ou des dieux chtoniens. N'y avait-il de divinités de la mer ? L'île nourricière, si féconde, si bonne à vivre, à moins d'être un esclave importé – on sait que tout un code de lois régissait la vie sociale –, laissait-elle oublier l'apport maritime de la pêche et des échanges commerciaux ? À vrai dire, je n'ai pas une connaissance précise de la mythologie. Quant aux dieux du monde souterrain, ils sont les enfants des séismes, rien là que de logique... Les fureurs du sol paraissaient plus redoutées que les possibilités d'invasion. Il n'y a pas trace d'organisation défensive comme en Argolide. (Si je ne me trompe, les envahisseurs furent les Achéens.) Est-ce Polybe qui dit tant de mal des Crétois : disputeurs et cupides ? Nous savons qu'à l'âge de responsabilité civique, marqué par un rituel, l'adolescent recevait des mains de celui qui était son amant et son mentor plusieurs dons, ainsi que des armes. Peuple dorien, les Crétois n'avaient pas désarmé leur thébaïde splendide.

– Le joli Stavros me plaît bien. Son frère, pas sot, s'est arrangé pour nous laisser seuls cette fin d'après-midi, sous prétexte d'aller surveiller (!) les préparatifs du dîner à quoi je les avais conviés. En fait, il patientera en jouant aux cartes avec les pêcheurs. Je n'ose plus compter les jours qui nous restent. Les paradis sont brefs !

– Je décide le jeune frère à m'accompagner voir les palais à terrasses du sud de l'île. L'aîné approuve, il arrangera les choses avec leur mère – le père, c'est ainsi que je l'apprends, est mort il y a quatre ans.

Nous trouverons bien sur la côte un hôtel pour une nuit *knossienne*…

– *17 septembre, Héraklion.* – Poème d'adieu « à une île » griffonné à la terrasse d'un café, place Morosini, avant de partir, hélas, pour l'aérodrome. Le musée, triste et poussiéreux, a grand besoin d'être pris en mains par un conservateur qui disposerait de goût et de moyens financiers.

– *18 septembre, Athènes.* – Des ailes qui n'étaient pas celles d'Icare m'ont donc arraché, littéralement, aux jours heureux d'Aghios Nikolaos. Mais sans doute ne furent-ils heureux que parce qu'ils devaient finir ainsi, à brève échéance. Je crois que ma vie tout entière sera un chaos de moments de bonheur séparés les uns des autres, et de moments sinistres inévitables. Quand on me parle « sérénité de la vieillesse », je vois une vie de pomme se ratatinant sur une planche dans un grenier...

Musée byzantin. On y voit les derniers dieux lutter pied à pied contre la montée de l'affreuse métastase venue de Judée... On y voit, comme la Lune s'amenuise, le paganisme entrer dans la nuit.

Mais la Lune, elle, revient toujours de ses absences obscures.

Quand le soir les couvre de feuilles d'or, je retourne voir ces grandes orgues de pierre, les colonnes du temple de Zeus, à la lisière d'Athènes. Et je songe à saint Alypios, dit le Stylite, qui s'était juché sur une colonne isolée, à vie, soit pour fuir la foule (et il ne connaissait pas les touristes !), soit pour rapprocher la créature du Créateur. Mais qui mérite la vie ? Celui qui reste à terre et affronte, ou celui qui pète sur le monde du haut de sa colonne ? Au vrai, ce Stylite m'amuse, qui s'est guindé sur sa machine, tout à ses fumées mystiques, et qui ne vaudrait rien dans la vie. Pourquoi la cohorte des saints ne s'est-elle bornée à un si parfait exemple d'immobilisme !

Je garde en mémoire ces images de l'effacement progressif des dieux au Musée byzantin. Lointain sourire à notre scepticisme à venir, enfin détaché, délivré des entraves chrétiennes ? Le bonheur aussi est un état de calme.

– *Sans date*. – Il y a toujours un peu de théâtre dans nos émotions. La Grèce est un théâtre pour la mémoire.

– Ils ne savent pas à quoi ils ont échappé en écrasant l'insurrection communiste.

– Notre volonté de créer n'a d'égale que notre acharnement à détruire. Mais qui pourrait s'ériger en juge ? Les dieux sont à notre image, et celui des chrétiens nous a faits à la sienne !

– J'embarque demain pour les Cyclades. Costas Assimacopoulos, avec qui je vais dîner – autrement, il téléphone ou mange des « petits gâteaux » –, s'étonne de me voir repartir à peine revenu, fatigué et infatigable, sourit, incrédule, quand je lui dis qu'après tout Athènes ne manque pas de charme quand on ne fait qu'y passer. « Vous ne voyagez pas pour vous distraire, n'est-ce pas ? Je comprends, c'est quelque chose de plus grave pour vous, voyager. » Il va s'intéresser au cinéma : « Vous savez, ici, on peut gagner beaucoup d'argent avec des scénarios, beaucoup plus qu'en écrivant des livres. Mais peut-être dans votre pays aussi, non ? » À la table derrière la nôtre, une petite femme noire, un beau visage sauvage, aux yeux brillants, que souvent saluent les dîneurs qui passent ; Costas se penche, il me dit : « L'actrice Melina Mercouri. Très populaire, vous savez ! »

Nous parlons de l'art grec, des pièces du musée de l'Acropole et du National, où j'ai passé la matinée. « Quelle période préférez-vous ? » demande Costas. Je puis seulement dire que celle qui ne me touche pas est la période hellénistique ; mais on est parfois tellement troublé par une pièce, un fragment de torse, le dessin d'une poterie...

« Pour nous en Grèce tout cela est très loin, vous savez ; parce que nous avons été... comment dire ? Nous avons été séparés de notre histoire par l'occupation turque... Il y a seulement quelques poètes aujourd'hui qui savent retrouver... on peut dire le fil, n'est-ce pas ? À Delphes, un poète, Sikélianos, qui a écrit des poèmes magnifiques, a relancé les Jeux antiques, le théâtre. Mais je ne crois pas qu'il est traduit en français. Il y a eu Cavafy en Égypte, sans doute vous avez lu, mais il est encore un peu scandaleux ici, vous comprenez, n'est-ce pas ? Nous avons aussi un très bon poète, Séféris ; il essaie avec beaucoup de talent, vous savez, de replacer la leçon antique dans notre présent. Vous ne voulez pas un petit gâteau, vraiment ? » Il est amusant, rond, vif comme une bille, toujours en mouvement.

– *Myconos.* – Huit heures de traversée plutôt paisible, à bord du *Pandélis*. Arrivée dans la nuit, transbordement, hôtel aux murs chaulés, ruelles fantomatiques. Des escaliers partout.

Le matin, le soir, les collines de l'île s'allument ; tout le jour les couleurs s'éteignent. (Le Soleil nous joue. En Crète, je veux saisir cette mouette trop grasse, gavée, dormant sur l'incendie de la plaine ; je tends le bras ; on me dit : le mont Ida !)

Le vent se lève, le vent terrible des Cyclades, le *meltémi*. Ce vent chante dans le toit et remue des papiers et des branches, mais dehors il n'y a pas d'arbres... Un goût d'automne, et même un sentiment d'hiver tombe, d'un coup, dans cette vieille maison d'une île blanche perdue au milieu de l'Égée, mer qui bruit ce soir si noire et creuse. Et l'odeur fraîche des linges et des meubles. J'aimerais tant cette nuit te harasser de mon désir dans la rêche fraîcheur du lit – je me surprends à sourire en hochant la tête : toi, qui ? Le gentil Stavros, ou Lodovico ? Suis-je cynique ? Un bonheur devrait-il exclure un plaisir ?

Écrit « Égée », un court poème.

– Pendant l'enfance, le temps n'existe pas, on ne le compte pas. On l'ignore. Quand on prend conscience de ce qu'il nous impose, l'absurdité de la vie paraît totale. La force des contes de fées c'est de mettre le temps au service du bonheur, serviteur très docile et très malin.

– Hier, j'ai pu profiter d'un bateau pour Délos. Midi. Du haut du Cynthe, toute l'île sans une ombre, sans un bruit. Puis l'Égée, et le collier dénoué des

Cyclades. On ne peut, sur cet îlot sans limites, se taire sans recevoir le souffle d'Athènes, de Memphis ou de Tyr.

La nuit, comment ne pas penser que ce centre du monde n'est qu'un fond de puits ? L'univers, s'il y paraît plus purement dessiné, nous échappe davantage encore... Toujours, l'homme ne cesse d'ajouter des dimensions à la vie. Nous venons de retrouver Assur et le Yucatán ; à mesure, l'homme diminue.

Il se diminue des désastres qu'il engendre. Sous l'heure on ne peut plus solaire, midi, dans ce cercle d'eaux et de pierres, dans cet espace parfait que fut la Méditerranée, nous sommes en droit d'accuser la race incapable d'avoir préservé la mesure de toute chose. La Méditerranée ne pouvait-elle nous suffire, et l'histoire s'arrêter ? Rêve de fou ; c'est ce que n'importe qui répondrait.

– « Oui, dit Phèdre, voici, Socrate, cette heure qu'on appelle immobile : Midi. »

– Et moi au milieu de mon âge. Au centre du monde inventé pour Apollon. À ce moment de l'homme qui révèle impérieusement présent le passé et l'avenir immédiat. Nous sommes entre notre passé et notre devenir : ce que l'homme préservera... *Peuples* de Mars ou d'Andromède, votre sagesse commence-t-elle à Délos, là où finit la nôtre ?

Si la faible lueur de notre planète nous portait, combien d'années-lumière faudrait-il pour nous laisser mourir aux yeux du *monde analogue* le plus proche ?

Pindare : « L'homme n'est que le rêve d'une ombre. » Le Soleil qui s'élevait avec nous va dès lors se retirer de nous. Le désespoir est un état de calme.

Délos désolée, et la Crète, cette grande barque naufragée qu'on croirait repeinte par Picasso... Où prendre de la compassion pour notre aventure historique tellement incertaine ? Nous jouons le jeu, je crois bien sans même vouloir le gagner. Le survol de l'histoire laisse à penser que les dés sont pipés. Il n'était nullement besoin d'un Archange avec de la foudre ou un bâton de Commandeur pour chasser Adam de son Paradis ; son premier fils l'eût fort bien fait tout seul, car l'homme ne semble né que pour engendrer son pire ennemi.

Depuis Rome, sur les routes du sud, les capitales chantent : des ruines couvertes de cigales.

– Je pensais, près de l'alignement des lions mutilés et muets, à ce vacarme de nos agitations, de nos politiques, de nos cris ; à la valeur de notre discours, à cette parole rendue au silence par le moindre murmure de la mer. Si je ne cède pas à la leçon du silence, c'est que le raisonnable, sans doute, n'est pas mon fort. Mais c'est peut-être aussi pour avoir imaginé qu'une seule de nos paroles pouvait un jour être entendue d'un seul. Oui, nous avons dans la bouche ce goût déraisonnable du message...

Dans un monde vain, plus rien n'est inutile. Que dit Pindare : « Celui qui ne risque rien n'aura que le silence et la mort[1] ? »

– À Délos, dans l'incendie de lumière immobile, c'est encore le silence de Delphes que j'entendais, la Parole enfouie dans la bouche du temps, et nulle autre

1. Plus exactement : « À qui ne tente rien, le silence et l'oubli ». (IIIe et IVe *Pythiques*, 49 ; trad. des *Œuvres complètes* par Jean-Paul Savignac, La Différence, 1990).

à attendre d'une humanité qui a renié l'unique état de grâce de l'Occident. Et le Verbe est déraciné.

– Dans les moments de bonheur pur, j'en appelle avec un élan égal à l'apaisement de la mort, l'unique sérénité.

Comme la soif, après un alcool de feu, d'eau pure. Mais qui comprendrait ça !

– À bord du bateau, me gardant d'ouvrir le bec et de paraître comprendre les conversations, j'avais vu s'agglomérer, au départ du Pirée, sous la houlette d'une grosse femme autoritaire, un petit groupe de Français, voués au même hôtel – qui n'était pas le mien. Je les ai aperçus de loin en loin, la grosse toujours vêtue de blanc, telle une Iphigénie lourde à décourager le vent. Sur le port de Myconos, ce matin, les pêcheurs, ou leurs gamins, battent les poulpes gris pour les attendrir ; ainsi que fait avec une autre race de pécheurs le dieu des chrétiens...

Le « petit groupe » vient à passer. L'un, très garçon coiffeur pour dames, d'évaluer, à la vue des poulpes, les dangers du bain. « On ne sait pas s'il y en a qui seraient capables de vous étouffer », dit-il. Iphigénie l'immaculée, énorme yaourt, intervient, péremptoire :

« Savez-vous comment il faut se défendre ?

– Lui donner des coups sur la tête ? Si la pieuvre vous tient les bras...

– Non, mon cher ! Non ! Vous lui retournez d'un seul coup la lèvre inférieure, et elle crève ! »

Iphigénie s'éloigne, le vent complaisant dans ses voiles, suivie de ses ouailles. Ce que c'est que la connaissance, tout de même.

– *Hydra.* – Revenu cette nuit de Myconos sur une mer agitée, par un autre bateau. Dans les coursives, des passagers affalés, partout, glissant sur les fesses selon le roulis, entre les coups de boutoir des vagues contre la coque ; burlesque. On entend claquer des portes mal fermées, des objets choir. Je me couche, bercé par ce mouvement, ces souffles rauques de la mer le long du bateau. Au Pirée, le ciel est clair, tout est devenu plat, paisible, ensoleillé. Je prends un petit déjeuner au soleil, change de quai, et pars pour Hydra.

– Un extraordinaire sentiment de liberté totale, comme si Paris n'existait plus. Mes amours sont toutes au diable vauvert. Je suis comme une feuille dans le vent, et ces îles sont ventées jour et nuit ! Jolie ville blanche, les canons sur la mer, les terrasses désertes. L'hôtel, le *Xénia*, est neuf et froid. Peu de gens dans les rues pas même sur le port. Pas de bagnoles ; vieilles belles demeures.

Un garçon m'aborde, dans un anglais douteux, pour connaître l'heure. Doit-il prendre un bateau ? Non, il habite le Pirée mais, quelle infortune, n'a plus d'argent, même pas pour se payer une chambre. La situation mérite que je lui offre un café, ou un ouzo, dans un bistrot du port. Une proposition qui doit lui paraître d'excellent augure. Allons pour un café, et une bière pour Télémaque. Histoire de voir (mais il ne me plaît pas). Je joue les naïfs, ce qui lui donne des ailes : avec d'à peine discrètes mimiques, à l'appui de son anglais approximatif, il me fait comprendre qu'il est prêt à coucher avec une fille, ou peut-être avec un garçon, pour avoir un lit cette nuit. Je me retiens, tant l'exorde était prévisible, de ne pas lui rire au nez. Par-dessus le marché, il m'a tout l'air d'un qui vous volerait avec la dernière honnêteté. Il serait bien naïf de parler de fausse candeur, tant ces gigolos vous prennent, avec aplomb, pour le dindon bon à se faire plumer. Mais c'est assez distrayant. Le pauvre Télémaque y aura quand même gagné une bière.

– Le reproche le plus « cuisant » qu'on puisse faire à la cuisine grecque, c'est qu'elle est toujours tiédasse.

– Pour la première fois dans ce pays, dans la chambre de l'hôtel, une Bible en grec.

– *Nauplie.* – Je ne sais trop quel jour est aujourd'hui et peu importe. Belle cité fortifiée. Il n'y a plus de chambres libres (un congrès de je ne sais quoi) ; dormi dans un lit de camp sur une terrasse d'hôtel, le ciel étoilé parfait.

Noté des travaux d'aménagements, des améliorations, et on ne voit plus, apparemment, que les femmes travaillent aux lourdes tâches de terrassement, par exemple. Grâce au gouvernement de Karamanlis ? Une amélioration économique est visible (dans Athènes on bâtit, et on détruit beaucoup). La marine marchande aurait reconquis sa place dans le trafic mondial, et l'on parle de nouveaux armateurs richissimes (ce qui ne veut pas dire que les équipages soient bien rémunérés...). La province est souvent pauvre, mais je n'y ai jamais vu des scènes aussi lamentables qu'en Espagne ou au Portugal.

Costas m'assurait que le cinéma se développe, que les studios disposent de meilleurs moyens que les nôtres, en France, ce dont je doute ; on tourne ici soixante-quinze films par an. Mais que valent-ils ? Je n'en ai vu aucun encore.

Une question, pour laquelle personne n'a de réponse – on est très soucieux de ça en Crète –, et pourtant cruciale : comment stopper la raréfaction de l'eau ? Par endroits, les villages sont dans une situation précaire, les sources presque taries. Parallèlement, les jeunes abandonnent les campagnes pour les villes, surtout pour aller à Athènes. Le frère aîné de mes jeunes amis d'Aghios Nikolaos s'en est allé travailler à Hambourg comme mécanicien naval. Les jeunes qui restent essaient de trouver un emploi dans les cafés, les restaurants, les transports.

– Les temples sont par terre, mais les marchands sont revenus. À Milan, rien moins qu'orientale, on peut prendre des glaces et des sodas sur le toit de la cathédrale. En Grèce, comme des papiers gras, les touristes suent entre les ruines des temples. Une dame française s'étonnait l'autre jour, à l'aéroport d'Héraklion, en toisant les bagagistes : « Vraiment, ces Grecs ne ressemblent pas du tout aux belles statues des musées ! » Sans vouloir, avec muflerie, imaginer quelque carence de culture, je la soupçonnai de ne pas vivre. Les *kouroï* archaïques descendent parfois dans la rue (et même ce sourire et ces yeux verts émergés d'une nuit d'oubli). Mais c'est l'Hermès mou de Praxitèle qu'on admire.

J'aurais pu évoquer ce garçon rencontré à La Canée, exactement dessiné comme une statue archaïque, du front un peu bas et buté aux hanches un peu lourdes de jeune paysan. Il est vrai que la suzeraineté turque n'apportait pas une grâce particulière... Les Grecs s'empâtent davantage dans les villes ; les campagnes, où la vie reste fruste, les ont à cet égard mieux sauvegardés – je revois, lorsque nous étions une autre année à Parga, sur la côte d'Épire, le jeune amant, qui était la grâce même, d'un membre du Club Méditerranée, grand et mou, aux yeux pochés de bistre, et dont la compagne, étonnamment nommée Espérance, et fort sympathique, prenait les choses en bonne part.

La statuaire grecque répond à Pindare ; elle célèbre l'honneur du Beau, donc le Vrai ; c'est sans doute le secret de ces sourires cernés de tendresse et de mélancolie. C'est aussi l'Égypte saïte contre l'Égypte de Thèbes. Et c'est cela qui nous fait défaut, cette calme acceptation de la mort au terme d'un moment fait pour être épuisé[1] .

– Désespérante révélation de ce voyage : jamais je n'avais éprouvé d'une manière aussi poignante que l'histoire n'est qu'une chaîne de désastres. Mais quelle époque fut assez heureuse pour que l'on souhaitât tout suspendre, et que rien enfin ne change ? Le malheur, en terme de civilisation, c'est que la seule continuité est celle du pire.

– Un Grec me dit, alors que nous tentons de converser dans le car rugissant, entre Nauplie et Athènes (mais c'est moins la machine qui rugit qu'une horrible gamine qu'un bon coup sur la tête ferait taire, c'est simple) : « Grecs, Italiens, Égyptiens, Libanais, Yougoslaves, ce sont beaucoup de masques pour un même visage ! Nous sommes tous du même bord et nous le savons, nous sommes les bâtards de l'Orient et de l'Europe. Je ne connais pas les Espagnols, mais je crois qu'ils sont un autre monde. »

1. Une partie des notes de voyage qui précèdent furent utilisées pour une chronique dans la *NRF* d'octobre 1962 sous le titre *Les Terrasses de lumière*.

Cet homme plus très jeune parle un français aisé, prend le temps de choisir ses mots. Il me dit être directeur d'une succursale bancaire à Patras. Je lui demande si, en fait, l'économie du pays s'améliore ; il sourit : « Pour quelques-uns, l'économie se porte très bien. Mais chez nous, quoi que vous voyiez, n'oubliez jamais que vous êtes presque en Orient. Nous avons inventé la démocratie, mais ça ce sont nos livres d'histoire qui l'écrivent, bien sûr ; peut-être devrions-nous écrire dans le livre pour nos enfants que nous en avons perdu la... comment dites-vous, la formule ? la recette ! Oui, la recette ! » Il soupire, puis ajoute : « La politique abîme tout. En France aussi, je pense. » La réflexion de L. me revient à l'esprit : « La politique me gêne. »

À l'arrêt de Corinthe, la môme hurlante descend. Sa mère va-t-elle la jeter dans le canal ? Ah, si la mère se nommait Médée...

– *Rome*. – Aucune des réservations faites à l'agence de l'Alitalia de Rome n'ont été enregistrées, charmante nouvelle que l'on me sert à l'agence d'Athènes. Ma patience, dont on vient assez vite à bout, se traduit en termes assez vigoureux pour que l'on me trouve une place en correspondance Rome-Florence-Venise. J'avais aussi menacé de reprendre un vol Olympic entre Athènes et Rome, au détriment de l'Alitalia. À l'aéroport, j'ai droit à tous les égards…

Mais quelle folie de revenir seul, au lieu de... À Venise aussi je vais me retrouver seul (la vie n'est pas simple, mais avoue que tu n'y es pas pour rien). Je vais dîner place Navone, dans une splendide mélancolie. Je pense à la réflexion de la charmante vieille

Américaine, ma voisine dans l'avion d'Athènes, qui avait vu la moitié du monde : « Tout cela n'est pas très gai. Je reviens toutes les fois assez triste, et pourtant je repars toujours. »

– Les thermes de Dioclétien ; ne seraient-ce les jeux d'ombre avec la lumière et le dessin des pins, ils ressemblent aux ruines des grands docks de Londres sur les photographies d'après-guerre. Le chaos paraît être une des constantes de l'histoire ; et l'autodestruction l'une des vertus du genre humain.

Il suffit dans Rome de marcher pour traverser les désastres d'une race atteinte de folie permanente.

Quel jour sommes-nous ? Chateaubriand n'écrivait-il pas, de Rome, que c'est la ville où il ferait bon méditer et mourir ?

*

Quelle mémoire respire
l'air bleu balsamique,
ce bloc de lumière, dur,
qui entoure toute chose ?

Arc impur de Constantin,
vainqueur du vrai.

L'aérien dessin des pins
semble pris dans l'ambre
séculaire,
que sécrète l'odorante et nue
sérénité des dieux.

*

– Pavese donne dans *Le Métier de vivre* (p. 49), une bonne définition du « raté » ou, plutôt, il mesure justement que le raté n'est pas celui qui n'aura rien laissé ni accompli de « grand », mais tout manqué à tous les niveaux, à tous les étages de sa vie. Un ministre, un manœuvre peuvent être des ratés pour des raisons similaires. La réussite sociale n'est qu'un critère douteux. La réussite du bonheur, alors, c'est d'être heureux selon son désir.

Ce qui est terrible, pourtant, c'est de voir le ratage inscrit sur un visage, même un jeune visage ; comme la cicatrice du destin cyniquement marquée par avance.

– *28 septembre*. – Vol en Dakota qui laisse déchiffrer la géographie italienne à loisir. Aperçu, à l'est, le « Dôme » de Florence, avant l'atterrissage ; puis après une brève escale la traversée rapide des Apennins, et la large plaine du Pô ; on atterrit maintenant à Mestre, en terre ferme, plus à San Nicolo', le minuscule aérodrome à la pointe orientale du Lido. Vaporetto pour la gare. Grand Canal. – Je descends au *Concordia*, derrière la basilique, dont un ami m'avait recommandé l'agrément et la bonne qualité de la table quand on ne veut pas dîner dehors.

La fenêtre de la chambre donne sur une *piazzeta* joliment ornée d'un puits. Je vais situer le logis de Laura, la courtisane, à cet endroit du *Concordia*, qui est fort plaisant.

Je me promène un petit carnet de notes en poche ; après tout, je suis là pour nourrir mon roman à venir.

– Piazza San Marco, trop nette, trop belle ? Un écrin empli de chiures de mouches, les touristes. Retour à l'enchantement amusé des Carpaccio de San

Giorgio dei Schiavoni. Lu dans le Livre d'or quelques bouquets de vulgarité en français. La même chose partout où l'on va. Au palais ducal j'entends un guide qui tire sa cordée : « Napoléon a balayé tout ça. C'était la *dolce vita,* Venise. Il fallait un bon coup de balai ! » Satisfaction de mes compatriotes, qui défilent le nez sur la croupe ou la nuque de celui qui les précède. Pas un ne s'est arrêté un instant devant *Les Noces de Bacchus et Ariane*, cette splendeur. Mais devant quoi s'arrêtent-ils ? Le coup de balai du goujat corse : c'est à ces crétins qu'il devrait s'employer !

– *29 septembre.* – Une lettre de Paris m'apprend qu'il y fait froid, que tout se noie dans un brouillard épais et glacé. Naturellement, je vais revenir à Paris en novembre ; on revient toujours en novembre quand on revient à Paris. Trouverai-je du courrier d'Italie, de Londres ?

– *Sans date.* – Quand j'aurai fait le tour du monde, aurai-je fait le tour de mes désirs ? Par quoi en aurai-je le plus tôt terminé ?

Y a-t-il des jours qu'on envie les vieillards desséchés, uniquement préoccupés de leur bouillie, arrivés pour ainsi dire à destination ?

– Je vais partir. Dernières flâneries le long des Schiavoni, et puis dans les *sestieri* ignorés des touristes ; je m'arrête, pour bourrer ma pipe, à hauteur d'un *squero.* Deux vieux ouvriers discutent devant une gondole retournée. L'un d'eux caresse de la paume la barque blessée qu'ils réparent. Assis sur une marche, dos au mur tiédi par le soleil, je ne les gêne pas, je sens l'heure couler sur moi comme l'eau même du temps qu'il me faut remonter jusqu'à mon invention de Venise.

Je les salue quand je m'en vais, et celui qui porte une casquette la soulève en prononçant un vibrant *Adio !* Comme une fin de cinquième acte à la *Fenice*. Ce soir, dernier verre au *Florian*.

Je pressentais que ce séjour ne me servirait pas à grand-chose. Au milieu de cette chienlit, mes personnages me lâchent. Je voyais mieux les choses de ma table de travail. (Quand *La Balle au bond* a paru au printemps, on me dit : Combien de temps avez-vous vécu à Barcelone pour la dépeindre ainsi ? – Trois jours.) Il suffit d'une toile de Guardi pour écrire un chapitre.

– *30 septembre*. – Il est près de minuit, je boucle mon peu de bagage, range les plans, les cartes, les guides. Demain, le premier avion pour Milan, puis Paris. Pas éprouvé un instant le sentiment de solitude au cours de ces cinq semaines. L'absence de L., bien sûr, surtout à Rome, et ici. Une blessure qui te fait penser que tu as la chance de pouvoir souffrir – l'autre face du bonheur, en fait.

– *1er octobre, aéroport de Linate*. – Dans une heure, j'aurai quitté le sol italien. Le vide, maintenant, entre mon livre et ma vie. À quoi bon tant d'agitation... Se retirer de tout ? Le bonheur : se faire prêtre sans dieu ? À défaut, le pluriel des dieux est préférable.

Pourquoi mes amis me supportent-ils, et peut-être m'aiment ? Question dont la réponse ne m'appartient pas. Comment comprendre les autres alors qu'on se comprend si mal !

Je m'assieds près d'un hublot dégagé des ailes à droite de l'appareil, un Vickers Viscount.

– *Octobre, Paris.* – Allé à P. pour le week-end. Samedi, humant l'automne, son odeur mouillée de feux de bois et de feuilles dans les vergers, je croisai la sortie animée des collégiens aux yeux embués d'un cerne bleu, fatigue des études et envies de l'amour. Je vis déjà en exil de ma jeunesse. Que gagne-t-on à vieillir, quand on voit comment la vie nous accommode ! On serait sans doute accablé de rencontrer qui on avait désiré quinze ans plus tôt – alors que sa photographie retrouvée, écornée ou jaunie, ou dix lignes griffonnées sur une feuille de cahier pour confirmer un rendez-vous, suffit à nous bouleverser. L'art reste l'arme unique contre le temps.

Une lettre de Lodovico, postée à Rhodes. Nous nous sommes frôlés quelque part dans le ciel de l'Égée.

– Acheté quelques disques, dont *La Découverte du Brésil,* de Villa-Lobos. Invention de la musique. Somptueux tissu orchestral. Fenêtre ouverte sur la vallée fraîche aux couleurs gorgées d'eau, à peine tiédies par un Soleil pâle, lointain, déjà exilé lui aussi. Un feu gelé. Sur l'étendue calme et presque silencieuse, je suis des yeux le déploiement des grandes fresques du ciel, indifférentes à ce qu'elles racontent. Que pourraient-elles raconter ? Rien que ce que les poètes et les peintres en ont inventé pour nous. Hier, c'étaient des nuées lourdes à la Constable ; cet après-midi, tout le haut du ciel paraît peint par Tiepolo.

Une fois que je me suis bien enroulé dans ma fatigue, dans l'à-quoi-bon, le pourquoi du jour qui vient, quand j'ai bien tout ressassé et tout expectoré –

ah, ces glaires romantiques ! –, eh bien, je vais me rasseoir devant mon papier blanc. La vie revient avec l'encre sur la page. Drôle de vie. Il suffit aussi, parfois, d'un visage qui passe, d'un regard capté, complice, ému – émouvant, ce qui est mieux encore.

– Pourquoi écrivez-vous ? – Et vous, pourquoi aimez-vous votre femme ? Elle n'est pas si belle !

– *17 octobre*. – Manifestations arabes (interdites) dans la ville en état de siège. Couvre-feu. Police partout, sur les dents, prête à tout. Les banlieues entrées dans Paris. La guerre s'est terminée il y a quinze ans, et nous en sommes là. Les grands conflits ruinent autant ce qui était invisible que ce en quoi on croyait, parce que les façades sont érigées pour cacher la vraie vie, celles des gens, et la lèpre politique.

– *19 octobre*. – Des dizaines de morts (ce n'est pas la version officielle, évidemment). Les gens parlent peu. Dans un couloir de la radiodiffusion, Mme G., épouse d'un ingénieur des services techniques, claironne à l'adresse de je ne sais qui : « Ils ne vont tout de même pas nous amener leur sale guerre ici ! » Un journaliste prétend que les Algériens ont été manipulés par le FLN. Une provocation pour semer la pagaille en France. La police est incroyablement hargneuse à l'égard – si l'on peut employer ce terme-là ! – de qui que ce soit. Atmosphère comparable à celle des pires jours de l'Occupation.

– *20 octobre*. – Il paraît qu'on retrouve encore des cadavres dans les écluses, ou arrêtés par les branches, le long des rives de la Seine en aval de Paris... Résultat d'une chasse à l'Arabe et de rafles immenses organisées, dit-on, par la police, depuis trois jours, et qui aurait tourné au massacre. L'impression que le pays est en passe de se déchirer. On croirait que le gouvernement – mais comment imaginer que De Gaulle ait fait machiner ça ? –, tant la surprise a été, et demeure immense, a voulu réussir des « Vêpres maghrébines ».

Comme en 58, comme à la Libération il y a dans l'air de la haine à couper au couteau. On sent les gens, à l'intérieur même des familles, prêts à se tirer dessus ! Mais la plupart restent silencieux. Entendu dans un café près du Champ de Mars, d'un livreur de bière : « Les poulets, y z'en avaient marre de se faire tirer comme des lapins, y z'ont pris leur revanche » (allusion zoologique aux attentats contre la police). C'est l'esprit poulbot du temps ?

La Houppette (Roger Frey) et Maurice Papon, le ministre et le préfet, auraient organisé la répression. Certains assurent que la police a profité d'une provocation du FLN pour régler ses comptes. Il y a eu des abominations, qui ne seront probablement jamais avouées, ni dénoncées. Nous ne sommes pas un pays où la politique fait son *mea culpa*.

– *1er novembre*. – Lundi soir, vu *Pour qui sonne le glas* dans une salle de la rue Saint-Dominique ; la copie tressautait comme si les coups de fusil passaient au travers. Après ça, promené une heure dans le Champ de Mars lunaire, désert, glacé, des boules de brouillard roulant sur les pelouses. Puis travaillé jusqu'à trois heures du matin, sur mes notes, etc. Je vois bien les enchaînements, d'un point de vue technique ; tracé sans attendre les repères de plusieurs scènes – le nocturne, inspiré par la petite peinture anonyme du musée de Berlin qui figure dans l'essai d'Isarlo, *Les Indépendants dans la peinture ancienne* : en ajoutant le troisième, l'autre personnage, évidemment ; et puis la scène au *Florian*, avec Gozzi. Mais il faudrait que je puisse m'atteler à ce livre et ne faire rien d'autre.

– Les feuilles d'or transparent du cerisier se sont éteintes doucement à mesure que les lampes se rallumaient au bord de la nuit. (Par-delà la barrière des arbres, la plupart presque défeuillés, et les hauts murs, on entendait ce matin les Arabes manifester dans la prison, au bas de la rue.)

– *5 novembre.* – Matinée magnifique. Lu une heure sur le balcon, au-dessus des feuilles d'or, ou fauves, du jardin. À mes pieds, la chienne se prélassait sous les caresses du Soleil.

– Si on vous demande de quel pays vous revenez, aussitôt on ajoute : En voyage organisé ? Il semble que personne ne puisse, ou ne sache plus voyager autrement, si toutefois c'est voyager que d'être manipulé, entassé, guidé, assigné (à l'hôtel, aux repas, aux visites au pas de charge, et j'en passe).

– *Sans date.* – C'est terrible que de commencer d'écrire un livre. Parce qu'on sait qu'on se lie pieds et poings pour des mois, voire des années. Que ferait-on, sans la passion qui nous contraint !

– Le souci de ne pas écrire de phrases inutiles n'est pas le souci premier du romancier. Il lui faut – il lui fallait – de quoi lier les matériaux. Mais les matériaux romanesques aussi ont changé.

– *10 novembre*. – Paris sous des torrents d'eau froide, surpeuplé par les polices en armes, et sinistre.

– Le cœur qui pleure, ce valet de chambre des mauvais écrivains.

– Le danger vient moins des foucades du sexe que des emballements du cœur, car alors on risque une sacrée bûche.

– En art, personne n'invente absolument, mais quelques-uns recréent, quand les autres recopient.

– Il est nécessaire que mon abbé vénitien soit un abbé de son temps. Il sera seul à parler religion, car personne au fond n'en a cure ; il pourra dire ce que chacun en pense mais, du fait qu'il est de la boutique, il parlera en connaissance de cause – à supposer, au fond, qu'on lui demande son avis.

– *18 novembre*. – Christian Bernard m'apporte le roman de Jean-René Huguenin, *La Côte sauvage* : « J'ai bien peur qu'il te plaise, mais je ne t'en dis pas davantage. » Belle écriture classique, et fond plus ténébreux qu'il n'y paraît, avec quoi je me sens, c'est exact, en *sympathie*.

– La jeunesse nue sous son manteau d'étincelant amour. Serait-ce le jeune homme de la Bible qui s'enfuit en laissant ce manteau aux mains de ceux qui tentent de le retenir ?

– Ivan charmant et enjoué comme à l'accoutumée. Le plaisir le transfigure littéralement. Tu es, lui dis-je, un Archange d'amour. Il rit – « Tu es fou ! » –

de lui, dans une certaine mesure. Mais il n'y a entre nous que cette complicité physique qui, en elle-même, reste un don des dieux. Chez bien des gens, la sexualité doit être assez pauvre et, si j'ose dire, besogneuse.

– *19 novembre*. – Journée splendide et le Soleil rayonne, c'est bien le moins, encore que ce soit inespéré. La lumière rivalise avec les dernières flammes des arbres. Nous aménageons le grenier de la villa pour que je m'y installe. Je le peindrai aux couleurs vives et dures de Knossos.

– Que retiendra-t-on de *La Balle au bond ?* Quelques phrases en forme de moralités ? Ce sera bien.

– Les crétins qui accusent la jeunesse de rêver (si au moins elle en avait le loisir heureux !), ce péché républicain, eux qui consacrent deux ou trois heures par jour à s'astiquer l'esprit (?) avec un journal saturé de niaiseries et de vulgarité.

– *25 novembre*. – Entendu : « Tiens, ce soir on donne *Hernani* à la télé, encore un film pour les gosses. » Hélas, c'est bien vrai.

– Combien de Verdurin n'ont, d'un Guermantes, épousé que le valet de chambre ?

– Elsa Barraine, un peu laide et triste ; elle a composé une œuvre sur *Poésie ininterrompue*, d'Éluard, et un ballet avec « La chanson du mal-aimé ». Timide, modeste, communiste et apparemment peu jouée.

– De qui ces vers charmants, de Toulet, de Radiguet ?

Adieu, la raquette sonore,
Les cris anglais, les gestes blancs,
Le seul jeu de ce jaune octobre
Est de s'embrasser sur les bancs.

Ils pourraient être de Radiguet, mais Radiguet, myope comme une taupe, ne jouait pas à la raquette, déciderait un de nos éminents universitaires.

– *Sans date.* – Qui dit la jeunesse dépravée, c'est par dépit.

– Les vices sont comme l'amour, plus on vieillit moins ils charment et plus ils captivent.

– La jeunesse condamnée à la concupiscence est perdue, et d'abord pour elle-même.

– Les femmes ne sont pas si sottes, qui font l'amour au fils du géronte qui les entretient.

– Les jeunes gens cherchent à exprimer ce qu'ils pensent. Ils vieillissent, et essaient d'exprimer ce qu'ils croient qu'il est utile de penser, ou ce qu'ils croient que pensent les Utiles.

– Faire comme les autres, voilà l'un des fruits véreux de la sagesse publique, cette niaiserie.

– Si les religions n'avaient créé tant d'interdits, l'amour ne susciterait pas tant de scandales.

– Prendrez-vous encore un peu d'*apozème* de tilleul ?

– La charité fait plus de victimes qu'elle n'en soulage. Il y a même un exemple historique, celui du *Bazar* d'icelle.

– Dans la misère, ce surcroît de malheur : se savoir aux mains de la charité.

– En France, les politiciens font carrière, ils sont les fonctionnaires insubmersibles du mensonge permanent.

– Pour les services administratifs et techniques de l'ORTF, les rares écrivains en charge d'un département sont des saltimbanques incapables ou, dans le meilleur des cas, d'aimables fantaisistes. Il n'y a guère que Paul Gilson pour en imposer. Grand, voûté, courtois, des traits fins dans un visage empâté, lui est un poète fantaisiste mais un patron estimé. Il a su se faire respecter (il refuse qu'on parle jamais à l'antenne des rares petits ouvrages qu'il publie), de tous ces pieds-plats venus des Postes & Télégraphe et d'une lie d'obligés laissée sous lui par chaque gouvernement…

– En 1919 et en 1945, les politiciens ont perdu la paix après des guerres durement gagnées.

– Nos amis possèdent quelquefois le don du mauvais conseil ; c'est qu'ils craignent de nous voir partir, aller trop loin, les quitter. Il leur est venu le souci des familles.

– Saint-John Perse, poète de l'espace ; incompréhensible aux Français.

– Lundi soir, cocktail chez Gallimard pour le Prix Fémina décerné à Henri Thomas. Dans un fauteuil, près de l'entrée du grand « salon », une antique Colomba, la tête ballant de droite à gauche, le visage mauve défait dans l'odeur du whisky. Un maître d'hôtel, à l'instant que j'arrive, détache charitablement un morceau de tartelette accroché à son châle. « La pauvre a dû lire le Henri Thomas dans l'après-midi », glousse Robert Kanters, à l'adresse du gigolo qui se pavane dans son sillage. Je n'ai pas lu Thomas, mais la méchanceté gratuite à l'égard de cette vieille femme (je ne saurai pas qui elle est, et c'est bien ainsi) est bien l'un des pires travers de Paris.

Bien que ces Dames ne soient pas au complet, la galerie reste digne de Daumier. D'un Daumier qui se ferait pathétique. Car plusieurs sont si décrépites, et visiblement si pauvres, que le cœur se serre quand on songe qu'elles viennent, par leur vote hésitant, ou bien pris en mains par une consœur plus... avisée, de verser la corne d'abondance sur un auteur et son éditeur.

Du second salon surgit lentement une espèce de figure d'iguane sous du blanc, du crème, de la dentelle partout et un peu sale, ou salie. La vieille dame avance au ralenti, avec ses cannes, ses bas troués, des petits fours plein le réticule. Elle poussait ses énormes snow-boots sur le parquet, l'œil fixe, sans voir ou reconnaître quiconque, comme déjà vraiment « partie ».

Lèvre juteuse, André Maurois s'en va, après un tour de piste alerte et mondain, son numéro de vestiaire pris dans le ruban du chapeau. Arland, du fond d'un semblant d'absence, me parle de l'île de Ré, peut-être en revient-il. Thomas a l'air d'un gentil ludion qui monte, qui descend, selon le degré d'alcool interne, c'est donc un ludion qui a bu son bocal. La presse est grande, comme on dit.

– Mardi soir, avenue de l'Opéra, vu avec des amis *L'Année dernière à Marienbad*, une sottise prétentieuse et emmerdante. Mes amis ont bien aimé.

– Exposition Goya. Superbe ! Les portraits fascinants. Altesses hystériques ou moribondes, monarques inventés par Voltaire et peints avec la passion féroce et magnifique du génie. Ne croit-on apercevoir les vers grouiller déjà sous le masque de la reine ? Une peinture à laquelle rien ne résiste, et tout aussi capable de nous enchanter par ses jeux de lumière et sa grâce, le glacis des tissus, la coquetterie d'un enfant, des accords de gris, de rose, de noir.

– Découvert Villon, le peintre. Stéphane Armand m'avait dit de ne pas manquer ça ; l'exposition, « Cent tableaux de J. V. », a lieu chez Charpentier, faubourg Saint-Honoré. Comment traduire en mots ce miracle d'équilibre dans une effusion de couleurs ! C'est par admiration pour le merveilleux poète que ce Duchamp parmi les Duchamp (l'un des autres est l'amusant dadaïste) a choisi son nom. Le catalogue est préfacé par Jean Tardieu.

– Louis XI ou Richelieu passent pour suprêmement habiles : mais le nombre de couleuvres qu'ils ont dû avaler est impressionnant. Un grand politique ressemble à un grand acteur, en ce sens qu'il ne triomphera qu'en mettant sous le pied toute pudeur, toute apparente fierté, pour le triomphe de sa vérité, du rôle pour quoi il est « élu ». Bien sûr, plus on est démuni, plus on se sait vulnérable, plus l'intransigeance a des chances d'emporter la mise. Ce fut le quitte ou double de De Gaulle comme de Churchill. Peut-être le sentiment d'être entouré de médiocres vous repousse-t-il plus haut encore ?

1962

– *3 janvier*. – L'année commence mal : six mois de retard sur mon plan de travail. Pas de voyage, donc (?), mais le temps « perdu » ne se rattrape pas, après la pluie le beau temps, et la barbe je n'ai qu'à battre ma coulpe.

– Lu *L'Insigne du courage* de Stephen Crane dans la traduction de Dominique Aury. Vers la fin, on croirait que c'est l'auteur qui prend peur. Invention parfaite de la guerre.

– Avant de la mettre au panier, je parcourais la liste des gens à qui j'avais adressé *La Balle au bond* en mai de l'an dernier. Les personnes qui n'ont d'autre titre à l'avoir reçu que la sympathie, la courtoisie ou l'amitié, sont celles qui ne prirent pas la peine de me dire qu'elles ne m'ont pas lu. Ou qui ont eu la charité de ne pas faire savoir qu'elles étaient déçues…

– *11 janvier*. – Je notais « pas de voyage »… Maurice C. vient me proposer de partir pour le Maroc cet été. Il a très envie d'y retourner. Et moi, j'étais resté à rêver, dans l'affreux Algésiras – un hôtel qui avait l'air d'un claque, la tenancière sortie de *Pépé le Moko* –, quand s'allumaient les lumières de l'Afrique, il y a trois ans déjà.

– *12 janvier*. – Rien ne va ; de goût à rien. Quand je n'écris pas, que je ne suis pas amoureux, rien ne va. Quand il pleut, rien ne va non plus. À quel fanion rallier mes débris sur ce champ de bataille perdue, souillé d'à-quoi-bon, de vaseuse déploration ?

– *15 janvier*. – Toutes les anthologies se recopient, ou recopient les sempiternels « chefs-d'œuvre » qui masquent l'originalité de poètes qu'on ne voit plus que sous un rideau sur quoi est brodé « la mort du loup », « heureux qui comme… », « ta douleur ô Du Périer » et le vase que l'autre idiot a cru bon de fêler. Il faudrait composer une anthologie sans rengaines – il suffirait de noter les poèmes qu'on aime découvrir et relire.

– Mes personnages se dessinent peu à peu ; une attitude, une mélancolie ou un sarcasme flottent autour de l'un ou de l'autre. Il faut que je les voie. Manière d'avouer que tout est encore dans la brume. Ne pas oublier que nous sommes à Venise au XVIIIe siècle et que les sentiments et les raisons n'étaient pas les nôtres exactement.

– *17 janvier*. – Les visages passent avec le temps ; on ne sait pourquoi certains reviennent, la nuit dans un rêve, le jour à l'occasion d'une rencontre, étrangers, autres, hostiles parfois ou narquois – ce doit être ça, l'humour noir de l'amour et celui du souvenir. Mais ces visages qu'on revoit un jour, fermés, de fer, couleur de mépris ? de colère ? Et ceux qu'on aperçoit, abîmés déjà, par on ne sait quoi : l'alcool, le mal d'être, la maladie ? Abîmés à trente ans et à jamais.

– *19 janvier.* – « J'ai le cœur qui se retire », disait A. L., pour exprimer son émotion.

– Un jeune garçon qui se sait désiré se donne les gants de faire le difficile, sans en prendre lui-même ; il lui semble qu'il pourra toujours choisir, et j'ai le souvenir de ces moments de miel, la vie offerte, les désirs comblés… Pourtant, la racine du doute poussait déjà de petites fleurs amères : combien de temps cela pourra-t-il durer ?

– N'est-il pas remarquable qu'on ne sache parfois séparer l'apparence de la réalité ou, mieux, qu'on ne puisse reconnaître à l'une plus de vérité qu'à l'autre ?

– *21 janvier.* – Abandon du projet marocain, car le sud en août par la route ! Une imparable logique nous incite à envisager la Scandinavie, d'aller même jusqu'à Leningrad par bateau à partir de Stockholm ou d'Helsinski.

– Toute une cohorte de nuages blancs remonte la vallée de l'Oise, tandis que le grand sapin noir s'agite, s'ébroue, s'ébouriffe. On s'attend que la ligne des collines, au fond, se soulève et accompagne le mouvement général. Tout à coup, la pluie.

– Pas encore commencé d'écrire. Hésitations. Une fois de plus le stylo reposé. Les nerfs à vif ce soir à cause du vent qui me paraît devoir tout arracher et jeter le toit dans le jardin. Surtout, j'aimerais dormir.

– *Sans date.* – L'embaumement un peu niais de Cadou va faire qu'on ne le lira plus, ou pas comme il serait bon de le lire. Il a passé de la dure leçon de Reverdy – images brisées, émotion coupée vite –, qui lui fait écrire « Je cherche un homme en moi / À qui parler… », à un lyrisme plus naturel à sa voix, proche dans ses beaux instants de Fargue, de Jammes, de Supervielle. C'est quand il écrit :

On a tiré les lourds vantaux du soir…

… L'échoppe rose des aurores…

ou ces trois vers de « Symphonie de printemps » qui charment en boitant :

… Une jeune fille de famille toute nue
Se dresse à la croisée ouverte et regarde
Dans un morceau de lune triste comme un parc.

Malheureusement, plus il se débarrasse des influences, moins il prend garde à ses faiblesses. Il engrange en hâte, la mort sur le seuil, une moisson mal mûrie. Les plus beaux poèmes doivent se trouver en fait dans *Hélène ou le règne végétal*, et le temps doit prendre le temps de le débarrasser de l'inutile.

– Une vérité pour chacun, rien d'universel.

– Il faut reconstruire des mythes. Dès que les dieux qui nous possèdent s'universalisent, nous les perdons. Ils nous sauvent alors autrement : ils sauvent ce que nous avons bâti avec eux.

– *Werther* est un moment de fadaise – une actualité du cœur ; *Faust* une trompeuse éternité ; le premier le paroxysme de l'émotion niaise, le second la fable éculée du pouvoir satanique. Aussi, il est bon de le dire tout cru, emmerdants l'un et l'autre.

– *25 janvier*. – Le manque de temps, sans doute ; mais aussi le balancement entre faire, qui me passionne, et douter, qui est le mot coutumier. Isolement intellectuel que je ressens comme dérisoire un jour, accablant le lendemain.

Tout à l'heure, je pensais à me dérouiller les doigts avec des nouvelles (car en fait je n'ai rien écrit que des débris depuis février 1960). Remplacer la science-fiction par la « morale » : *Micromégas* comme modèle. *L'Intérieur d'une tête* est à réviser[1].

Noté quelques sujets, dont :

Le Soir des autres. – Un pays plutôt désertique soumis à un despote éclairé ; race farouche, impérieuse, mais prudente. Choient presque en même temps, face à face, dans une province reculée de cet empire, deux capsules emplies de créatures qui arborent des étendards de couleurs différentes. Les naturels de l'empire, venus en rampant, observent l'invasion. L'Empereur lui-même épie, venu à bord de son train de bœufs à bosse. Le jour n'est pas tombé que les arrivants inconnus se sont étripés jusqu'au dernier. L'Empereur ramasse les drapeaux, et fait fouetter son train. Évidemment, ça a tout l'air d'une nasarde à H.-G. Wells.

1. Aucun souvenir de ce texte. Noté en marge le 5 juin 1966 : Manuscrit perdu ?

Le Mur du salon. – Une petite ville paisible. Chaque semaine, depuis quelque temps, un homme tranquille voit paraître un visage sur le mur du salon, jamais au même endroit. Le visage lui parle visiblement, mais on n'entend pas ce qu'il dit, ce qui est inutile et ridicule. L'homme tranquille s'exaspère peu à peu. Il injurie la figure inconnue, laquelle demeure aussi silencieusement loquace. À regret, l'homme tranquille condamne son salon, se réfugie dans sa cuisine, la chambre. Sa gouvernante, ses amis le regardent avec inquiétude, puis irritation. Il trouve un matin une feuille de cahier d'écolier sur la table de nuit et lit ceci : « Sétai pas la paine de crié comme un sour dans vote salon et de pa entende skon vous di je pe pa resté dan vote méson a dieu mesieu vote adél dévouai Pardonné mai y manqe a mes gage. »

La Bataille de Fontenoy. – De beaux militaires, des officiers noblement empanachés, chevaux, canons, etc. L'élégant carnage commence après les salutations, vous d'abord, pas du tout, serviteur Monsieur, premier rang feu ! Puis on annonce le roi, qui semonce les deux armées et donne l'ordre de ramasser les balles, les chapeaux et les morts, déclare que la bataille est remise à l'année prochaine.

Je n'ai que des idées loufoques, mais elles sont heureusement sans suite. D'en rester là fait que je me rassure devant le stylo une fois de plus reposé ; non : déposé, comme on dépose un prince incapable, relaps ou fainéant.

– 28 janvier. – Dans le troisième numéro de *Planète*, où l'on donne sans sourire dans une autre loufoquerie dont je sens qu'elle va nous envahir – pendules et gourous, Tibet-à-la-gomme, mystique des nombres,

entrailles des Pyramides, religions solaires et j'en passe –, Louis Armand, ingénieur à col dur très honorable, assure qu'on ne ferait plus salle comble en donnant des chrétiens à manger aux lions. Mais du moins nourrirait-on dûment les lions.

– Repris *Les Faux-Monnayeurs,* par curiosité. L'ennui vient vite : trop d'idées étalées, de discours, de personnages convenus... La même déception que douze ans plus tôt. Évidemment, il y a le suicide manqué d'Olivier... Pour moi, que la jeunesse captive, et qui ne conçois pas d'amour au-delà de sa fugace, fragile splendeur, ces pages furent un choc.

– *28 janvier.* – J'écris fenêtre ouverte, le paysage baigné par le Soleil. Le vent fait trembler à peine le bord de ma page. Lumière et calme.

– Byron : une âme romantique perdue de débauche ? Ce n'est pas si mal. Qu'a-t-il pu penser de la Grèce, crasseuse et défigurée, ses temples écroulés dans les ronces, ses popes puants, ses éphèbes changés en gardeurs de chèvres laids et pouilleux ? On voit bien aujourd'hui sous quel fumier séculaire cette patrie de l'esprit et de la beauté fut enfouie, et dont elle sort à peine.

Ce voyage en Grèce a détruit ce que j'aurais pu nourrir d'illusions sur ce qui nous attend. D'ailleurs, ce n'est pas seulement la Grèce antique que nous avons ruinée et abâtardie, c'est l'Égypte, c'est l'espérance même de toute harmonie, de tout ordre fondé sur la beauté et le bonheur. Je sais, nous regrettons Athènes parce que nous n'y avons pas vécu, parce que nous ne pensons pas aux tyrans, à la menace des Perses, etc. Mais toutes nos entreprises sont calamiteuses : les Espagnols en Amérique ont tout ravagé jusqu'au sol, brûlé les livres, et l'Europe n'en finit pas de se suicider. La destruction de l'Autriche-Hongrie fut une monstruosité que nous n'avons pas fini de payer, les Balkans changés en boîte de Pandore. « C'est ce qui reste », savourait Clemenceau, aussi néfaste pour faire la paix qu'il s'était montré efficace pendant la guerre. Alors, se passionner pour quoi ? Pour des idéologies dignes de l'Inquisition ? Pour un progrès aussi dévastateur que savant ? Comment s'étonner de n'éprouver, ce qui est tout de même une aspiration naturelle, que le désir du bonheur !

– *2 février*. – Persuadé que la *disparition* de Fabiano peut donner au roman un « coup de théâtre » final, mais surtout que cela est nécessaire, fondamental. La vivacité avec laquelle cette échappée s'était imposée d'emblée, projetée par-dessus la courbe entière du livre, je sens aujourd'hui combien elle répond à une sourde obsession, à une nécessité plus qu'à un calcul d'effet.

– *Sans date*. – Il faut oublier les intentions aussi bien qu'effacer ce qu'on a pris dans l'histoire dès qu'on commence d'écrire (c'est de mon roman qu'il s'agit).

– Je ne me reconnais pas dans les textes lus par un acteur sauf à des impatiences qui me prennent, de la colère même à entendre souligner, théâtraliser. Les effets, les éclats inutiles, vulgaires, qui travestissent les mots, le sens…

– Le don de la jeunesse, de la beauté : je te caressais, et c'était comme éveiller une statue d'éphèbe – incorrigible, je priais les vrais dieux avec un poème, « Accordez-moi encore un instant de lenteur, chevaux du jour... » Mais l'adolescent délicieux (je songe à Vlado, mais aussi à ma récente merveille) va devenir un robuste joueur de foot, puis un bon père de famille.

– Entraîné à adhérer (je crains que ce soit une sottise, qu'il soit question de tout dans cette affaire, sauf de littérature), à la Communauté européenne des écrivains. Pourtant, l'Europe ne sauvera et son passé et son avenir qu'en devenant l'Europe, pas des Balkans élargis. Sinon, nous deviendrons les métissés de demain, les colonisés de l'Est ou du Sud, l'équivalent un peu plus glorieux des républiques isthmiques d'Amérique centrale.

– Vérité de Racine. La simplicité d'un art implacable à nouer ses trames sans laisser aucune issue humaine à ses victimes ; et puis, savoir tout exprimer sans tout dire !

– L'amour physique n'est pas exclusif, mais encore doit-on ne pas l'avilir.

– *9 février*. – La démocratie d'un régime reste liée à l'étendue du pouvoir. La faiblesse n'a jamais ni favorisé, ni protégé la liberté. Mais on n'impose pas la liberté, on la fait respecter.

– Les idées défont les régimes, et la politique défait les États.

– Une démocratie sans pouvoir tombe vite en quenouille. La force des extrémistes tient à ce qu'ils n'ont rien à perdre, et savent ne pouvoir gagner qu'en jouant la carte du pire.

– À la terrasse du café, là où je t'ai vu passer ce midi. Les ruses dont tu uses malicieusement, si tu n'es pas seul, pour me jeter un demi-sourire entre les passants et tes copains de lycée… Et ce soir, tu ne pourras pas me retrouver. Je vais donc lire – quoi ? Colin Wilson et ses cotonneuses angoisses métaphysiques, moi qui n'ai jamais éprouvé ces symptômes d'esprit malade ? Soirée de barbe. À une égale distance des deux rivages, l'émoi naissant de l'adolescence et, je suppose, celui de la décrépitude annoncée, je vois bien que mon équilibre tient au fait que je compense mes passions par la solitude, l'égotisme par la curiosité, etc. Il ne faut pas tailler dans nos contradictions, seulement les vivre ensemble, prendre à chacune ce qu'elle a de meilleur. Ce qui est choisir sans renoncer.

– On ne tire profit du doute que par la création.

– L'inquiétude ? « Rien que la Terre » me suffit bien.

– *10 février*. – Manifestations violentes jeudi soir. Dans le froid et la peur, le sang et la mort. Paradoxalement, tant qu'on ne fera pas justice des responsables (mais de préférence sans attendre), le risque d'une espèce de fascisme continuera de se développer.

– Un procès politique est une tribune.

– *11 février.* – Ironie – si la nature savait être cynique – de ce matin d'été éclatant ! Les oiseaux piaillent et cabriolent sur le toit comme des fous. Un goût de bois brûlé dans l'air, comme en automne. Mais la chaude caresse du Soleil est promesse, non plus regret.

– Au moment de tracer la première phrase et de s'enchaîner à l'imprévisible, d'ouvrir la page à la lente irruption des signes, d'élever peu à peu l'architecture encore inconnue dans laquelle devront vivre ces figures pour la plupart toujours obscures, et qui errent voilées au fond de nous-même, comment ne pas songer que c'est ce que nous avons obtenu de la vie, et tout ce qu'elle nous a refusé qu'il faut jeter dans la balance, à la manière dont Palissy brûlait ses meubles et, avec ces débris et ces espérances, se mettre en question. On ne tire profit du doute que par la création.

– *16 février, Anvers.* – Hier, Bruxelles sous une neige fondue abominable. Odeur de frite molle partout. Qui colle au vent glacé. Restaurant portugais.

Musée. Un Tintoret (inachevé), à vous faire rêver des heures, par son harmonie bizarre, ses contrastes presque comiques (la fuite des vieillards au second plan à gauche !). Une totale maîtrise jusque dans l'étrange. Bruegel, l'admirable *Chute d'Icare*. Arrêtons-nous là.

Donc, ce soir, Anvers. Dans ma chambre de l'hôtel *Waldorf*, je n'entends plus, par-delà le murmure musical de la radio, que les affrontements du vent et les hululements des navires sur l'Escaut. La mélancolie des ports ; elle est ce qu'elle est, littéraire et fantasmatique, minable et éculée, mais elle existe. On peut en faire ce qu'on veut, de la mélancolie.

– *17 février, Bruges.* – Charme presque bucolique après l'austérité de Gand. J'aimerais venir à Bruges en automne.

– *Sans date.* – Une fois tombés ses « prétextes », comment l'œuvre de Gide va-t-elle subir l'usure du temps ? Nous ne lisons plus Voltaire par rapport à son époque, mais pour ce qu'il peut nous dire, comme s'il écrivait aujourd'hui, et pour la manière de le dire.

Il est possible, et même probable, que les témoignages courageux de Gide, ses critiques du colonialisme et du communisme, ne soient plus lus que pour leur valeur documentaire, comme demeurent exemplaires les batailles de Voltaire pour la liberté de la pensée et de l'individu. Mais c'est l'œuvre de l'écrivain dont l'avenir reste indéchiffrable. Sa diversité a donné dans tous les genres avec un inégal bonheur. Je ne crois pas aux maigres romans gnangnan, pas davantage aux *Faux-Monnayeurs*, mais aux petits traités du début, si originaux, peut-être aux *Caves*, aux souvenirs et, certainement, au *Journal*. Les générations qui viennent n'imagineront pas de quel empois moral il a contribué à nous débarrasser. Pour moi, il m'a conforté dans un souci d'exigence. La liberté sexuelle, elle m'était acquise, naturellement, sans questions inutiles : je voulais aimer qui j'aimais, et n'avais besoin ni d'un guide ni d'un blanc-seing. Mais il a eu, certainement, une influence libératrice sur beaucoup, et surtout sur la société. Ce n'était pas rien !

– Gide n'aurait jamais souffert par amour – mais qu'en sait-on ? Ce genre d'assertion me laisse sceptique. Et puis, il n'y a pas qu'une manière d'aimer et de souffrir, brevetée, étiquetée, jetée dans la rue à la criée…

Le suicide manqué d'Olivier est romanesque, mais il n'est pas inimaginable, pas du tout étranger à ce besoin du tout ou rien, de désir d'absolu, d'un esprit adolescent. C'est aussi un moment où l'absurdité du monde est ressentie sans nuance, surtout sans rien encore d'assez fort en soi pour s'en préserver. Si certains, très tôt, acquièrent des défenses, ne seraient-ce que celles d'une nature joueuse, ou d'une conscience de soi déjà bien forgée, beaucoup cachent, mais en souffrent, une fragilité réelle. Leur courage même peut être une sorte de vulnérabilité : ne pas savoir prendre ses distances, esquiver ; alors, ils font front, ils se blessent, durement. Je ne connais pas de plus beau moment pour aimer les garçons que ces années rapides pendant lesquelles ils nous apportent plus que nous leur donnons, quand bien même nous donnons tout.

– Abandonné Colin Wilson à ses supputations. On croirait qu'avant de vivre il lui faut se préoccuper fébrilement du sens nécessaire de la respiration. De l'intérêt du plus monotone des efforts physiques – c'est la respiration qui reste nécessaire, en cela le sens en est évident. Pour moi, le bonheur ne me fait problème que lorsqu'il m'échappe. Ce qu'il serait utile de découvrir, c'est un sens à son absence : le risque affreux de la monotonie ? Et que sommes-nous ? vieille rengaine… Rien pour hier, rien pour demain, pas grand-chose aujourd'hui. Alors, dès qu'on peut partager un peu de bonheur…

– Je n'ai pas l'intention de fabriquer des romans parce que c'est la mode.

– J'aime à regarder ces filles qu'on voit dans les cafés du Quartier latin, un peu lasses, un rien tristes, avec un livre, et ce manque de joie qui déjà les a défraîchies. Elles ne font pas l'amour avec l'élan d'un garçon, et pas toujours très bien, parce qu'elles ne se défont pas de leurs idées – il y a des exceptions – sur les risques, la famille, est-ce que je ne ferais pas mieux de me trouver un fiancé, etc. Elles me rappellent ces filles qu'à seize ans on n'osait pas embrasser dans la rue, et qui avaient l'air terrible, derrière leurs vingt-cinq ans et le rouge, un sceau de notaire sur la bouche arrêtant les mots qu'on attend.

– Quand on aime un être jeune, on ne saurait aimer que sans compter ; on ne saurait l'aimer que pour lui donner ce dont il n'aura jamais à rougir.

Il s'agit, le plus souvent, de son premier amour, et ce peut être la découverte du seul plaisir physique, sans autre sentiment qu'une joueuse complicité, une confiance même, parfois, plus grande et plus profonde qu'elle ne s'avoue.

J'aime chez les garçons la manière saine et simple avec laquelle ils se donnent, et ils exigent aussi, sans drame, sans le fastidieux mauvais théâtre des filles. Elles, en vérité, quand on ne les goûte que dans un lit, mieux vaut trouver l'amour ailleurs, les ennuis sont moindres et le bonheur sans ombre.

– Suzy Winckler (je ne suis pas certain de l'orthographe), atteinte par la limite d'âge, est mise d'office en retraite avec une pension mensuelle de deux cent cinquante francs. Sa mère, malade, à charge. Tout pour un mélodrame, que cette femme courageuse et lucide ne joue pas ; mais je voulais noter ici que le mélo avait déjà commencé par le courage, et par l'horreur : les Allemands lui arrachèrent la langue, entre autres sévices, parce qu'ils la suspectèrent – ce qui était exact – d'avoir aidé des résistants et des pilotes abattus. Faite à temps, la greffe trop courte dut être recommencée. Elle dit tout cela sans passion, calmement. Jusqu'au moment d'avouer, les larmes aux yeux, la peine et la honte qu'elle ressentait parce que sa mère allait connaître la misère avant de mourir.

Le désespoir des autres est le pire, lorsque nous sommes sans pouvoir ; quand on se bat avec soi, ou pour soi, c'est différent. Je ne sais pas expliquer ça ; je n'ai pas envie non plus de faire des maximes. Enfin, pas maintenant.

– Deux explosions sèches, toutes proches, à vingt minutes d'intervalle – il est 22 h 45 ; pompiers, police. Et ce gouvernement qui ne fusille pas, qui n'ose ou ne peut pas ?

– Il me faut la phrase, la première, le bout du fil et toute la trame viendra, disent les fées. Importance de la phrase initiale d'un roman : « Un beau matin, Grégoire Samsa… » ; et le sommeil du petit Marcel, et les jardins d'Amilcar… En réalité, on cite toujours les mêmes : est-elle si importante, cette foutue phrase ? En tout cas, pour l'auteur, il faut bien qu'il la mette sur ses pieds pour qu'avance la bourrique.

– Un portrait, comme un personnage de roman arrêté dans une porte, immobile ; s'il nous est inconnu, nous avons loisir de tout inventer. Stendhal a-t-il *vu* Mme de Rênal peinte par Ingres ?…

– Il arrive qu'on pardonne par abandon, pour éviter trop de mémoire perdue pour pas grand-chose. Lassitude fait vertu. Mais je suis vindicatif comme un éléphant.

– La vérité du Beau est la vérité des dieux : comme eux, nous avons élu chacun la nôtre.

– Celui qui écrit ? l'inconnu dans la raison. Comme c'est original et drôle !

– J'y croyais si peu que je n'ai pas noté la date des premières pages d'*Un jeune homme de Venise* ; la nuit du 25 au 26, peut-être ; tout s'enchaînait avec une extraordinaire facilité. Croisons les doigts – quelle peuplade croit à cela ? Les Yupis, les Corses, les Émanglons ? (Croiser les doigts, pour les Corses, après avoir croisé les bras, c'est trop d'effort…)

– *Mars.* – Les projections (à la Cinémathèque) avenue de Messine ont je ne sais quoi de magique – à cause de l'attente, de l'excitation du public, jeune, qui vient là comme à des messes *noires* ? Les tenanciers, la Merson et Langlois, règnent comme deux toqués de droit divin sur un désordre *fabuleux* : un film de Poudovkine, tel soir, sera présenté à la place d'un film de Vidor ou d'Ophüls ! Houles dans les rangs, sifflets, applaudissements, ricanements, puis la drogue s'instille quand la lanterne magique commence de ronronner. Il y a des types debout le long des murs, assis dans l'allée, la salle, étroite et longue, craque – et la pellicule, plus souvent qu'à son tour. De mini-émeutes éclatent quand le film ne plaît pas à des intolérants. Les injures répondent aux quolibets. Il y a aussi les studieux, qui noircissent des feuilles de carnet avant, pendant, après la projection. Un temple. Et parfois, soudain, la grâce descend sur nous : le silence, le frémissement tendu qui fait que même les esprits forts oublient de ricaner…

– *5 mars, Strasbourg*. – Jamais eu le temps, sauf une fois, en revenant de mission, de m'arrêter, flâner, découvrir. On reconnaît bien le dessin de la ville quand on la survole ; chaque fois je pensais y revenir. Et je n'y suis qu'entre deux trains, le seul bon train en réalité, *l'Européen*. J'avais écrit – et j'ai détruit, je crois – un poème en prose de jeunesse inspiré par la couleur rosâtre, les altérations d'érésipèle de la cathédrale.

– Le souci d'éternité est une figure littéraire. Qui ne concerne que ceux qui rêvent la vie, ou n'en espèrent rien ; ou en pâtissent tant qu'il leur faut une compensation.

Il suffit de « croire », me dit-on ; bon : mais pourquoi ?

Spengler prédit un scepticisme total, annonciateur de la phase dernière de notre civilisation. Que nous soyons en pré-agonie, nul doute : l'Occident n'en finit pas de se suicider, mais la fin viendra. Quant au scepticisme, tout annonce le contraire : les idéologies ne sont que des religions déguisées, et les sectes des Églises en puissance.

– *9 mars*. – La théorie de Spengler, je ne la connaissais pas, mais à Delphes comme à Délos – on a le sentiment, assis sur cette île rase où deux ou trois lionnes de pierre rugissent en silence à l'écume des vagues, que le monde s'est réduit à cela, ces pauvres pierres au milieu de la mer violette –, j'avais appris qu'il n'y a pas de réponse, qu'il n'y a plus qu'à suivre le dieu qui nous conduira au juste néant.

– *10 mars*. – En avoir terminé avec un livre ne résout rien, car celui qui vient pose d'autres problèmes. Et d'abord vis-à-vis de soi. Je répugne à ces épanchements du « moi » dans ce qui doit être, avant tout, et c'est pourquoi j'écris, ou tente d'écrire, une œuvre, pas un vase à jérémiades. Ni un capharnaüm d'idées. En un sens, mon premier manuscrit m'a purgé de ces éruptions, écoulements, complaisances qui guettent un jeune écrivain, comme l'acné saute au front du collégien. Se dire, par exemple, qu'un peintre n'étale pas ses états d'âme – ou alors, c'est irregardable, et ce n'est plus de la peinture. La bagarre avec l'ange ou avec l'œuvre, c'est le moment du travail. La vie d'une œuvre (et sa vérité) ne se joue pas sur le moment ; mais ce ne sera presque jamais à nous d'en juger, et c'est bien ainsi.

– Passages : des petits maîtres à Mozart, de Mozart à Beethoven, de Beethoven à Brahms, etc. Comme si on venait d'ailleurs que de soi, ce qui est logique ; c'est chez les autres aussi qu'on se découvre. Par exemple, la 1re symphonie de Bizet : une coulée orchestrale vive et claire, mais troublée par les bruyants orages beethovéniens.

– Nous prenons notre orgueil pour de l'intuition. Et les autres jugent que notre certitude n'est que vanité.

– *12 mars*. – Écrire, c'est s'éprouver. À la suite de quoi on se fait juger. En règle générale, le tribunal se compose d'envieux, d'aveugles et de clients.

– « La gloire n'est que le deuil éclatant du bonheur », selon Mme de Staël (mais je ne retrouve pas la source). Belle formule.

– Quand j'écrivais *Montise ou le massacre*, je me laissais emporter par la scène – la scène à faire, le morceau de bravoure, comme on dit ; je ne « voyais » pas l'équilibre général du livre, l'humeur, le burlesque l'emportaient sur toute autre considération donc, d'équilibre il n'y avait pas. Ce livre nouveau est d'une structure complexe et demande à ce que les « séquences » à l'intérieur des chapitres soient agencées avec précision, que le « montage », les « passages » ne souffrent d'aucun à-peu-près. J'écris en fonction d'un schéma d'ensemble, et d'un schéma pour chaque chapitre. L'imprévu peut donc se faire admettre mais à condition de moduler le montage des scènes sans remettre en jeu l'équilibre général.

– Sans doute, l'imagination est un élan ; ce qui est caché, ce qu'on a vécu et oublié, ce dont on a rêvé peut-être, surgit et nourrit ce qui deviendra, ou pas, une œuvre originale, ou pas. L'imagination met en ordre notre secret désordre.

– Nos amis s'attendent toujours à ce qu'on écrive autre chose ; ils sont comme les critiques, il ne convient pas de déranger l'idée qu'ils ont de ce que nous devons faire.

– *14 mars*. – Près de l'École militaire, à deux heures du matin, un adolescent presque nu sous un manteau élimé, seulement un maillot de corps et un jean. Pas un mot, *abandonné* comme on le dit d'un chien, s'offrant sans honte, le regard absent, pour le plaisir, et merveilleusement beau ! Un ange brûlant dans la nuit froide. Ce pourrait être, me disais-je en rentrant chez moi étourdi de ce bref bonheur tombé du ciel, un personnage de Dostoïevski si les Russes écrivaient des histoires dans ce genre. Je lui offris, évidemment, imprudemment ? de l'emmener, mais il déclina, avec une gentillesse muette, juste un baiser léger comme un souffle, et il partit, vite, sans se retourner.

– Avant le papisme, la première religion en France, de par le nombre de ses temples et leur fréquentation, c'est la religion du bistrot. Tant, dès qu'il y en a un d'ouvert, on y voit de fidèles. Des fidèles qui font le plus de stations qu'ils peuvent.

– Les religions et les sectes sont par nature des systèmes de pouvoir et de pensée intolérants. Le pape fait brûler Jean Huss, Calvin fait brûler Michel Servet, un autre pape fait brûler Giordano Bruno, les musulmans orthodoxes se déchirent avec les shiites... On ne finirait pas ce catalogue et, croirait-on y avoir mis le point final, ça recommencerait demain.

– *15 mars*. – On s'agite, on écrit des bouts de pensée, ou ce qu'on croit être des poèmes, le temps passe, et un jour on croit que tout ça a pris un sens, s'est organisé sans qu'on le sache bien, ça a fait des bouquins, des souvenirs, et qui sait des lecteurs : on n'y voyait goutte, on se retrouve « voyant » ! De quoi rigoler. Parce que, plus les yeux se dessillent, plus l'horizon fout le camp. On n'en finit pas avec *Le Métier de vivre*, avec le métier d'écrire non plus.

C'est, dit Pavese à la page 237, que nous sommes parvenus à maturité. Comme un melon (ça, Pavese ne le dit pas, mais il pourrait). Difficile moment : il faut se remettre en question, pour essayer de sauver ce qui reste de temps et d'énergie. De foi dans ce qu'on fait. Un cap que lui, pourtant, n'a pas passé sans chavirer.

– La lucidité impitoyable aux faibles ; se donner la mort devient la dernière ressource, consumant ce qui nous reste de force, d'énergie, de volonté.

– Le même mot, à quelques lignes d'intervalle, n'a pas la même couleur, ne rend pas le même son. Musique de la langue. Le mot n'est pas seul, isolé, il donne et il reçoit ; tout élément d'une phrase, d'un paragraphe, réagit avec ceux qui l'entourent. Chasser férocement toute répétition ne tient pas compte de cette vérité simple, ni du mouvement de l'écriture, si juste et insurpassable souvent quand il est spontané. Certains chassent la répétition comme d'autres voient des bacilles partout ; ceux-là sont des malades perpétuels. S'ils n'étaient pas malades, ils ne pourraient plus croire aux bacilles.

– *18 mars*. – Je m'enchante du jeu des couleurs du jour et de la lumière, du calme indifférent des choses. Quand nous aurons tous disparu, tout cela continuera d'être aussi calme et enchanteur, à moins que la Terre ne se meure elle aussi. Mais ce n'est pas la Terre, ni l'espace que je contemple qui répondra à des questions inutiles. La nature souffre de nos insanités, mais nous dépendons davantage de la Lune ou de la violence des vents que la Voie lactée ou Andromède n'ont à se soucier de notre race. C'est rassurant pour l'univers.

– Nous n'irons pas à Londres à Pâques ; une fée vindicative a dû m'entendre vanter la cuisine anglaise...

– Christian Bernard m'apporte des aquarelles de ses élèves – de huit à dix ans – ; une ou deux sont pleines d'humour, de couleurs heureuses. L'enfance reste l'unique moment de la vie où la spontanéité fait croire au talent.

– Il n'y a pas de dieux au-delà de nos désirs.

– *19 mars*. – Les femmes se dévouent, ou se sacrifient, pour nous amener à ressembler à ce qu'elles désirent.

– Les sentiments mal définis, si nous avons fait un choix heureux, peuvent se changer en amitié profonde.

– On ne me persuadera jamais qu'aimer ou être aimé puisse être une *faute*. Mais ce peut être une erreur.

– Faute de réflexion, l'insatisfaction reste l'état le plus commun du monde ; mais ce qui est commun rassure et voilà pourquoi les gens ne se disent pas heureux : ils craindraient d'être les seuls.

– Chacun de nos personnages est autonome, ce n'est pas l'auteur qu'il met en question, qu'il trahit, ni traduit ; il est une pièce du puzzle qu'est un roman, ce........... *(un mot indéchiffrable !)* de la vie que nous inventons.

– *20 mars.* – Bonheur animal : se sentir perméable à la lumière, au soleil, à l'odeur vivante qui monte des jardins…

(… suit une moitié de page de délires insanes, je la déchire et note que, demain, nous entrons dans le printemps.)

– Quand la politique prend le pas, dans la vie et la réflexion (si l'on ose dire) des gens, l'appareil religieux se range alors derrière le parti qui sera son meilleur bouclier, avant qu'il devienne le moyen de son retour en scène. Et quand le pouvoir tombe aux mains d'une minorité (une ligue, une oligarchie, un parti ou l'armée…), ce pouvoir sans assise populaire réelle s'appuie sur l'Église principale plutôt que d'entrer en conflit avec elle.

L'Église romaine voulait élever, mais réduire au rôle de bras séculier les rois catholiques, très chrétiens, les fils aînés de l'Église, les empereurs du Saint-Empire romain germanique, etc. Jusqu'à l'État laïque tant qu'il n'eut pas rompu ses liens. Bonaparte, qui se sait sans légitimité, engueule le pape mais le conduit à le sacrer, le tenant par le nez pour l'exhiber dans son cirque.

Le communisme, quel qu'en soit l'avatar, ne veut pas autre chose : prendre le pouvoir et ne plus le partager. Après la guerre, ni la Pologne ni la Roumanie, par exemple, n'ont pu maintenir même la fiction d'un pouvoir partagé.

– *21 mars.* – Nous discutions cet après-midi de la volonté, et je soutenais que la volonté, comme la mémoire, l'imagination peut-être, s'éduque, se développe, et qu'alors elle accroît ses pouvoirs. La volonté aide à choisir, puisqu'il faut choisir sans cesse ; elle fait tenir ensemble les aspects contradictoires d'un caractère ; elle prend sur elle la moitié de tout effort, de tout combat – et il faut sans cesse revenir se battre, surtout si l'on choisit une vie où rien n'est jamais tenu pour acquis.

– Trop de plans qu'on remarque pour eux-mêmes, donc que l'œil dissocie (qu'ils soient beaux ou singuliers, ou beaux et singuliers), disloquent le film. Ce peut être un style, baroque, expressionniste ou autre. Mais pour atteindre à une écriture fluide et souveraine, il faut que le cadreur et le monteur fassent preuve d'un art irréprochable l'un et l'autre. Nous étonner prouve alors que rien n'a été laissé au hasard.

– *25 mars*. – Les jeunes ne demandent pas qu'on leur fasse la leçon, mais qu'on essaie de les écouter et de les éclairer sur eux-mêmes. Ne les flattons pas, aidons-les à voir leurs erreurs, qu'elles ne deviennent pas des fautes.

– Ce n'est pas se rapprocher de la mort qui doit être terrible, c'est de voir s'éloigner la jeunesse.

– « Je n'aimais pas encore, et j'aimais à aimer » (saint Augustin, III, 1). Ce pourrait être un vers des *Bucoliques*.

– On ne combat bien les passions que par des passions ; puisque la raison n'y peut rien.

– *31 mars*. – Acheté hier le *Journal (1938-1958)* de Green. Commencé de le lire avec cette lente impatience qui nous saisit à l'orée d'œuvres dont la fin nous paraîtra toujours comme un mauvais coup porté à la mémoire : qui, mieux que les grands diaristes et les grands mémorialistes, peut apprivoiser le temps ? Si les tourments mystiques de Green m'étonnent, ceux de l'écrivain me sont hélas pain quotidien. C'est très curieux de voir comme l'inquiétude le porte...

– Vent et pluie, le printemps moribond avant d'avoir commencé à vivre. L'abricotier va perdre ce qui a fleuri de ses branches depuis deux jours. Cette saleté de climat ne laisse passer le Soleil que par infraction au règlement !

Si, une fois de plus, l'été est « pourri », où aller ? Parce qu'alors la Scandinavie…

– Souvent, il me semble (bien naïvement !), et même je le crois dur comme fer, que j'ai tant de choses à exprimer, de livres à entreprendre ! Et je traîne des heures à rien faire que feuilleter des dictionnaires, tourner autour d'un paragraphe ou d'un poème à mettre en forme… Doute et certitude (!), à-quoi-bon et ténacité, amours mêlées et contradictoires, volupté du renoncement et bonheur d'écrire : ce n'est pas que je ne me supporte pas, je ne me comprends pas. Je sais que je dois choisir, et la conduite velléitaire de ma vie m'exaspère. J'aimerais ne renoncer à rien.

– Je n'aime pas écrire de lettres, et ma volonté est claire : qu'à ma mort ceux qui en possèdent les détruisent sans hésitation.

– Personne n'ose mettre en procès le communisme parce qu'il est devenu la religion des dictatures qu'on appelle populaires. Les purges et les déportements de populations, personne qui ose écrire que c'est l'équivalent de l'Inquisition, du massacre des Indiens… Et puis, on commence à se douter que *Souvenirs de la maison des morts* doit paraître aujourd'hui presque bucolique.

– *1er avril.* – Réveillé ce matin dans les meilleures dispositions pour reprendre mon roman, et cela parce que le temps est magnifique. La lumière agit sur moi comme sur une plante. Pourtant, ce n'est pas jour de bon augure pour des résolutions. Et je n'ai pratiquement rien fait depuis deux semaines.

– On entend parfois des cris, qui nous frappent comme des balles perdues.

– Désespéré maintenant un jour sur deux. Mais ce dont la plupart font leur bonheur ne vaut pas mon désespoir, car il me donne à penser.

– Puisque nous sommes le jour des farces, amusons-nous à relever que dans sa grande délicatesse la *NRF* me fait figurer au sommaire, et en couverture de la livraison d'avril, et ne publie rien. Je trouve ça drôle ; mais le pauvre poète qui, au fond de sa province, cherche de page en page ses lignes immortelles et ne les trouve point ?

– *2 avril.* – Il vaut mieux que l'on vous haïsse que de consentir à vous plaindre.

– La haine doit se nourrir de solides raisons ; le mépris ne s'adresse qu'à des bassesses.

– *Ta jeunesse dans mes mains nues, telle une épée.*

– Quand je n'écris pas, alors je ne sais que faire de mon désespoir. Je parlais de bonheur : ma sœur était heureuse, elle est morte à vingt ans, tuée en voiture par un imbécile qu'elle venait d'épouser. Dimanche, on a volé les fleurs que nous avions portées sur sa tombe.

– Non, *il n'y a pas de paradis*, cher André Frénaud ; il n'y en aura pas tant qu'il y aura des hommes.

– Je crois que je ferai mourir le Français à Venise, sans qu'il renoue avec la vérité du bonheur – mais qui la connaîtra ? Et Fabiano disparaîtra. Je ne dois pas craindre de m'enfoncer hardiment (hélas avec tant de lenteur !) au cœur du livre, « ce temple obscur éclairé par le noir soleil de la mort » (Julien Green dit à peu près ça dans un de ses romans, je ne sais plus lequel). Mais le Soleil n'y sera pas celui de la mort, mais celui de la liberté, donc de la solitude élue.

– *Sans date*. – Progression de la médiocrité : la Société des Gens de Lettres (j'imagine qu'ils réclament des majuscules partout), a élu, pour succéder à Paul Vialar, honnête romancier comme il devait être honnête homme, un personnage dont ma grand-mère aurait dit « c'est un goret » ; un bateleur de télévision, dont l'unique savoir a consisté à imposer sa maîtresse, dont personne d'honnête, justement, n'osera jamais prétendre qu'elle est une actrice, dans tous les spectacles où son absence de talent ne paraît pas démesurée… Le surnom de la Dame est en revanche très culturel : le Pubis de Chabannes.

– Nous sommes à l'angle de l'avenue et des espaces dévolus à l'École militaire, le Champ de Mars à cinquante mètres. Sinistre à vivre ? Tout le quartier, de la rue Clerc à l'avenue, fourmille de commerces de qualité, de bons restaurants, et le marché y prouve, du fait qu'il est très achalandé, combien on vit et combien ce « village » a de vitalité et de ressources. La vraie vie de Paris n'est pas celle des noctambules – c'en est une facette, usée, touristique, galvaudée. Le soir, de fait, tout est très paisible.

– Écoutant encore une fois la *Deuxième symphonie* de Honegger, je songe à la fin de mon roman, ponctué de disparitions et dont la dernière se fond dans l'éclat triomphal de la victoire. Comment finir avec le solo inattendu, superbe, insolent de gloire de la trompette surgissant au-dessus des cordes ? Quelle simplicité dans le triomphe !

– Je m'ennuie de l'Italie. Si ce voyage en Scandinavie n'était, dans son principe, décidé, je partirais vers Rome, la Sicile ou, parce que ce sera l'été, la Sardaigne jusqu'à présent, dit-on, dédaignée, et d'autant plus belle. Sinon, il faudra patienter pour retrouver, par exemple, la petite terrasse au pied du pont de l'Académie, et voir le Grand Canal se pailleter d'or vers la fin de l'après-midi. Toujours rêver d'être ailleurs. Le vent d'avril me souffle ses sottises froides à travers la tête, et je ne fais rien.

– Nos beaux politiciens couinent que le Général met les libertés dans le sac aux plébiscites, qu'il pratique un bonneteau indigne, et patati et patatras. Mais le patatras ils l'ont créé par impéritie, lâcheté, imbécillité. Les libertés d'un régime politique sont les libertés qu'il se donne ; les politicaillons de la IVe, qui feraient bien de cuver leur honte (mais ils n'en ont pas plus que ceux de l'entre-deux-guerres, quand il ne s'agit pas des mêmes…), devraient se tenir contents de ne pas se balancer au bout d'une corde.

– Dans une démocratie comme la IVe République en fut le type jusqu'à la caricature, copie avariée de la précédente, ce qui marque un progrès non négligeable, n'importe quel incapable peut devenir ministre. La règle ne manque pas d'illustration, si l'on peut dire par antiphrase. Cet incapable n'étant responsable de rien devant personne, à peine devant ceux qui l'entourent, comment s'étonner que le régime et les libertés, la nation et la politique, ne tombent en quenouille ! Ce ne sont pas les compétences qui font les ministres, mais le donnant-donnant des combinaisons politiques.

– Jouhaud condamné à mort. Il y a des cas où la justice rendrait heureux si on l'appliquait.

– Jean Tardieu, que mes croquis amusent, me dit : Pourquoi ne composez-vous pas un album mêlant textes et dessins ?

– Un caricaturiste de talent exprime non seulement les caractéristiques d'un visage, mais celles du caractère.

– L'autre soir, chez des amis, cette histoire : Une femme doit assister (c'est imposé par la loi, paraît-il), à la « réduction » des restes de sa famille. On ouvre le cercueil de son fils, mort quelques années auparavant, ce dont elle demeure inconsolable. Le corps est dans une affreuse disposition, retourné sur le ventre, les poings dans la bouche.

En marge, au crayon, ces mots dont je ne sais pourquoi ils furent notés, ni ce qu'ils signifiaient par rapport à ce qui précède : la forêt de rennes – l'écrasée – la croix de laine tricotée – face à main – procession en cagoule – ; *j'ai cru bon les recopier pour leur singularité et le fait qu'ils paraissaient inscrits avec un sens ou une intention.*

– *15 avril.* – Tout à l'heure, regardant mes parents revenir sous la pluie de quelques courses en ville, j'imaginai le temps mort qui se serait emparé de leurs vies – de *leur vie* –, si je m'étais marié au printemps de l'an passé, et si j'étais parti, devenant une sorte d'étranger car, pour ce qu'ils me voient, ils peuvent encore me prendre pour le fils de la maison, sans partage avoué. Ils auraient perdu celui dont ils ignorent l'existence, en même temps que moi, et une femme dont je ne crois pas qu'ils l'auraient aimée, surtout dans de telles circonstances.

Rien de cela n'aura lieu. Même ainsi, la liberté reste le but le plus difficile à atteindre. Je ne sais même plus ce que je désire, sinon me sauvegarder. Tout plutôt que des astreintes sans fin – car, enfin, ce n'est pas moi qui *le* voulais.

– Transi (le froid est pénétrant), assis devant ma table ; je ne parviens pas à me concentrer sur mon travail, articles, ou ce maudit roman !

– *Sans date.* – Il y a un an déjà que mon livre allait paraître, et je m'apprêtais à repartir pour la Yougoslavie. Une amie, Claude Dominique, m'a conduit en voiture à Orly, en rusant avec la pagaille, parce qu'on promenait dans Paris les cendres refroidies de je ne sais plus qui. Les machinistes de ce théâtre, qui vous envoient dans les cintres ou vous y rattrapent, allaient retirer la passerelle du Convair. Il régnait un temps affreux au-dessus de l'Autriche. Arrivé avec la nuit à Zagreb, les collines piquées de pins noirs qui s'effaçaient et la Save luisante d'un reste de crépuscule. Un an déjà – les pages tournent, sauf celles de mon foutu manuscrit.

– S'il me restait dix jours à vivre – et que personne de mes proches ne le sache – je crois que je partirais pour mourir loin d'ici, dans un de ces paysages qu'on porte en soi comme s'il nous avait donné la vie, d'une manière immémoriale, bien avant que nous l'ayons reconnu : Olympie, ou Delphes – là où tout commence et tout s'achève.

– La famille de Sade posséderait des inédits, et refuserait leur publication. En droit strict, cela frise l'abus. Mais ils auraient pu les détruire : nous ne sommes pas dans la logique, mais nous restons dans la littérature, avec les moralités mélodrolatiques que la société lui ajoute. Et puis, pour racheter l'âme d'Alphonse-Donatien, plusieurs membres de la famille sont entrés en religion. Ils ont dû être bien déçus par ce qu'ils y ont trouvé, ou plutôt n'y ont pas trouvé.

Et Sœur Sourire (comme une réclame pour dentifrice), chante des niaiseries à la gloire d'un beau salaud, le saint massacreur Dominique – « nique nique nique ! » insiste la pauvrette, sans savoir qu'un tel péché conduisait au bûcher.

– Si j'écris une ligne, la confiance me revient ; manquent le courage, la volonté, l'acharnement pour tirer sur le fil... Il est possible que la fatigue accumulée par les tensions de la journée, puis de la semaine, cassent l'énergie créatrice.

– *21 avril*. – Hier, appris en fin d'après-midi l'arrestation de Salan à Alger. Ce que je regrette, c'est que Jouhaud n'ait pas encore été fusillé. Car, dans ce cas, impossible de ne pas expédier Salan, le plus toxique du quarteron. Passé le danger de guerre civile, le danger de grâce existe, tant l'armée déteste le Général. Du moins les états-majors, les battus de 40 qui n'ont pas sauté le pas, les « coloniaux » qui veulent garder vivante la momie de l'empire.

– Première nuit de vrai printemps. Je vis les changements de saison avec un mélange d'angoisse et, jusqu'en automne, de bonheur ou de mélancolie. Il fait si beau ce soir que je ne me décide pas à me coucher. D'autant que cette année, enfin, nous habitons cette maison – à laquelle je rêvais comme au havre le plus agréable, lorsque j'allais ou revenais de chez les B., du sous-sol d'« Orphée », de nos interminables soirées de musique, poésie, exaltantes et riches, excitantes, sereines... M'y voici, dans cette maison où j'étais venu deux ou trois fois enfant, parce que mes parents en connaissaient la propriétaire d'alors, une demoiselle Braire (!). Je devine dans la nuit la vie souple des feuillages, car la nuit est magnifique, scintillante : je suis dans la nuit comme un navire sur la mer, porté par la houle obscure des éléments.

– À trente ans, le passé déjà si lourd, chatoyant, en lambeaux… Je pense au poème de Cocteau : « Cheveux blancs, quand jeunesse les porte… » Que le présent les emporte est moins poétique !

– *22 avril.* – Le cerisier du jardin se couvre à toute vitesse de fleurs éclatantes, et s'emplit de trilles d'oiseaux ; on croirait une mariée que se disputeraient les familles dans les cris d'allégresse. Les disputes de chats surtout font querelles de familles.

– Quel bonheur que la juste mélancolie d'Horace ! Il suffit que je relise une ou deux odes pour déchirer quelques pages de mes lamartinades – ce qui vient d'être accompli avec le remords de les avoir écrites.

– Le souvenir de mes rêves se dissipe très rapidement et j'ai noté trop tard le détail de celui-ci, qui advint la nuit dernière. J'étais assis sur des marches, au ras d'un canal, ou peut-être même d'un fleuve, noir et brillant, dans lequel se reflétaient des lampes. Je soutenais une conversation passionnée avec un inconnu que je ne voyais pas, parce qu'il devait se tenir quelques marches plus haut que moi. Tout à coup, je laissai échapper de mes mains les sept feuillets qui étaient exactement mon livre, et ils furent emportés par les eaux étincelantes. Ce qui me réveilla en sursaut avec le sentiment, irraisonné mais impérieux, que je devais, quoi qu'il advienne, m'acharner à ce travail.

– Ce n'est jamais le bonheur des hommes qui compte, mais le triomphe d'une idéologie. Quel que soit le prétexte mystique ou social, ce qui importe est de s'assurer le pouvoir. Ces deux raisons de l'enfer sur terre tiennent à la nature humaine, nocive, nocive, nocive !

– Alors que je viens de terminer le premier chapitre du roman, je me donne un moment de paix, enchanté par la simple magnificence des arbres – je songe, mais sans doute est-ce désormais un passé clos, aux soirées de Florence, quand de la fenêtre de la chambre nous respirions le parfum des jardins, aux feuillages vernissés par le Soleil et, aussi, aux concerts dans la cour du Pitti...

– *23 avril.* – Il m'arrive, comme à tout un chacun – drôle de locution, par parenthèse ou crochets –, de m'étonner d'une idée que je n'ai pas eue, que j'aurais pu avoir, à l'exemple de Tel ou Tel, comme on dit en Suisse, puis, une fois bien examinée la chose, de considérer que, si j'avais eu cette idée fameuse, je n'en aurais rien fait, ça ne m'aurait pas intéressé.

– Roi et Dieu, ou presque. Élevés dans ce « sentiment » tout de même étrange d'appartenir au divin, quelles certitudes les pharaons ou les empereurs fils du Ciel ou du Soleil pouvaient-ils nourrir ? Les pulsions des hommes, les maladies, la peur sans doute les remuaient aussi bien que le moindre de leurs sujets : comment penser cela, tellement contraire à leur statut théologique ? Furent-ils, les plus aigus d'entre eux, conscients d'une imposture, d'un abus fait de calculs politiques ?

Le pharaon faisait-il mesurer le poids de sa tombe pour s'assurer qu'elle comptait le poids nécessaire d'éternité ? L'idée d'une seconde vie, qu'on attend, qu'on atteint immobile dans les sables ou sur le fleuve des Morts, quelle fantasmagorie, quel voyage extraordinaire ! J'aimerais savoir à quelles pensées se livraient quelques-uns de ces monarques aux visages impénétrables abandonnés au long de l'histoire... Parce qu'enfin, un portrait de nos rois, toujours, est le portrait d'un homme qui, même en majesté, sait qu'il devra mourir. La statuaire antique d'Égypte ou de Grèce classique est, presque toujours, déjà de l'autre côté du Temps. Serait-ce que nous avons perdu le sens du divin très tôt, ou que le règne du sacré a rejeté les rois dans la barque commune ?

Mais à Memphis, que pensait, de lui-même et de ce qu'il représentait, le roi énigmatique des Deux Royaumes ?

– *26 avril*. – Robert Hirsch dans le rôle de Bouzin *(Le Fil à la patte)*. S'il ne forçait le trait pour échapper au vraisemblable, au possible, l'implacable mécanique de Feydeau ferait se tordre de douleur les belles âmes, alors qu'il s'agit de les prendre à revers et de les faire se tordre de rire. Une gêne subsiste, insidieuse, dont Hirsch joue avec délectation. Le pitoyable devenu grotesque.

– *Duce*, vieux terme italien (ou peut-être vénitien ?) signifiant tricherie au jeu. Mussolini ne pouvait mieux choisir son titre.

– *Viridiana*, de Buñuel. Les cagots auront du fil à retordre pour le désamorcer. C'est assez drôle, de la traite de la vache à la Trinité adultère – échos des premiers brûlots –, un peu lent, mais sans doute l'un de ses grands films.

– *30 avril.* – Pourquoi ne suis-je pas allé quatre jours à Rome, plutôt que de souffrir devant mon papier blanc ? Il y aura toujours quelque chose qu'on ne fera pas, en dépit du désir, de l'occasion, parce qu'on s'est imposé une espèce de devoir. Le bonheur exige qu'on se refuse au plus facile.

– Parvenir à ce qu'il n'y ait plus ni roman ni poème, ni théâtre, mais une méditation lyrique dans une forme solide : un leurre, car on ne recommencera ni Homère, ni Virgile, ni Dante...

– Il y a quelques jours, un midi, je me suis retrouvé dans une espèce de faubourg presque désert, comme un faubourg de ville morte, de rares passants fermés sur eux-mêmes, pressés de disparaître, et c'était avenue de la Grande-Armée. Impression sinistre.

– *1er mai.* – À cinq heures ce matin, dans l'orient transparent le mince croissant de la Lune ; dégrafée de la nuit, elle est pâle, elle a fait la bringue et attend le jour pour se coucher. Et toi ? Le petit jour n'est pas ton fort, sauf en voyage.

Une peinture de Signorelli montrait cette même Lune mince comme une serpe, dans le ciel de son *École de Pan*, qui était au musée de Berlin, et que l'on dit avoir été détruite pendant la guerre.

– *2 mai.* – Pourquoi tient-on un « journal » ? Gide, Pavese, Kafka, Green, et je suis en train de lire ce dernier, ne se ressemblent évidemment pas beaucoup. Ce que j'y trouve, et qui appartient à tous, d'une manière ou de l'autre, et aussi à Stendhal, c'est combien la sagesse est rare, je veux dire la sagesse stoïque. Je lis au contraire l'alternance de volonté d'être, de bonheur et de dégoût, d'interrogations sans réponse et d'agitation angoissée, et me dis : eh bien, voilà ce qu'est une vie qu'on pourrait croire exceptionnelle, eh bien, ce n'est pas souvent exaltant.

Au fond, ne compte que ce qu'on fait en tant qu'artiste, ou ce qu'on est sous la plume, le pinceau ou par l'amour d'un artiste.

– Aller à Leningrad, seule ville européenne de Russie, et voir les musées.

– Rêvé, la nuit dernière, de ***. J'apprenais sa mort, dans un journal ancien d'avant-guerre (!), puis je le rencontrais, toujours aussi jeune mais sous des traits différents, « C'est toujours moi », dit-il, et il me confirma sa mort avec un accent très marqué, lui qui n'en avait pas, sans doute russe ou polonais. Il ajouta : « Maintenant, je ne peux plus venir en vélo, c'est fini, et nous ne pourrons plus nous baigner ensemble… »

Je n'aurais pas noté ces absurdités qui me firent un réveil d'une mélancolie presque poignante si, le même jour, parlant de notre projet de voyage avec M. C., nous n'avions évoqué quelques-uns de ceux que nous avons perdus de vue. Pour certains, je souhaite ne jamais les revoir, car le passé a tous les droits sacrés des morts.

– J'aime la vie, ce plat empoisonné.

– Comment retrouver la netteté grecque, le dessin d'une perfection, la ligne à peine tremblée du Beau ? La Grèce même n'est pas *habitée*, elle est peuplée ; elle n'est plus hantée par la voix des Dieux... Tout est perdu maintenant.

– *4 mai.* – Tout le paysage pourrissant dans le vent d'ouest et la pluie. Il faut être anglais pour écrire une *Ode au vent d'ouest* !

– *6 mai.* – Ce temps de novembre au printemps me met les nerfs à vif ; je n'ai jamais bien supporté ni la pluie, ni les ciels gris. Ce n'est pas une excuse, mais je travaille mal quand soufflent les rafales de vent mêlé de pluie, que la lumière du jour s'éteint comme une lampe sans huile.

Dans les déchirures du ciel bas encombré de nuages lourds, soudain la majestueuse turbulence de la « Caravelle » Paris-Londres.

– Un ami me fait rencontrer Perkins, timide, charmant. « Il est complètement névrosé mais il te plaira, m'avait-il dit, on croirait qu'il sort de son campus ! » Sommes allés dîner tard, fourbus de plaisir tous les trois.

– *11 mai.* – La nuit dernière encore, A. P. Rien ne l'épuise, ni n'épuise son charme encore tellement adolescent. Il a, par instants, un regard perdu, comme s'il cherchait au fond de lui une certitude, une présence qu'il ne trouve pas. Il me dit ne pas pouvoir se lier, même si l'amour était possible. Je lui conseille plus de prudence, et il soupire en hochant la tête. Il est beau comme une statue antique. Le film qu'il tourne l'ennuie.

– *Sans date*. – Jeudi soir, *An Hostage*, de Brendan Beham, à l'Odéon. La salle trépigne de plaisir ; pas une réplique à plat, tout porte, tout passe, même les facilités, les complaisances dont on sourit plus qu'on en grogne, de cette drôle de salade bien assaisonnée.

– Au *Tilbury*, la boîte de Clichy, le beau Tony Perkins fait du charme aux jeunes garçons, qui parfois ne l'ont pas reconnu, leur demande s'ils aimeraient faire du cinéma, leur propose de les emmener en Amérique… Les boîtes m'ennuient, mais T. est quasi érotomane, trop n'est jamais trop, et je dois reconnaître qu'il a bon goût. Combien de temps son charme ténébreux va-t-il résister à ces nuits blanches ? Par instants, il a des absences presque pathétiques, comme s'il s'effondrait au fond de lui-même. La nuit à quatre ; mais c'est moins qu'il s'abîme de plaisir qu'il ne le brouille par je ne sais quelle insatisfaction – un vieux fond de puritanisme ? Il y a chez lui une adolescence qui n'en finit pas de se tourmenter et j'ai beau lui dire *forget your mind*, rien n'y fait, n'y fera sans doute jamais rien… Si je l'interroge, il sourit comme on retient ses larmes et secoue la tête, soupire la peine de sa solitude : La solitude La solitude…

– Repris par une marée de dégoût, indéfini, par le sentiment qu'avec l'âge je vais à la dérive et ferais mieux de me noyer tout de suite, de partir me noyer sous un autre horizon. J'envie ceux qui peuvent se donner le luxe de tout quitter, de disparaître…

– Ciel encombré, sombre, vent froid. Par la fenêtre ouverte, j'entends mon père faucher le gazon, ce que je regrette : j'aimais beaucoup les herbes hautes, fluides sous le vent, où le chat disparaissait comme un petit fauve dans sa jungle tranquille.

– Qu'on soit aux petits soins pour moi m'agace, les attentions inutiles contraignent à une attention qui embête – c'est très souvent la manie maladroite des parents, le côté collant des filles pour lesquelles la liberté est synonyme d'indifférence. Voilà : je n'aime que les indépendants, car il n'y a aucun plaisir à régner sur des dévots.

– Moins on écrit, moins on éprouve le désir d'écrire. Plus on est pris par le travail d'écrire, dans la joie et le doute, plus grandit le besoin d'écrire. Le vertige du rien explique la vie conventuelle des contemplatifs ; le don de soi explique l'abnégation des Sœurs des pauvres ou d'autres modes d'altruisme.

– *20 mai.* – Hier, l'envie est venue de déchirer mes derniers poèmes. Mais je doute, privé de recul. Le « polissage » peut-être leur donnera demain plus que ce que leur accorde aujourd'hui ? Il faut aussi les mettre en perspective, comme, dans une ville connue, l'émotion, la mémoire nous reviennent au détour d'une rue, par la ligne d'un pont modeste, le charme d'une place où on a eu des habitudes, plus qu'en face de bâtiments nobles et célèbres. Tout part de soi et y revient et il faut tendre à sortir de soi. L'universel ne vaut que par le particulier. Ce n'est pas dans les anthologies qu'on relit les poèmes qui nous sont les plus chers.

– Ma chienne souffre depuis plusieurs jours, comme si elle avait des vertiges, glisse, se cogne ; le vétérinaire, qui est un imbécile, n'a pas vu qu'elle devenait aveugle ; ces beaux yeux mordorés, où je lisais l'affection et la confiance, se ferment à la lumière, c'est pitié, les larmes me viennent, et de ces larmes je n'aurai jamais honte.

– *20 mai*. – Souffrir, soi, on s'en accommodera toujours. Mais on a si peu de pouvoir pour combattre la douleur d'autrui que c'est cette douleur-là qui est insupportable.

– *Sans date*. – Les années s'écroulent par-dessus nos petits bonheurs, les ferrailles de la guerre, les illusions. Pas grand-chose, tout ça.

– Entre dix-neuf et vingt-cinq ans, c'est selon, on est frappé d'une balle, et si on ne s'écroule pas pour le compte, eh bien, on commence à se défaire, à pourrir sur pied.

– « On ne raconte pas l'amour, pas plus qu'on ne raconte le malheur. C'est pour cela qu'il y a dans mon *Journal* de tels silences » (Julien Green, page 440 de l'édition Plon). Dans le *Journal* de Gide non plus on ne voit pas l'amour.

– Le temps va si vite qu'il n'y a que le désespoir pour le rattraper, ne plus le lâcher. Comme un singe juché sur notre épaule.

– Le film inspiré par *The Roman Spring of Mrs Stone* est devenu en français « L'Image du plaisir ». La France, pays de la culture, où il est de bon ton de dauber la vulgarité de Hollywood.

– Où est le bonheur ? Qu'est-ce que la sagesse ? Programme de pythonisse démodée. Les seuls compromis de la vie tiennent au fait qu'on n'obtient rien dans l'absolu, que rien n'atteint à la perfection ni ne franchit victorieusement le cap de l'âge. Je pensais vaguement à cela, tellement banal, tellement absurde, que traduisait si bien, me semblait-il, la désinvolture désespérée de Tony… Je le verrai longtemps, pour me suivre jusqu'au taxi, sauter à pieds joints les trois dernières marches, comme un collégien, sans que son mince sourire perde rien de sa gravité : il repartait bientôt, nous ne pouvions guère plus l'un pour l'autre.

– *16 mai.* – Faire durer une illusion : payer en fausse monnaie.

– Plus on avance, plus se creuse le fossé qui nous sépare des autres, sans doute parce qu'on apprend à les connaître.

– Les douze années que je viens de vivre, je pourrais bien les effacer. Qu'ai-je fait, vécu, pensé d'original ou d'essentiel ?

– La vie, c'est comme les bagages ; moins elle pèse, plus le voyage est heureux.

– La plupart du temps, je vis sans voir d'issue, je me cogne à l'intérieur de moi comme une guêpe dans une bouteille.

– Les tâches, les problèmes non résolus et les responsabilités de la semaine, et la fatigue, je ne puis plus les balayer d'un revers de main pour « faire le vide » et travailler à mon roman ; parce qu'on n'écrit pas dans le vide.

En finirai-je avec ce livre ? Et quand ?

– La pauvre chienne est tout à fait aveugle.

– Le jour que, le matin, tu n'as pas cours avant dix heures, j'évite rendez-vous ou réunions avant onze heures, la matinée est une fête. Sinon, lorsque tu passes, vite, vers deux heures de l'après-midi pour retourner à ton cours, et que je suis à la terrasse du café au coin de l'avenue, tu me fais un signe de complicité imperceptible.

– Trop rarement, quand je lève la tête et aperçois, dans les glaces d'un meuble, celui-là qui travaille, qui a trouvé la paix et que, pour cette fois, celui-là c'est moi, alors mon acharnement me récompense, d'une manière oblique et fugitive qui me laisse bien voir la fragilité de ce léger bonheur.

– C'est à ceux qu'on aime qu'il devient difficile de se confier parce qu'on ne confie guère que ses doutes et ses chagrins : il y a dans ce cas une barrière d'estime et de respect à ne pas franchir sans une grande nécessité.

– Ce soir, vent fou, vent froid d'hiver. La matinée m'avait donné courage et j'ai travaillé assez bien tout le jour, et maintenant les idées me gèlent entre les doigts.

– La manie de Green tout au long de son *Journal,* mais plus encore pendant les années de guerre, de mettre partout Christ et Créateur, à ne rien faire ni voir sans les prendre à témoin ! Ne serait-ce pas démontrer par l'absurde combien tout ce qui se passe est indifférent à ces éminentes déités ?

– *3 juin.* – Il fait de plus en plus froid.

– Dans deux mois, nous roulerons vers une Scandinavie qui, si ce beau temps perdure, commencera d'être gagnée par les glaces !

(Plusieurs pages détruites.)

– *9 juin.* – Premières journées chaudes. Robert Mallet ne prendra pas les poèmes, je l'ai appris jeudi. « C'est parfait, m'assure Paulhan ; sa collection est ridicule, elle n'est qu'un démarquage de celle de Seghers, jusque dans la forme. Vous serez publié à part entière, pas de manière marginale. » Arland, après une aspiration sifflante, en regardant par la fenêtre : « D'ailleurs, cette collection ne durera pas. C'était une erreur. »

Je me demande si l'erreur ne serait pas de les publier tels quels, et je n'en avais remis à Robert Mallet qu'une pincée – dont je garderai certains qui, eux, me semblent aboutis.

– Peu de choses à noter. Théâtre, cinéma, l'exposition, passionnante, d'art précolombien du Mexique. Je me couche assez régulièrement à trois heures du matin… Ce soir, Lune citron sur un ciel bleu pâle. Un oiseau inlassable joue de la flûte à bec. Je mets au net pour la *NRF* des notes sur la Crète. Mon livre sombre dans le sommeil.

– *18 juin.* – On ne raisonne pas en amour, bonne fortune des romanciers.

– La sottise et la vanité font plus pour entretenir la jalousie que le cœur.

– Gourmont : « Sans l'œil, il n'y a que des raisonneurs » *(Esthétique de la langue française).* C'est encore plus juste en art.

– *22 juin.* – Soirée chaude. Le parfum des roses monte du jardin. Un peu de vent bleu fait doucement bouger les feuilles. Écouté à plusieurs reprises ce soir le *Concerto pour hautbois* de Pieter Mieg.

– *23 juin.* – Journée chaude ; juin enfin devient magique. Je lis *Le Chant de l'amour et de la mort du cornette Christoph Rilke* ; j'écoute le *Concerto pour violon* de Samuel Barber. Ces éclats élégiaques (et ceux de Mieg, de Messiaen) paraissent hors du temps – je veux dire étrangers à notre époque de désastres et d'atrocités. Faut-il pour autant martyriser la musique, ou ce qu'on appelle encore comme ça, mais « concrète », en agitant des tôles, des casseroles ? La vie n'est pas faite que d'accidents de voiture.

– Le bonheur est la source méconnue du désespoir : si nous n'étions jamais heureux, épris, ambitieux, nous resterions en paix.

– « Le voluptueux prépare le lit de l'incroyant » (Green, *Journal*, p. 611). Bénissons leurs amours.

– Les succès de Bechet dès son installation à Paris, après la guerre. *Temperamental*, par exemple, ravive toujours les nuits fiévreuses de joie de vivre, pour les jeunes hommes de ma génération. Il nous semblait que la vie devait nous appartenir, que chaque jour nous offrirait une raison nouvelle d'aimer et de découvrir, d'écrire ou de croire au théâtre, au cinéma… Nous n'avions rien, que nous-même et notre disponibilité. La vie offrait les illusions, la société imposait les obligations. Rien de bien original. Surtout, nous avions le sentiment que tout était possible, la vie inépuisable.

– Calme dans le désespoir, on vit, heureux, dans l'angoisse.

– Nos souvenirs vieillissent mieux que nous ; ils n'ont plus à souffrir de la vie.

– *9 juillet*. – Tard dans la nuit. Julien Green, à la date du 22 août 1946 : « Que tout est vain qui n'est pas l'amour ! Comme le marin qui flaire l'orage au fond d'un ciel pur, je sens que ma vie va changer. » La guerre avait-elle rompu le grand attachement avec R. ?

Dehors, l'orage roule et la pluie ruisselle, cascadant de branche en branche. Je pense à toi, qui aimes à marcher dans la pluie d'été. Des odeurs vives montent de l'asphalte, des terres-pleins, des feuilles, et l'air laisse respirer l'odeur étrange d'un ciel qui s'électrocute.

– Ce qu'on ne fait plus pour soi, on s'y attelle pour l'être qu'on aime. S'il est imaginaire, on entre dans les ordres. Mais, dans l'un et l'autre cas, ne soyons pas dévot.

– L'amour devrait être une religion, pas un sacrement.

– La seule manière de bien parler de la poésie c'est d'en lire.

– *12 juillet*. – Brasserie au bas de la rue de Condé. À la table la plus proche, une mère et sa fille déjeunent avec appétit. Dialogue peu animé, teinté d'un accent vaudois ; les dames sont aux prises avec une choucroute.

La mère : – Le jarret est un peu salé, je vais reprendre une chope, veux-tu une chope aussi ? Enfin, c'est égal, je vais pouvoir dire à ton père que les choses vont bien pour toi.

La fille : – Il se fait toujours des idées !

La mère : – C'est qu'il a eu peur que tu retombes en dépression… Mademoiselle, deux chopes, si vous voulez bien…

La fille : – Mais non, j'vais bien.

La mère : – Et vous vous entendez bien, toi et lui ?

La fille : – D'abord il a de quoi. Même i'n'veut pas que je fasse rien.

La mère : – Ça, je crois pas que ce soit très bon avec le temps, passe que tu ne sauras quoi faire des jours…

La fille *(vivement)* : – J'vais même te dire : j'm'ennuie plus, je fais rien, je pense à lui.

L'amie que j'attendais est arrivée, la suite pour moi s'est perdue dans notre propre conversation.

– Picabia a peint un paysage, sans doute provençal, sur lequel s'inscrivent des visages ; ce n'est pas génial, le procédé reste un procédé ; je pense à cette toile parce qu'au fond, pour quelqu'un d'aussi changeant et voyageur que moi, il est rare qu'un visage n'apparaisse en surimpression lorsqu'on évoque un lieu précis. Si j'avais été prince en leur temps, j'aurais passé commande à Giovanni Bellini ou à Giorgione de portraits situés – quelle collection, qui je l'espère est loin d'être achevée, l'histoire de l'art a manquée !

– *15 juillet*. – Le désespoir devenu gravité ne serait-il une sorte de bonheur ? Soleil dispensateur de lumière et d'ombre.

– Toutes ces petites pentes insensibles par lesquelles les jours et la pluie nous entraînent, doucement ou par à-coups, vers le cloaque inévitable.

– *19 juillet*. – « Quelle paix m'envahit quand c'est vous qui souffrez… » Ce vers à la superbe racinienne est d'Anna de Noailles.

– Je renonce à ce voyage de deux semaines, prévu pour septembre, en Italie.

– Il y a un an, je crois, je prenais la décision de dire non et de garder ma liberté, en dépit de tout. Je n'affirmerais pas ne pas en avoir souffert ; mais j'aurais bien plus pâti de m'incliner.

Le jour que je n'admettrai plus la liberté de l'autre, il sera urgent que la moitié lucide tire, à l'intention de celle qui ne l'est plus, la sonnette d'alarme.

Il y a d'ailleurs quelque chose qui ne va pas avec cette dernière passion, et qui fera tout casser (tu te l'avoues, mais tu continues !), c'est une question d'âge. Rien ne me renseigne mieux sur la nature de l'erreur que lorsque mon lycéen est dans mes bras.

– *21 juillet.* – C'est peut-être avec soi qu'il est le plus difficile de vivre lorsqu'on est jeune.

– Dans les années cinquante, nous vivions dans une sorte de tranquillité païenne, de paisible exultation de l'esprit et des sens. Pourtant, une réflexion, à la vérité fort banale, m'est venue un matin d'été, alors que je rentrais chez moi, gorgé de plaisir, riche de mon corps et gourmand de celui des autres ; cette réflexion, elle se rappelle à moi de temps à autre, aujourd'hui par exemple et sans raison précise : Tu te donnes ou te refuses, à ton gré ; pense qu'un jour le don qu'alors tu demanderas te sera refusé.

– Le bonheur justifie d'être.

– Nous ne connaissons des autres que l'habit que nous leur avons prêté.

– S'éprendre sans espoir est une erreur, insister en fait une faute.

– J'aperçois s'étendre la morne cruauté de l'âge.

– Le désespoir peut-il produire un état de bonheur *négatif* comparable à celui des mystiques ? puisqu'il est négation de la vie : les reclus ont renoncé à ce qui désespère. Mais ce qu'ils imaginent, le désespéré ne le voit pas. Le mystique reste en sur-vie par une respiration *(pneumo...)* artificielle, en quelque sorte.

– En amour, on ne donne pas par libéralité, mais par aveuglement.

– Ne perdons pas trop tôt le goût des imprudences.

– Je m'offre seul des soirées de concert que j'apprécie d'autant plus que j'en compose le programme. En salle, il y a presque toujours une pièce qu'on ne souhaite pas subir encore. Les gens qui se mouchent, toussotent, etc.

– Marchons plus vite que nos souvenirs ; ils nous rattraperont bien assez tôt.

– Comment ne pas relever cette image du *Cantique des Cantiques* : « Ton nez est comme la tour du Liban, qui regarde du côté de Damas ! » Rostand l'aurait peut-être osée, mais pour rire[1] .

– *24 juillet.* – Quelle imprudence, miser sur le bonheur ! Sachons, du moins, être désespéré de temps en temps, comme il le faut : sans croire qu'il faille en rester là.

– On part pour tâcher de guérir. L'amour change, le remède est devenu le mal.

– *Août.* – Rocroi. Murailles de Vauban, et poulet aux écrevisses. Condé (le duc d'Enghien) y fut vainqueur une première fois dans le camp français, une seconde avec les Espagnols : il signe là un double exploit assez rare. Une époque de très grands capitaines, la guerre de Trente Ans. L'Allemagne, qui

1. Des années plus tard, le *Journal* de Paul Claudel m'en offrira l'exégèse. Évidemment.

n'était rien qu'un puzzle, servait de champ de bataille à l'Europe des rois ; dès qu'elle devint un vrai *Reich* elle n'eut de cesse d'assujettir ou de détruire l'Europe.

– Nous couchons à Aix-la-Chapelle, qui est jaune comme Baden-Baden. Venait-on dans ces villes d'eaux soigner l'hépatite princière ? Au dîner, j'arrête à temps mon compagnon de voyage, assez farfelu, qui allait boire le rince-doigts ; l'entraînement des villes d'eaux, qui sait ?

– Panne mécanique sur l'autoroute, à Gelsenkirchen, au milieu de la Rhur. Le garagiste, fort aimable, qui vient nous récupérer, connaît bien la France. Disons qu'il a des souvenirs de sa jeunesse en armes...

– Le charme bossu de Lübeck, la ville de *Nosferatu* ; des images me viennent, car sauf méprise le décor hanséatique a dû servir à Murnau. Mais aujourd'hui un immense nuage rouge d'une peste pire menace.

– Ferry pour le Danemark ; petit déjeuner splendide. La Baltique grise et jade. Campagnes peignées, villes de poupées ; même Copenhague où nous arrivons le lendemain, paresseusement et paisiblement. Un pays un peu irréel. À Lübeck, j'avoue que la proximité d'une frontière, elle bien réelle, me pèserait sur chaque heure du jour et de la nuit. Cela dit, nous avons vu, en 1940, ce que sont aujourd'hui les distances. Déjà, en 40, le Danemark de la guerre des Duchés n'était plus qu'une page d'histoire. Mais ce pays a l'air de flotter quelque part où la vie sans danger reste une réalité.

Quand nous avons choisi d'aller en Scandinavie, j'ai téléphoné à l'ambassade soviétique pour connaître les modalités d'obtention de visas pour Leningrad. Paperasses, argent, photos, le bazar habituel plus un maximum d'exigences : payer les hôtels par avance, etc. Mais, comme je demandais si, de Stockholm ou d'Helsinki, il était possible de gagner Leningrad, éventuellement en voiture, le préposé me dit : « Pourr Leningrad, vous devoirr passer parr Moscou. » Non, nous serons en Suède ou en Finlande : nous pourrions prendre un bateau pour Leningrad ? « Vous devoirr passer parr Moscou ! » Je crois connaître la géographie ; je ne connaissais pas encore les vertus de l'administration soviétique. Après avoir courtoisement assuré le préposé que son discours était idiot, et que je ne dépenserais donc pas un kopeck (des dollars, surtout !) en Union soviétique, je renonçai. Une histoire de fous à faire exploser de rire Gogol et de rage le général Dourakine.

– Nous en parlions avec Maurice C***, l'ami d'enfance avec qui j'étais allé en Espagne, et avec qui je tâte maintenant de la Scandinavie : l'obscurantisme change d'habits, mais reste aux aguets. Il est moins découragé que moi, je veux dire moins revenu de la crasse politique ; il vote, moi pas. Mais sur le retour en force des religions et des extrémismes, nous sommes bien d'accord.

– Les Français se croient plus malins, mieux à l'abri des désastres (comme en 1940) que tous ces peuples dont ils ne connaissent rien. Pourtant, nous ne devrions jamais oublier, pour le bien du monde, que l'indépendance d'esprit et l'esprit d'analyse, l'histoire comparée et la culture artistique et scientifique sont les plus sûrs ennemis de toute idéologie, laïque comme religieuse.

– L'air léger effleure les choses, tant elles semblent fragiles. Et les Danois paraissent vivre dans un autre univers que le nôtre : tout est calme, sain, propre, les couleurs claires, les services irréprochables, même quand on a du mal à expliquer ce qu'on désire, ce dont on a besoin. Des listes de sandwiches longues comme celle des victimes de don Juan. Un pays de pelouses jeté sur les mers, où tout paraît en harmonie. Imagerie ? Comment savoir ? Je pense à une Suisse du nord, plate et entourée d'eaux marines. Les crises d'Hamlet, ici, dans cette ordonnance des choses et des âmes ? Shakespeare a inventé son Elseneur, comme Mérimée le Pérou de Clara Gazul... Mais il serait bon de lire les contes de cette femme presque à claire-voie tant elle est maigre, Karen Blixen.

Une queue de dragon dressée sur l'Hôtel de Ville, venue du Cathay à travers l'imagination des rêveurs, ce qui ajoute une note extravagante à l'irréalité paisible. Un tire-bouchon qui aurait traversé la planète !

La jeunesse est belle, peu farouche, trop blonde pour mon goût, mais la peau dorée et les yeux gris, jade ou pers.

Une admirable propreté partout. Ce pays mince et qui se tient à peine au-dessus des eaux fut une assez grande nation. Aux temps de la voile, du trafic des villes de la Hanse, le port aux bassins encombrés devait offrir un spectacle aussi beau qu'une toile de Lorrain qui eût été peinte dans des camaïeux de gris, de bleu et de vert tendre. On imagine une voile rouge ou ocre se déployer, et au fond de la toile la côte suédoise à peine dessinée. Un des rois de Danemark est devenu fou, je ne sais plus lequel.

La vraie reine, comme aux Pays-Bas : la bécane haut perchée.

– En débarquant du ferry, conduite à gauche. Ferrailles du port ; la Scanie, danoise il y a longtemps, je crois, à travers quoi nous coupons. Plate.

– Délicieuse soirée à Alkmaar, le jour suspendu interminable et cela aussi est un peu irréel. Pays vide, forêts sombres, lacs noirs ; le rivage de la Baltique plat, sable gris. Pensé à Henri Michaux : « Chez moi tout est plat. »

Je griffonne mes notes après dîner, pendant que M. parcourt le guide touristique. L'eau-de-vie est rude mais parfumée.

– À Stockholm depuis deux jours, nous repartons demain pour l'ouest, vers la Norvège. La capitale a beaucoup d'allure, je dirais presque une fantomatique, inutile majesté, comme celle d'une métropole sur Mars ou Jupiter, dont la vie nous serait inaccessible. Dans ce pays où la vente d'alcool est si réglementée qu'on ne peut commander une bière sans l'accompagner de sandwiches ou de pâtisseries, les moindres recoins sont jonchés de boîtes de bière ou de bouteilles vides, et l'on marche partout sur des ivrognes à l'état comateux ! L'hiver dans ces contrées doit être effrayant de noirceur et d'ennui sous la neige. Pauvre Descartes !

– Il paraît que le *Gustav Vasa*, qui coula comme une pierre le jour même de son lancement en grandes pompes (pas celles qu'il aurait fallu !), se trouve toujours sous les eaux du port du vieux Stockholm. Le cœur-archipel de Stockholm, tout rouge brique et blanc, ponctué d'arbres, a l'air tout neuf, mais on verrait sans étonnement des calèches rouler à la place des trams : cette ville n'a pas d'âge, au fond. Elle est une ville rêvée que le jour n'efface pas.

Mémoire des forêts oiseaux de neige,
Gémissements d'agrès entre les mâts –
Pas à pas sur la grève aux flots qu'on voit
Faux, plat miroir où rêve un été blanc
Ni gai ni froid – il pleut de l'eau-de-vie
Quel beau garçon ici me ferait roi !

(Alkmaar)

– Bonne route hier dans un pays vide entre forêts sombres et lacs vides de barques. Le temps reste couvert, avec de petites pluies grises. Mais tous ces beaux paysages, ces lacs d'acier, ces forêts d'encre coupées de torrents ne sont pas ce qui m'attire. Ma nature ne s'y retrouve pas.

Hôtels confortables, nourriture – à l'exception du copieux déjeuner du matin – aux saveurs limitées. À ce repas, mon compagnon a pris de la morue à la potasse, une espèce de bouillie gélatineuse, qui lui a fait pousser des gémissements dégoûtés et c'est en déchiffrant le nom du plat dans un guide que j'ai pu lui annoncer qu'il avait mis le doigt sur une rare spécialité de la gastronomie locale ! « Ah, j'ai l'organe du goût dévasté ! proteste-t-il. Cette morue [désignant autant la serveuse que, dans son assiette, les vestiges de ce qui fut un poisson] m'a ruiné le palais ! »

– Descente vers le fjord d'Oslo. Le pays change du tout au tout. Par rapport à la capitale suédoise, Oslo n'est qu'une modeste ville de province. Charmant hôtel. La plage sur le fjord sans grand charme. Musée viking. Le soir, je vais à la découverte, et ne suis pas déçu.

– Ferry pour Frederikschavn, sur la côte nord danoise. Nous redescendons le Jutland par la côte ouest, plages immenses d'or pâle ou gris perle selon la lumière. Bourgs pimpants, colorés, vernissés, fleuris… La mer du Nord est *très* fraîche. De temps à autre, un coup de vent décoiffe la campagne bien peignée, les toiles claquent, les arbres plient, les lignes s'accusent, révélant une âpreté voilée sous cette douceur. Nous sommes dans un pays de marins colorié par des enfants, mais la mer, elle, demeure la menace familière, nourricière, avide…

– Après Hambourg, puis Brême – bien assise, médiévale, rousse –, nous sommes partis pour la Hollande, le Limbourg (une vieille terre de querelles, si ma mémoire ne déraille pas), sous la pluie. Tout ce voyage sous la pluie, la bruine, le crachin… À l'exception de la halte à Alkmaar, où il ne plut pas, et du bref séjour à Oslo, je ne suis pas certain qu'il y ait eu une autre journée sans eau du ciel.

– *1er septembre.* – Concertos 20 et 24 de Mozart (Clara Haskil et Igor Markevitch). Comme de sublimes aubades à la mort. Et qui peuvent aussi s'écouter comme deux hymnes à l'amour intemporel. Est-ce si différent ?

– Quand la passion prend le pas sur tout, l'amour devient un alibi pour durer – puisqu'on n'imagine plus que rien lui survive !

– Je n'aime pas les matins, qui nous engagent dans les contraintes et sont la fin d'une liberté, celle au moins du sommeil.

– *2 septembre.* – Le calme ne me vaut rien. J'ai besoin d'activité, de mouvement, d'inquiétude même, de travail, de passion…

– *9 septembre.* – S'il est vrai que le bonheur se paie, nous aurons payé par avance.

Rien de facile ne nous aura été donné.

– *Sans date.* – Plus heureux de contempler vingt minutes le *Concert champêtre* de Giorgione ou un portrait de Memling, que d'avoir écrit une page, toujours – presque toujours à recommencer !

– J'écris comme un voleur, je vole à la musique, aux peintres que j'aime, à la vie – c'est bien normal, non ?

– Prendre des ciseaux sans plus attendre et couper, couper !

*

Belle vie à pleines mains
elle entaille jusqu'au sang
amère comme la pierre
que longtemps mordent les morts
qui ne croyaient pas au temps.

*

– Se rendre compte que ce dont les autres ont horreur, c'est de la solitude, et ce dont on a, soi, besoin, c'est de liberté.

– Valeur des revues de vulgarisation : *Le Miroir de l'Histoire* consacre un dossier à la Saint-Barthélemy dont l'iconographie est sans intérêt, et les légendes de deux portraits erronées…

– Les conversations de famille, quand les vieux se jettent sur leur passé comme d'autres vont au feu.

– À une terrasse de café, une énorme femme aux yeux exorbités. Ah ! ces vastes regards où passent des autobus...

– Je détruis de mauvais poèmes écrits en Suède, sous la pluie, le mois dernier. Inspiration détrempée, sans doute.

– Toi qui réclames des sensations et détestes la monotonie, tu auras au moins une fois connu la tentation du suicide – un vertige de passion qui se change en vertige physique, en fait. Dans un tel moment, le dédoublement nous sauve, à supposer qu'il soit préférable de ne pas sauter le pas.

– Les sentiments excessifs ennuient les autres et vous rendent ridicules.

– La faiblesse de l'amour, c'est qu'on devrait en finir une bonne fois, mais cela ne se fait pas. Un entraînement analogue doit conduire à l'alcoolisme.

– Il suffit qu'une passion échoue pour que les affections dont on nous entoure nous deviennent insupportables.

– J'imagine un poète assistant à l'incendie de la Bibliothèque d'Alexandrie : aurait-il, témoin de l'anéantissement de la culture, pris conscience de la fragilité de tout, de la vanité de tout, et jeté alors son œuvre dans le brasier ? Un peu d'orgueil, peut-être, se serait mêlé à un tel geste, désir d'attirer sur soi comme un reflet du désastre immense…

– *16 septembre*. – On peut bien se guinder et respirer fort l'air des cimes, il suffit d'une rage de dents ou d'une déconvenue que notre myopie augmente, pour se retrouver dans la situation d'une chèvre qui a tant tourné autour du piquet qu'elle n'a plus rien à tondre.

– Tuer le temps, ce crime impardonnable entre tous.

– J'aime chez Christian B. une scrupuleuse conscience à se bien définir, à rejeter ce qui est vague, approximatif. Mais ce besoin de netteté l'empêche de s'adapter aisément aux insuffisances des autres, aussi bien qu'à se libérer des ronces des raisonnements spécieux. Toujours voir le contraire ne donne pas nécessairement raison.

– *18 septembre.* – Je ferais mieux de me jeter à l'eau et de reprendre mon manuscrit sans me poser davantage de questions. À trop s'interroger sur le pourquoi et le comment des choses, on finit par ne plus entreprendre ni résoudre rien. C'est en travaillant que les problèmes se résolvent (ou tendent à se résoudre), pas en faisant de la théorie.

– *23 septembre.* – Premier jour de l'automne. Lumière douce, un peu triste. Une brume, au fond du paysage, a des bleutés de peinture hollandaise.

– Le Soleil me manque. Et l'olivier, mon arbre préféré. Olivaies des Alpilles, olivaies immenses qui dévalent de Delphes vers Itéa, olivaies andalouses…

– « Car je fus un temps garçon et fille, arbre et oiseau, et poisson muet dans la mer » (Empédocle d'Agrigente, *fragment* 117). Voilà qui eût enchanté Virginia Woolf, ou inspiré à Supervielle, notre fabuliste, l'un de ces poèmes qu'il savait ramener des profondeurs pour lui bavardes de la mer.

– Réécrire le premier chapitre en taillant à angles plus vifs. Gommer le plus possible d'épithètes. Tout demeure nappé de brouillard. Les idées, c'est parfait, mais on s'aperçoit qu'elles n'existent qu'après avoir été habillées, digérées. Les préalables ne valent rien lorsqu'on s'engage dans un roman (du moins en ce qui me concerne). Au travers de cette brume, des perspectives se dessinent, des figures se précisent, des résonances et des concordances... Mais c'est à mesure que j'avance que le texte se nourrit de lui-même, pas en fonction d'idées préconçues. Pour ce qui est du premier chapitre, autant reculer, ébarber, fût-ce jusqu'à l'effacement du premier jet et reprendre de l'élan.

Il y a de grandes scènes à faire, et j'envisage de les laisser suffisamment « mobiles », séquences qui puissent être déplacées dans les cadres de l'architecture d'ensemble si besoin est. Ne rien figer : un livre en train de se faire a besoin de « jeu ». Tout doit être tributaire de tout. Nécessité d'un plan d'ensemble capable, au final, d'accepter des modifications de « montage ».

– Gourmandise du vocabulaire : saïque, bissona, trabaculi, péotte, vieux noms de bateaux de Venise et de Dalmatie. Une flottille en « valdrague » (en désordre)...

– À vingt ans, certains déjà parlent « carrière », affirmation d'un choix, ou aveu d'une acceptation – entrer dans la banque, dans l'enseignement, reprendre l'entreprise familiale… Rien, là, qui *a priori* donne à sourire. Mais dire « Je serai peintre, écrivain, acteur », soulève des sourires de commisération, ou d'incrédulité amusée, sur les dents raisonnables de ceux de nos condisciples pour lesquels mieux vaut ne pas mâcher l'ombre pour la proie.

– « Je ne vous ai pas connu. Toujours ma paresse m'a détourné de vous écrire. » Premiers mots d'un adieu à Jean-René Huguenin lu ce matin à la radio, et que je corrige maintenant pour la *NRF.* J'ai appris sa mort lundi soir en ouvrant un journal. Accident de la route. Du temps de Géricault, on mourait d'une chute de cheval. C'était plus rare. La mort de ce garçon m'a laissé dans la bouche une amertume ; comme d'avoir mordu une fois encore à même l'absurdité. (*28 ou 29 septembre ?)*

*

Adieu à Jean-René Huguenin

Je ne vous ai pas connu. Toujours ma paresse m'a détourné de vous écrire. Et j'aurais peut-être bien mal prouvé une estime dont nous n'eussions pas, l'un et l'autre, soutenu la gravité sans sourire ; vous étiez trop jeune pour vous satisfaire des tics de la gloire, et ne pas parler des choses graves avec cette élégance qu'on nomme légèreté, et qui est de la pudeur. Vous préfériez dire moins pour exprimer davantage ; vous saviez que la morale ne tient pas à des discours, mais à des images, des situations, des rencontres. On ne connaît rien, que par intermittence.

Ce feu pâle qui brûlait *La Côte sauvage* nous assurait que l'une des voies royales du roman français n'était pas abandonnée. Vous aviez le courage de bien écrire – c'est-à-dire de tirer juste, si douloureux cela fût-il parfois pour le tireur. Vous vouliez écrire dans une grande pièce aux murs nus, disiez-vous un jour ; ce dépouillement nécessaire à la vision combattait une sorte de confort (même un confort de l'écriture) qui faisait de votre roman un livre un peu trop fermé sur soi, un peu trop poli, comme ces roches aiguës que la mer adoucit. Les arêtes, les blessures s'y cachent. Mais ce combat du confort avec l'inquiétude finit par casser les phrases, le décor, les attitudes, pour laisser entendre votre voix. Et vous avez réussi un étrange roman dans lequel les sentiments les plus cruels sont aussi les plus purs, et vos personnages les plus déconcertants les plus proches de nous. Votre livre brûlait un blé en herbe qui se fût trompé d'une saison. Pourquoi ces erreurs de la mort ? Il y a tant de choses à quoi vous ne répondrez plus, vous qui saviez déjà donner aux fantômes qui nous hantent ces visages émouvants et fragiles que le temps nous révèle, au hasard de notre chemin, et qu'il pare d'un moment d'éternité sans que nous le sachions toujours…

J'attendais le livre auquel vous travailliez comme on attend un visage nouveau – non : comme on espère en un visage que l'on n'a pas fini de découvrir. La jeunesse avait besoin de vous, car vous aviez le courage d'aimer la vie, et refusiez d'habiller des idées abâtardies au goût du jour. Vous connaissiez le prix des longs efforts, et celui des moments les plus brefs. Aujourd'hui que tout est joué pour vous dans l'enivrante et absurde partie, je voudrais adjurer tous ceux que vous aviez su rendre attentifs à vos gestes, à votre pensée, je voudrais les adjurer de vivre absolument selon ces mots que vous écriviez hier pour un jeune bachelier : *Tout est à prendre. J'espère que vous vous voulez du bien… Retenez le plus longtemps possible cette grâce que l'on commence d'oublier à votre âge, la grâce de regarder chaque chose pour la première fois… Vous aurez charge d'âme – de votre âme. Souvenez-vous que le monde que vous nous donnerez dépend d'elle.*

La sagesse grecque nous assure que le premier des lauriers demeure le bonheur. Pour ce feu que vous nous avez donné, pour tous ceux que vous aimiez, je vous souhaite d'avoir été passionnément heureux[1] …

*

– *12 octobre*. – Le bonheur rend grave. Comme l'approche d'une catastrophe.

– Vêtu d'un complet désarroi.

– Entre peinture et poésie, comment choisir !

– Personnages, certains pour une farce :
Mme de Villetaneuse, née Liftée
Ludovic Lemohrt
Antoine Anthime, antiquaire
Hélène Armitage
Le Guingois – « Sans u », précise-t-il
Léon Chartres
Perricoste – militaire, ou chirurgien ?
Buddican
Prune Justandieu
Agathe Agénor (= Aline Avigdor)
Isabeau Bubon-Pluche

– Il doit y avoir, du moins pour l'auteur, un accord du nom au personnage qu'il crée. Le nom prépare à l'apparition d'un caractère. On voit cela chez

1. Texte paru dans la *Nouvelle Revue française*, n° 119, novembre 1962.

Proust ; un seul exemple d'effets contraires suffira si je couple Robert de Saint-Loup et Mme Verdurin. Chez Dickens le patronyme se charge d'intentions, il décalque le caractère pour accuser sa visibilité, avant même que la figure apparaisse ou se dévoile, et ce trait tient sans doute à la manière dont les feuilletons – puisque les romans paraissaient d'abord dans la presse – se devaient de saisir l'attention du lecteur : chacun arrivait en scène ou en ligne sous des couleurs dont le patronyme claquait en haut du mât !

Se nommer général Revers doit inquiéter l'état-major. Avoir été le général Lebœuf n'était pas sérieux ; d'ailleurs, pour celui-là l'histoire l'a confirmé. Assez rares facéties des annales. Enfant, j'étais sensible aux séductions, comme aux ridicules aussi bien des noms et prénoms. Ma marraine se prénommait Radegonde, à la mérovingienne, ce qui me semblait une catastrophe. Me parlait-on d'un ami de mes parents au nom pour moi insolite ou beau que j'espérais sa visite avec une curiosité qui, la plupart du temps, se trouvait déçue. Quand je mets en place les éléments d'un roman (cela ne m'est arrivé que trois fois), époque, lieu de l'action, nature des tensions, etc., le choix des noms des protagonistes revêt une importance telle que j'hésite à commencer d'écrire tant que ces pavillons de nationalité n'ont pas été convenablement hissés sur les figures, car seulement alors je les crois en mesure de quitter le port pour s'engager en haute mer, là où, par moments, je n'ai plus la main sur la barre, et qu'elles prennent des ris, changent de cap inopinément – parce que leur destin est de se libérer pour une grande part de leur commanditaire !

Il n'empêche qu'un nom porte une charge d'imaginaire, et qu'on le donne non par raison mais par une espèce de sensibilité, pour le meilleur ou pour le pire. Ferait-on aujourd'hui une héroïne d'Adèle ? Mais nous verrons demain des prénoms plus grotesques parce que notre goût aura changé. Et puis, s'il en est d'immuables par leur aura autant que par leur musique – Armide et Tancrède –, d'autres, ornés des mêmes qualités légendaires, demeurent d'une désuétude ou d'un exotisme sans appel, tels Philémon et Baucis, Castor et Pollux. La légende, qui ne les a fait adopter à un niveau de référence usuel, ne les rend pas à l'usage. Du moins pour le moment. Il suffit de s'amouracher pour entendre d'une oreille moins susceptible un prénom hélas étrange ; aussi les diminutifs rusent-ils avec l'Eusèbe ou la Pénélope incongrus…

Et puis, à chacun son imaginaire. Ainsi *Éric* m'est-il cher grâce aux livres de la collection « Signe de piste ». Il jalonnait parfaitement la voie.

– *Octobre*. – Nous sommes ainsi faits : il nous faut marquer notre passage, dire nos doutes, au moins notre inquiétude, notre fureur parfois. C'est organique. Planter des repères au long du temps – mais ce n'est pas nous qui en remonterons le cours. Totems pour on ne sait quels dieux, ou quels adorateurs. Donner un sens à ce qui risque bien de n'en pas avoir. Comme si le seul fait d'ériger la statue d'un dieu justifierait que l'on crût en ses pouvoirs.

Il n'y a pas de dieux au-delà de nos désirs. Nous sommes à la fois le grand prêtre et l'orant d'une religion sans grand espoir. Une fois le champ du possible « épuisé »… Mais le possible, c'est ensemble ce qui sépare et ce qui rassemble.

La poésie est capable d'une définition plus vraie du monde parce qu'elle doit être un langage précis. Il faudrait écrire mon roman avec cette lampe posée à côté de moi pour éclairer le temps (mais qu'on entende bien que je ne parle pas d'un roman « poétique » !).

– L'à-plat, chez les nabis, chez Gauguin, a retrouvé sa valeur fondamentale : espace abstrait où se déploie la vision du peintre, comme elle se déploie chez l'Angelico.

– Dessins dans un classeur, dont « Homme au cerveau bien peigné », etc. Que faire de ça ?

– *7 novembre*. – À Paris tout ce week-end. *Partage de midi* à l'Odéon. Feuillère et Barrault jouèrent faux pendant tout le premier acte, à qui surpasserait l'autre. (Barrault était déjà exécrable à la création, paraît-il.) Ils ont atteint des sommets au dernier acte. Le plus surprenant, c'est que Brasseur n'était pas ivre (du moins cela ne se *sentait*-il pas de notre rang). Retrouvé le texte avec bonheur, solide, juteux, avec des éclats. Quel ressort incomparable que l'adultère pour émouvoir le bourgeois, catholique ou pas ! Et quel doux piment que la faute !

– Le livre qui m'aura le plus passionné cette année, avec la certitude que j'y reviendrai souvent : *Les Voix du silence* de Malraux. Tant de vérités pressenties qui soudain s'éclairent ! Mais le détail importe moins (on fait dire ce qu'on veut aux citations, celles qui sont visuelles comme celles du langage écrit) que l'ampleur et l'intelligence visionnaires.

– Jeudi soir *Mon Faust*. L'esprit de Valéry appliqué à des jeux d'esprit. Fresnay remarquable.

– *25 novembre*. – Concerto pour hautbois de Jean-Sébastien Bach. En écoutant cette musique si *simple* le sentiment revient que plus rien n'est impossible, les doutes s'estompent, la fatigue même s'efface. Nous voilà plus sûrs de notre bonheur, de nos pouvoirs, de nos projets. Musique du matin, en écrit Julien Green. En ce sens, oui. Musique des recommencements. Ou des renouveaux ?

– Musique du matin : musique de lumière, j'ai appris sa beauté en voyage, quand le jour neuf marche sur les terrasses, chante avec le ressac, ou le feuillage des oliviers…

– Tout dieu unique n'est qu'une réduction intolérante. Un dictateur de l'improbable.

– Nous ne pouvons même plus croire à notre propre civilisation.

– *30 décembre*. – On dénie le droit au suicide, qui devrait être le premier droit de l'homme, en « vertu » d'une hypocrisie évidente : la société ne tolère pas d'être refusée, d'être implicitement accusée d'imbécillité, d'inutilité ou d'injustice par le geste de celui qui prend le parti de mourir. Bien sûr, il y a des suicides lamentables, qui sont ceux de l'abdication (par une carence du caractère), de tragiques (pour ceux qui restent), d'effroyables (celui de Chamfort, une boucherie !), mais il en est de même pour les accidents. Le suicide peut être noble. Une fois de plus, c'est la religion qui abîme tout. Une fois de plus, le vrai c'est le faux : chacun doit rester libre de son destin.

TABLE

ISBN : 2-7291-1420-3

Achevé d'imprimer
à la Mothe-Achard (Vendée)
sur les presses de l'imprimerie
Offset 5 Edition

Dépôt légal
4e trimestre 2002

imprimé en France